AF539032

आधुनिक उर्दू कहानी का सफ़र

आलोचना | संचयन

रज़ा फ़ाउण्डेशन | THE RAZA FOUNDATION

आधुनिक उर्दू कहानी का सफ़र

कुछ बातें, कुछ तस्वीरें : मुंशी प्रेमचन्द से सुरेन्द्र प्रकाश तक

शमीम हनफ़ी

उर्दू से अनुवाद

शुभम् मिश्र

राजकमल प्रकाशन

रज़ा पुस्तक माला : **आलोचना** | **संचयन** | **अनुवाद**
प्रधान सम्पादक : अशोक वाजपेयी | सम्पादक : पीयूष दईया
राजकमल प्रकाशन प्रा.लि. और रज़ा फ़ाउण्डेशन का सह-प्रकाशन

ISBN : 978-93-89598-88-9

मूल्य : ₹ 795

पहला संस्करण : 2021

प्रकाशक : राजकमल प्रकाशन प्रा. लि.
1-बी, नेताजी सुभाष मार्ग, दरियागंज
नई दिल्ली-110 002

शाखाएँ : अशोक राजपथ, साइंस कॉलेज के सामने, पटना-800 006
पहली मंज़िल, दरबारी बिल्डिंग, महात्मा गाँधी मार्ग, प्रयागराज-211 001
36 ए, शेक्सपियर सरणी, कोलकाता-700 017

वेबसाइट : www.rajkamalprakashan.com
ई-मेल : info@rajkamalprakashan.com

मुद्रक : यश प्रिन्टोग्राफिक्स
ग्रेटर नोएडा-201 310 (उत्तर प्रदेश)

ADHUNIK URDU KAHANI
(Criticism) *by* Shameem Hanfi
Translated by Shubham Mishra

रज़ा साहब की यादों
को समर्पित

आमुख

कलाओं में भारतीय आधुनिकता के एक मूर्धन्य सैयद हैदर रज़ा एक अथक और अनोखे चित्रकार तो थे ही उनकी अन्य कलाओं में भी गहरी दिलचस्पी थी। विशेषत: कविता और विचार में। वे हिन्दी को अपनी मातृभाषा मानते थे और हालाँकि उनका फ्रेंच और अँग्रेज़ी का ज्ञान और उन पर अधिकार गहरा था, वे फ्रांस में साठ वर्ष बिताने के बाद भी, हिन्दी में रमे रहे। यह आकस्मिक नहीं है कि अपने कला-जीवन के उत्तरार्द्ध में उनके सभी चित्रों के शीर्षक हिन्दी में होते थे। वे संसार के श्रेष्ठ चित्रकारों में, २०-२१वीं सदियों में, शायद अकेले हैं जिन्होंने अपने सौ से अधिक चित्रों में देवनागरी में संस्कृत, हिन्दी और उर्दू कविता में पंक्तियाँ अंकित कीं। बरसों तक मैं जब उनके साथ कुछ समय पेरिस में बिताने जाता था तो उनके इसरार पर अपने साथ नवप्रकाशित हिन्दी कविता की पुस्तकें ले जाता था : उनके पुस्तक-संग्रह में, जो अब दिल्ली स्थित रज़ा अभिलेखागार का एक हिस्सा है, हिन्दी कविता का एक बड़ा संग्रह शामिल था।

रज़ा की एक चिन्ता यह भी थी कि हिन्दी में कई विषयों में अच्छी पुस्तकों की कमी है। विशेषत: कलाओं और विचार आदि को लेकर। वे चाहते थे कि हमें कुछ पहल करनी चाहिए। २०१६ में साढ़े चौरानबे वर्ष की आयु में उनकी मृत्यु के बाद रज़ा फ़ाउण्डेशन ने उनकी इच्छा का सम्मान करते हुए हिन्दी में कुछ नयी क़िस्म की पुस्तकें प्रकाशित करने की पहल रज़ा पुस्तक माला के रूप में की है, जिनमें कुछ अप्राप्य पूर्व प्रकाशित पुस्तकों

का पुनर्प्रकाशन भी शामिल है। उनमें गाँधी, संस्कृति-चिन्तन, संवाद, भारतीय भाषाओं से विशेषत: कला-चिन्तन के हिन्दी अनुवाद, कविता आदि की पुस्तकें शामिल की जा रही हैं।

रज़ा फ़ाउण्डेशन ने, रज़ा पुस्तक माला के माध्यम से, हिन्दी में दूसरी भारतीय भाषाओं की महत्त्वपूर्ण कृतियों को प्रस्तुत करने की कोशिश की है। उर्दू के वरिष्ठ आलोचक और विद्वान शमीम हनफ़ी ने कविता के अलावा उर्दू कहानी पर विस्तार और गम्भीरता से विचार किया है। यह संकलन उनकी दृष्टि से उर्दू कहानी के वितान और व्याप्ति को आलोचनात्मक स्तर पर विश्लेषण और आकलन को एकत्र करता है।

अशोक वाजपेयी

अक्तूबर २०२०, नयी दिल्ली

प्रस्तावना

मुंशी प्रेमचन्द से सुरेन्द्र प्रकाश तक की उर्दू कहानी का यह विवरण २०वीं सदी के माहौल और समाज का विवरण भी है। मैं साहित्य की किसी भी विधा को उसकी ज़मीन और ज़माने से अलग करके देखने में असमर्थ हूँ ख़ासतौर पर कथा-कहानी को। सार्त्र ने १९४८ में साहित्य की प्रतिबद्धता पर अपनी धारणा व्यक्त करते हुए कविता के मुक़ाबले में कहानी को अपने समय और भौतिक वातावरण में ज़्यादा उलझा हुआ बताया था, ज़्यादा Committed, ज़्यादा Engaged यानी ज़्यादा प्रतिबद्ध और ज़्यादा व्यस्त। इस तरह हमारे कथा-साहित्य की हदें इतिहास से जा मिलती हैं। लेकिन साहित्य, बहरहाल, इतिहास नहीं होता। साहित्य इतिहास के समानान्तर अपनी एक अलग दुनिया बनाता है। यह दुनिया इतिहास से ज़्यादा रोचक, ज़्यादा सशक्त होती है, अपनी कलात्मकता और सौन्दर्य के कारण। इसीलिए इतिहास के किसी भी युग की सीमाओं के मुक़ाबले में साहित्य और कला की सीमाएँ ज़्यादा विस्तृत और ज़्यादा दिनों तक ज़िन्दा, रोचक और पायदार रहती हैं। रज़ा फ़ाउण्डेशन का बहुत कृतज्ञ हूँ कि आधुनिक उर्दू कविता से सम्बन्धित किताब 'हमसफ़रों के दरमियां' के बाद अब आधुनिक उर्दू कहानी पर इस किताब के प्रकाशन का बोझ भी सँभाला। किताब की तैयारी में शुभम् मिश्र और पीयूष दईया ने मेहनत की और अपना बहुत समय दिया। दोनों का शुक्रगुज़ार हूँ।

शमीम हनफ़ी

६-१०-२०२०

अनुवादक की तरफ़ से

आधुनिक उर्दू कविता से सम्बन्धित किताब 'हमसफ़रों के दरमियां' शायद आप लोगों की नज़रों से गुज़री ही होगी। इसी कड़ी का दूसरा खण्ड, 'आधुनिक उर्दू कहानी : प्रेमचन्द से सुरेन्द्र प्रकाश तक' अब आपके सामने है। इस संचयन के सम्पादक पीयूष दईया जी ने मुझसे अनुवादक के तौर पर किताब पर जब एक टिप्पणी लिखने के लिए कहा तो मैं थोड़ा फँस गया। पहले खण्ड की शुरुआत में इसी तरह की टीप में जितना मैंने अपने उर्दू और साहित्य ज्ञान के बारे में लिखा है, शायद उससे ज़्यादा मेरे लिए लिखना सम्भव नहीं है।

बहरहाल, पिछली टीप को आगे बढ़ाते हुए मैं सिर्फ़ इतना ही कहना चाहता हूँ, कि इस अनुवाद के ज़रिये उर्दू सीखने और भाषा की जो कुछ भी पुरानी समझ थी, उसे चमकाने का दौर चलता रहा है। इस खण्ड पर मैंने काम, जहाँ तक याद आता है, अक्तूबर २०१८ में शुरू किया था। तब से अब तक, मेरी ओर से समय-सीमाओं की अनगिनत अवमाननाओं के बाद भी पीयूष दईया जी का मेरे लिए प्रेम और प्रोत्साहन हमेशा बना रहा। इसके लिए मैं उनका जितना भी आभार व्यक्त करूँ, कम ही होगा।

अनुवाद के दौरान शमीम हनफ़ी साहब के घर जाकर निबन्धों को समझने, और भाषा सीखने का जो मुझे अवसर मिला है, उससे मैं कई लोगों के लिए ईर्ष्या का पात्र बन सकता हूँ। जब कभी भी किसी निबन्ध में मैं फँसा, या मुझे किसी भी तरह की ज़रूरत महसूस हुई, शमीम साहब और सबा जी का असीम प्यार और आशीर्वाद मुझे मिलता रहा। कोविड-१९

प्रतिबन्ध लागू होने की स्थिति में भी, जब उनके घर जाना सम्भव नहीं था, शमीम साहब ने अपने स्वास्थ्य और तमाम व्यस्तताओं के बावजूद, बहुत धीरज के साथ, कई घण्टों की टेलीफ़ोन की बातचीत से ही मेरे संशय दूर किये और अनुवादों को सुधारा। ऐसे में कई बार सबा जी ने भी हमारी बातचीत सुनते हुए, किसी शब्द के इस्तेमाल या उसकी उत्पत्ति के बारे में महत्त्वपूर्ण जानकारी दी।

राजकमल प्रकाशन के गणेश रजवार को पाण्डुलिपि को टाइपसेट करने, और उसमें कई बार संशोधन करने के लिए बहुत-बहुत धन्यवाद।

'हमसफ़रों के दरमियां' की अपेक्षा, जो उर्दू से हिन्दी में लिप्यन्तरित थी, 'आधुनिक उर्दू कहानी' की यह किताब शमीम हनफ़ी साहब के उर्दू निबन्धों का हिन्दी अनुवाद है। लेकिन निबन्धों में आने वाली कहानियों के अंश, उन पर आलोचकों द्वारा की गयीं टिप्पणी और कहानीकारों के वक्तव्य, मूल उर्दू से देवनागरी में ज्यों के त्यों लिप्यन्तरित किये गये हैं। इन अंशों में आने वाले उर्दू-फ़ारसी के कठिन शब्दों के अर्थ हरेक पृष्ठ के नीचे दिये गये हैं। कुछ एक जगह, आवश्यकतानुसार बातचीत को उसके व्यापक सन्दर्भ में भी बाँधने की कोशिश की गयी है। इस प्रकार के सन्दर्भ लेखों के अन्त में पाये जा सकते हैं।

—शुभम् मिश्र

१३.१०.२०२०

क्रम

एक दिया जो बुझता ही नहीं

अपने सहज स्वभाव, सादगी और उदास लहजे के बावजूद, प्रेमचन्द हमारे विवेक को जगाने, हमें उकसाने और झकझोरने, हमारी अन्तर्दृष्टि को पैना करने और हमारे निजी और सामूहिक दुखों को एक सार्थक दिशा देने की अनोखी ताक़त रखते थे। उनकी संवेदनशीलता हमेशा धरती से जुड़ी रही और उनके विचार अपनी ज़मीनी और भौतिक बुनियादों से कभी अलग नहीं हुए। इस देश की धरती और उस पर बसने वालों से प्रेमचन्द का यह एक गहरा और सच्चा जुड़ाव है, एक अपनापन है। प्रेमचन्द की लेखनी में जिस तरह का वैचारिक और भावनात्मक ठहराव है और वे जिस उत्साह से अपनी ज़िन्दगी और ज़माने के दुखों का सामना करते हैं, इसकी कोई मिसाल हमें ना तो उनके पहले के उर्दू साहित्य में मिलती है और ना बाद के ही।

वे ग़ैर दिलचस्प हो जाने या भाव के इकहरेपन का बोझ उठाने से कभी घबराते नहीं। मैं इस सच्चाई के कारणों को ढूँढ़ता हूँ तो इस नतीजे तक पहुँचता हूँ कि लिखना प्रेमचन्द के लिए साँस लेने जैसा ही था। उनके सृजन की शुरुआत ज़मीन से होती है। उसका अन्त भी ज़मीन की ही सतह पर होता है। सामाजिक न्याय का विषय प्रेमचन्द के वैचारिक सरोकार की नींव कहा जा सकता है। एक साहित्यकार की हैसियत से प्रेमचन्द ने हमेशा अपने अनुभवों के बयान से सरोकार रखा। हमारे सामूहिक जीवन में चाहे जितनी उलझनें हों, और उसके आर्थिक, सामाजिक, राजनैतिक और सांस्कृतिक पहलुओं में कितने भी पेच क्यों ना हों, प्रेमचन्द की कहानी कभी

पेचीदा नहीं होती। कभी ग़लतफ़हमी पैदा नहीं करती। पाठक की समझ-बूझ की कभी परीक्षा नहीं लेती, सपाट और सरल होने से भी कभी नहीं डरती।

प्रेमचन्द, इनसानों के आपसी रिश्तों और उनके समाज और प्रकृति से सम्बन्धों को समझने की कोशिश में बहुत दूर तक जाते हैं। वे सामाजिक ढाँचों के बहुत से रहस्यों की छानबीन करते हैं और अपने किरदारों की निजी प्रतिक्रियाओं की सच्चाई समझना चाहते हैं। हालाँकि उनकी यह तलाश अक्सर घटनाओं और अनुभवों की इकहरी सतह पर ही पायी जाती है, लेकिन जीवन की जानी-पहचानी सच्चाइयों और एक गहरे, रचे हुए मानवतावाद का सिरा प्रेमचन्द के हाथ से कभी छूटता नहीं। वे सामने की वस्तुओं, भावनाओं और अनुभूतियों के माध्यम से अपनी बात कहते हैं। उनकी ढीली-ढाली, कहीं-कहीं उकता देने वाली और बेरंगी की हद तक सादी और फीकी शैली हमें एक ऐसे ज़िम्मेदार, बुद्धिमान और भावुक, खरे और सच्चे कहानीकार तक ले जाती है जिसने अपने ज़माने की ज़िन्दगी को कहानी का वारिस बनाने की जुस्तजू की।

प्रेमचन्द एक साधक की तरह अपनी दुनिया और अपनी हस्ती का बोझ उठाये, अपने सृजनात्मक परिश्रम में मगन रहे। इसीलिए, अपने जाने-पहचाने परिदृश्य के साथ भी प्रेमचन्द की अन्तर्दृष्टि केवल एक तारीख़ और अपनी ज़मीनी या ज़मानी सच्चाई की पाबन्द नहीं है। ज़ाहिर है कि जिस तरह हम बॉल्ज़ैक और फ़्लोबेर को सिर्फ़ फ्रांसीसी समझकर, या टॉल्सटॉय को सिर्फ़ रूसी समझकर नहीं पढ़ते, उसी तरह प्रेमचन्द भी अपनी अथाह हिन्दुस्तानियत के बावजूद सिर्फ़ हिन्दुस्तानी नहीं रह जाते।

यहाँ हमें एक और हक़ीक़त समझ लेनी चाहिए। घटनाओं या समाज के बयान से, किसी लिखने वाले की अन्तर्दृष्टि और महत्त्व को नहीं नापा जा सकता। साहित्य को इतिहास या समाजियत की सतह पर रखकर समझना साहित्य, इतिहास और समाजियत, सभी के साथ नाइंसाफ़ी करना है। कहानी चाहे जितने पारम्परिक साँचों के साथ सामने आये, ज़रूरी नहीं कि ख़ुद भी रिवायती हो। हमारे देश की क्षेत्रीय भाषाओं में, कुछ लोगों ने प्रेमचन्द की लेखन शैली से भी ज़्यादा पुरानी शैली में, 'नयी कहानी' लिखी है। नये और पुराने का, या नये अभिप्राय और पारम्परिक महत्त्व का फ़ैसला, असल में लिखने वाले की संवेदनशीलता की बुनियाद पर किया जाना चाहिए, उसके कलात्मक अन्दाज़ की बुनियाद पर किया

जाना चाहिए। इस भेद को समझने की, एक बहुत अच्छी मिसाल प्रेमचन्द की कहानी 'निजात' और इसी कहानी की बुनियाद पर बनी सत्यजित रे की फ़िल्म 'सद्गति' है। कलात्मक अन्दाज़ के बस ज़रा-ज़रा से फ़र्क़ ने कहानी को कहाँ से कहाँ पहुँचा दिया है। इस बर्ताव, या सुरुचि का बोध, या भावनाओं की बुनियाद केवल घटनाएँ या सामाजिक सच्चाइयाँ नहीं होतीं। सिर्फ़ भाषा या अभिव्यक्ति के साधन भी नहीं होते। कहानी की बनावट या उसका ढाँचा भी नहीं होता। इस संवेदनशीलता की बुनियाद एक तरह की समग्रता पर आधारित होती है। आवश्यकता केवल इतनी ही है कि लिखने वाले की अन्तर्दृष्टि और उसके सांस्कृतिक यथार्थ में तालमेल हो। दोनों में सन्तुलन हो और उन्हें एक साथ समेटा जा सके। प्रेमचन्द का मानना था :

> हमारी कसौटी पर वो अदब खरा उतरेगा जिसमें तफ़क्कुर[१] हो। आज़ादी का जज़्बा हो। तामीर[२] की रूह हो। ज़िन्दगी की हक़ीक़तों की रौशनी हो। जो हम में हरकत, हंगामा और बेचैनी पैदा करे...सुलाये नहीं, क्योंकि अब ज़्यादा सोना मौत की अलामत[३] होगी।[i]

दुर्भाग्य से हमारे आसपास एक समूह ऐसे लोगों का भी है, जो सामूहिक जागृति से और एक सकारात्मक और सेहतमन्द समाजी बेचैनी से डरते हैं। इसलिए, वे प्रेमचन्द से भी डरते हैं। यक़ीन नहीं आये, तो मुरली मनोहर जोशी साहब या उनके साथ उठने-बैठने वालों से पूछ लीजिये। अटल बिहारी वाजपेयी की राजग सरकार की हुकूमत में प्रेमचन्द की जगह स्कूली पाठ्यक्रम में भाजपा के एक मामूली कार्यकर्ता की किताब को शामिल करने की कोशिश की क्या वजह थी?

प्रेमचन्द के अनुभवों और उनकी सधी हुई, सरल और सादी भाषा के पीछे सदियों पुराना इतिहास है। वह इतिहास जिसके साथ मीर अम्मन और ग़ालिब और अशरफ़ सुबूही और ख़्वाजा हसन निज़ामी भी खड़े हैं। दुनिया की दो बड़ी तहज़ीबों की विरासत है, इण्डो-मुस्लिम संस्कृति का विरसा।

इस विरासत की सबसे क़ीमती निशानी है उर्दू। और इस भाषा का भी वह रूप जिसे प्रेमचन्द ने अपनाया और आगे बढ़ाया। मुहम्मद हसन अस्करी ने कहा था कि हमारे साझा इतिहास और रिवायत के सन्दर्भ में उर्दू ज़ुबान

---

१. फ़िक्र २. बनावट ३.निशानी

ताजमहल से भी ज़्यादा विशाल और क़ीमती सांस्कृतिक अनुभव है। हर्बर्ट स्पेंसर का कहना था कि इससे पहले हम तहज़ीब की बनावट का बीड़ा उठायें, ज़रूरी है कि तहज़ीब हमें बना चुकी हो। प्रेमचन्द इस अनुभव से गुज़र चुके थे। इसीलिए, उनकी भाषा, उनकी शैली, उनकी सृजनशीलता, उनके अनुभव और सरोकार सबके सब अपनी दुनिया में रहते हुए भी, एक नयी दुनिया बनाना चाहते थे। प्रेमचन्द इस सच्चाई को अच्छी तरह समझ चुके थे कि आधुनिक पाठकों और वैश्वीकरण के इस तेज़ रफ़्तार, ज़ुल्मी और भयावह दौर में अपनी असलियत को बचाये रखना ज़रूरी है। सो, इसी असलियत की हिफ़ाज़त पर उन्होंने अपने आप को लगा दिया था। वे हमारे लिए एक प्रतीक बन चुके थे। अब इस प्रतीक की मदद से हम अपने आप को और अपने माहौल को भी पढ़ सकते हैं। यह सिलसिला आगे भी जारी रहेगा। यह प्रेमचन्द की सृजनात्मक ऊर्जा और उनकी मौलिक सादगी के साथ-साथ उनके गहरे इनसानी जज़्बों के जादू, दोनों का असर है। प्रेमचन्द की वैचारिक और सृजनात्मक शैली इन दोनों ही की देन है। प्रेमचन्द सिर्फ़ एक व्यक्ति ही नहीं, ख़याल का एक मौसम भी थे। यह मौसम अभी गुज़रा नहीं है और अभी भी उसकी छाँव हमारे ऊपर बनी हुई है। एक पुरानी रुत की सरगोशी हम आज भी सुन रहे हैं। और शायद उस समय तक सुनते रहेंगे जब तक हमारे सार्वजनिक जीवन का नक़्शा ही बदल नहीं जाता। अहमद मुश्ताक़ के अनुसार :

मौसमों का कोई महरम[१] हो तो उससे पूछूँ
कितने पतझड़ अभी बाक़ी हैं, बहार आने में

सन्दर्भ

i. प्रेमचन्द ने यह भाषण 'प्रगतिशील लेखक संघ' के पहले सम्मेलन का उद्‌घाटन करते हुए, १० अप्रैल १९३६ को लखनऊ में दिया था

---

१. भेदी

जागती आँखों का ख़्वाब

मिलने से पहले सत्यार्थी के बारे में जो कुछ सुना और पढ़ा था उससे हमेशा बस यही गुमान हुआ कि वे सचमुच की कोई हस्ती नहीं, एक सपना हैं, जो मैं जागती आँखों से देख रहा हूँ। धूप-भरी चुटीली दोपहरों से पस्त, उस बेरहम शहर की थकन से चूर मगर अपनी चाल में धुत्त, सड़कों पर उन्हें आते-जाते देखा तो उनके होने का यक़ीन आया, और महसूस हुआ कि मैं ख़्वाब नहीं, सत्यार्थी को देख रहा हूँ।

उनकी उम्र सत्तर से पार है और उनके सफ़ेद उलझे बाल और भुरवाँ लहरिया दाढ़ी उनकी अपनी देह की तरह लम्बे हैं। उनके माथे पर सिलवटों के गहरे निशान एक लम्बी यात्रा के अनुभवों के नाम हैं। खद्दर के कभी साफ़ और कभी मैले कुर्ते-पाजामे में और पीले सिल्क के चोग़े में लिपटे हुए, फ़ाइलों और काग़ज़ों का एक भारी पुलिन्दा सँभाले हर सुबह वे घर से निकलते हैं, इस इत्मीनान के साथ जैसे उनके घर के आगे भी उन्हीं के घर बसे हुए हैं, और उन्हें किसी परायी जगह नहीं जाना है।

यह जगह कोई भी हो सकती है—किसी दोस्त का कमरा, कोई गली, कोई मोहल्ला, कोई चायख़ाना या कोई वीराना। कॉफ़ी हाउस या कला दीर्घा, या फिर कोई भरी-पूरी बड़ी सड़क या शॉपिंग सेण्टर। उन्हें ना तो ख़रीदारी करनी होती है और (इक्का-दुक्का दिनों को छोड़कर) ना ही लाज़िमी तौर पर किसी से मिलना होता है। फिर भी वे इसी पाबन्दी के साथ घर से निकलते हैं, घण्टों चलते हैं और फिर इसी इत्मीनान के साथ घर लौट आते हैं जैसे ज़िन्दगी का एक और उधार उन्होंने चुका दिया हो।

असल में सत्यार्थी का हर सफ़र घर से घर तक का सफ़र होता है। वह सफ़र भी जब वे अपनी पत्नी के साथ घर से निकले, सब्ज़ी बेचने वाले के चबूतरे तक पहुँचे, और जिस पल पत्नी ने भाव पूछा, उस पल वे हज़ारों मील दूर आसाम में थे (मानो पंजाब और आसाम के बीच की दूरी, घर से घर तक की दूरी हो!)। हमारे चारों तरफ़ सड़कों का जाल जो एक बस्ती को दूसरी बस्ती से और एक दुनिया को दूसरी दुनिया से अलग करता है, उसके भेद इस ज़माने के साहित्यकारों में शायद सबसे ज़्यादा सत्यार्थी ने ही समझे हैं। ऐसा नहीं होता तो पछतावा या बेहसूली जो हर यात्रा की नियति बनते हैं, सत्यार्थी की आँखों में कब के डेरे जमा चुके होते। उन्होंने धूप और धूल से दोस्ती की मगर उनकी रूह रवाँ और उजली रही। उन्होंने सफ़र में ज़िन्दगी बितायी, फिर भी उनकी आँखें रौशन रहीं, ना चेहरा सँवलाया, ना पलकों में कालिख जमी ही। बाहर की दुनिया से ऐसा भरा-पूरा और निःस्वार्थ तालमेल सत्यार्थी के जीवन में यात्रा को पड़ाव का पर्याय बना देता है। इस तरह वे ना तो सांसारिक सच्चाइयों को साबित करते हैं, ना अपने अहम की सच्चाई से इंकार करते हैं। वे तो केवल अपने स्वभाव पर खरे उतरते हैं। वे प्रत्यक्ष में अपने रूप की परछाँई देखते हैं, बाहरी दृश्य के सन्दर्भ से ख़ुद को पहचानते हैं और हर पल के कम्पन में अपनी गिनती करते हैं।

उन्होंने ना तो अपने आप को त्यागा है, ना अपनी दुनिया को ही। पर लगाव और अलगाव के अन्तर को मिटा ज़रूर दिया है। बीस बरसों की लम्बी यात्रा के बाद वे वापस आये तो घर भी जमा हुआ था और दरवाज़े भी उनके लिए खुले हुए थे।

इस अर्से में वे कैसे-कैसे जहानों से गुज़रे, क्या-क्या तमाशे देखे, किन-किन लोगों से मिले और कहाँ-कहाँ यह महसूस किया कि उम्र का कोई लम्हा अचानक रुक गया है, मुझे नहीं मालूम। सत्यार्थी से पूछा जाये तो भी शायद यही जवाब मिलेगा, "मैं इस बारे में कुछ नहीं जानता!"

लोकगीतों पर उर्दू में अपनी किताब का नाम उन्होंने 'मैं हूँ ख़ानाबदोश' रखा था। मानो घर उनके पाँव की ज़ंजीर नहीं बना, उनके कन्धों पर सवार रहा। इसलिए सत्यार्थी की जिन कहानियों में सफ़र के इस विशाल अनुभव की परछाइयाँ दिखायी देती हैं, वहाँ भी उनकी हैसियत मुसाफ़िर के बजाय एक मेज़बान की होती है। गुजरात, आसाम, बंगाल, मध्य-भारत, राजस्थान,

कश्मीर और पंजाब उनकी कहानियों में अपने औद्योगिक शहरों, सांस्कृतिक केन्द्रों और विभिन्न संस्थानों की कोई बात नहीं करते बल्कि अपनी आत्मा से मिलवाते हैं। वह आत्मा जो बाहरी परिवर्तनों की चोट खाकर भी बदली नहीं और अलग-अलग ज़मानों की तमाशागाह में एक अनन्त कालिक रस में डूबी दिखायी देती है। कन्याकुमारी से कश्मीर तक, श्रीलंका से बीरभूम और बर्मा तक वे जहाँ भी गये, घर उनके साथ रहा। ऐसा नहीं होता तो दिल्ली के करोलबाग़ मोहल्ले के एक घर में क़दम रखने के बाद वे महीनों बाहर नहीं निकलते। सुस्ताते और सफ़रनामा लिखते। मगर वे तो दूसरे ही दिन से फिर दिल्ली की सड़कों पर उसी तरह मारे-मारे फिरने लगते हैं और देखने वाले भी उन्हें इस तौर पर देखते हैं जैसे वे कहीं गये ही नहीं थे।

सामाजिक तौर पर इसे सत्यार्थी के जीवन की त्रासदी ही कहा जा सकता है कि ना तो उनका कहीं जाना ख़बर बन सका, ना लौटकर आना ही। अगर वे दुनियादारी समझते होते तो हर यात्रा पर निकलने से पहले अपने संकल्पों के बारे में बढ़-चढ़ कर बात करते, सरकार से (या किसी ग़ैर-सरकारी संगठन से) उसकी तरफ़दारी और अपने घर के लिए आर्थिक सहायता की उम्मीद रखते। किसी समाचार एजेंसी के माध्यम से लोगों को सूचित करते कि कैसे लोकगीत हमारी धरती की आत्मा का एक साकार रूप हैं और उनकी तरफ़ तवज्जो में उनकी अपनी दिलचस्पियों के साथ-साथ गाँधीजी, टैगोर, मदन मोहन मालवीय और सरोजिनी नायडू की प्रेरणा भी शामिल है। फिर वे उनकी चिट्ठियों की प्रतिलिपि प्रमाण के रूप में दिखाते और फूल मालाएँ गले में डाले बड़े ताम-झाम से घर से निकल पड़ते। उसके बाद जब वे हज़ार-दो हज़ार लोकगीत शिकार करके आनन्दित लौटते तो एक 'प्रेस कॉन्फ्रेन्स' में बताते कि उन्होंने सफ़र में क्या-क्या दुख झेले, और ज्ञान और जानकारी का जो अनमोल ख़ज़ाना वे लाये हैं, अब उसकी सुरक्षा और शुचिता का उत्तरदायित्व लोगों के सर है। मगर सत्यार्थी ने ना तो अपनी मेहनत का मोल किसी से माँगा, ना उसका फल ही। उन्होंने तो अहमद शाह बुख़ारी के ज़माने में भी जो गीत रेडियो को दिये थे, उनका कॉपीराइट ऐसा कहकर लेने से मना कर दिया था कि इस सम्पत्ति पर अगर किसी का अधिकार है तो वह इस देश की धरती है—आन्ध्र की लाल धरती, मध्य भारत की भूरी धरती, बंगाल की सलोनी धरती और कश्मीर की ज़ाफ़रान धरती। धरती के ये रूप सिर्फ़ देना जानते

हैं, किसी से कुछ माँगते नहीं।

उस ज़माने में भी, जब सत्यार्थी अपनी एक बेटी के विवाह का बन्दोबस्त कर रहे थे और जहाँ-तहाँ से कुछ पैसे जोड़ने की ज़रूरत आन पड़ी, उन्होंने अनुवाद का एक काम यह कहकर अधूरा छोड़ दिया कि इससे उनकी आजादी में बाधा पड़ती है। ब्याह का क्या था, ज्यों-त्यों हो गया मगर सत्यार्थी अपनी आज़ादी का सौदा करने पर तैयार नहीं हुए।

यह आज़ादी साहित्यकार की हैसियत से सत्यार्थी को ख़ासी महँगी पड़ी है। आर्थिक फ़ायदे-नुक़सान की बात अलग रही क्योंकि इस मैदान में अच्छे-भले होशमन्द क़िस्म के लोगों को भी मन्दबुद्धि पाया गया है और वैसे सिर्फ़ ठीक-ठीक अक़्ल रखने वालों को आर्थिक मामलों में मेधावी देखा गया है। रोज़ी-रोटी कमा लेने की बुद्धि शायद हमारी चेतना की एक अपने आप में सम्पूर्ण शाखा है। बर्नार्ड शॉ, एलियट और तो और अपने कुछ ढोंगी क़िस्म के प्रगतिशील और आधुनिक लेखक जो इस मैदान में आगे-आगे रहे, उनकी गिनती इसके प्रतिनिधियों में होनी चाहिए। सत्यार्थी ने इस मोर्चे पर तो मात खायी ही, ख़ुद अपने चुनाव और आज़ादी संजाये रखने के अपने इरादे से वे अपने सृजनात्मक व्यक्तित्व को भी इस तौर पर ऊँची क़ीमत नहीं दिखा सके, जिसका उन्हें हक़ पहुँचता था। एक आम अन्दाज़े के मुताबिक़ उन्होंने ढाई से पाँच लाख तक लोकगीत जमा किये हैं। अनगिनत कहानियाँ लिखी हैं, उपन्यास और कविताएँ अलग। उन्होंने हिन्दी, उर्दू, पंजाबी और अँग्रेज़ी में जितने पन्ने काले किये हैं, उनसे सुरसुरी गुज़रने का सौभाग्य भी बहुत से लिखने वालों को प्राप्त नहीं होता। मगर इस सारी कोशिश और तलाश और मेहनत का फल क्या है? सफ़र, मुस्तक़िल मुदाम सफ़र[१]। इतनी चतुराई उन्होंने ज़रूर दिखायी कि शोहरत और गुमनामी, सफ़र और पड़ाव के बीच की लकीर मिटा दी—पुराने ज़माने के गीतकारों, गवैयों और चित्रकारों और मूर्तिकारों की तरह जो अपनी राख से अपना जहाँ पैदा करते थे और घड़ी भर के लिए भी यह नहीं सोचते थे कि आधुनिक युग पर अपना स्थायित्व किसी बहाने सिद्ध करते जायें।

सत्यार्थी ने तमन्ना के इस सफ़र में ना किसी आवश्यकता और समझ-बूझ को आड़े आने दिया, उन्होंने अपनी हस्ती को भी अपना हिजाब नहीं बनने

---

१. यात्रा पर यात्रा

दिया। इस हिसाब से यह कहा जा सकता है कि सत्यार्थी एक पारदर्शी व्यक्ति हैं जिनके आर-पार देखा जा सकता है। सत्यार्थी को समझने के लिए इतिहास, दर्शन, साहित्य और आलोचना पढ़ने की ज़रूरत नहीं पड़ती क्योंकि वे जो कुछ भी हैं, हर्फ़-हर्फ़, नुक़्ता-नुक़्ता अपने आप में लिखे हुए हैं। और इस मामले में वे यहाँ तक सावधान हैं कि कहीं ऐसा ना हो कि उनकी अभिव्यक्ति कच्ची या अधूरी रह जाये। इस ख़याल से अपने लिखे को भी अपने से अलग होकर बार-बार पढ़ते हैं, काटते हैं, मिटाते हैं, तोड़ते हैं और जोड़ते हैं। उनकी पाण्डुलिपियों की बनावट ख़ुद को मिटा-मिटा कर बनाने के इसी कृत्य का बिम्ब है। पहली नज़र में यह एक तरह का 'परफ़ेक्शनिज़्म' है मगर ग़ौर से देखें तो पता चलेगा कि प्रकृति भी तो अपने निर्माण और अभिव्यक्ति की यात्रा में यही कुछ करती है और बनाओ-बिगाड़ के ऐसे पड़ावों से गुज़रती है। यह तलाश है उस भरी-पूरी, निश्छल और स्वाभाविक आज़ादी की जिसकी राह में संयोग और दिलो-दिमाग़ की क्षणिक हलचलें भाँति-भाँति की दीवारें खड़ी करते रहते हैं। कभी-कभी ऐसा होता है कि एक पन्ने पर एक वाक्य के एक शब्द को वे इतनी बार लिखते और बदलते हैं कि एक के बाद एक चेपी पर चेपी काग़ज़ के पन्ने को एक गत्ते में बदल देती हैं। इस मामले में सत्यार्थी का रवैया उस गायक का है जो बरसों के रियाज़ को भी एक सुर या एक लय की प्राप्ति के लिए काफ़ी नहीं समझता और एक उम्र अपने आप को धारदार करने में गुज़ार देता है।

ऐसा नहीं होता तो वे अपने आप से कितने पहले सन्तुष्ट हो चुके होते और आदर-सम्मान ओढ़े किसी कोने में जमकर बैठ गये होते। साहित्य, ज्ञान और कला जगत में कमाल का आख़िरी बिन्दु वही है जिसके बाद और ज़्यादा कमाल की गुंजाइश नहीं बचे और जहाँ से केवल पतन की शुरुआत हो सके। बंगाल की 'भूखी पीढ़ी' ने टैगोर को, निशाना इसीलिए बनाया कि टैगोरिज़्म ने एक पन्थ की सूरत अपना ली थी जहाँ कहने-सुनने का सवाल ख़त्म हो जाता है। टैगोर की आत्मा तो बदमज़ाक़ियों की इस भीड़ में कहीं पीछे रह गयी, उनकी हस्ती का ऊपरी दृश्य और दिखायी देने वाले लाहिक़े[१] उनके ख़ूबसूरत बालों, सफ़ेद दाढ़ी और नर्म रेशमी बानों समेत एक विभाग में परिवर्तित हो गये। यह टैगोरिज़्म के हाथों टैगोर की

१.ऐसी बातें जो ऊपर से जोड़ दी गयी हैं

हार का एलान था। इसे एक तरह की ख़ुदकुशी भी कह सकते हैं। सत्यार्थी ने भी यह ढंग अपनाया मगर ख़ुद ही उसका पर्दा यह कहते हुए चाक कर दिया कि लम्बे केश और दाढ़ी और जोगिया बाना, यह सब के सब उनकी भौतिक आवश्यकताओं और सृजनात्मक उद्‌देश्य के अधीन थे। इससे भीख आसानी से मिल जाती थी, बिना टिकट सफ़र करना आसान हो जाता था और गाँव के भोले-भाले मर्द-औरत लड़के-लड़कियाँ अपने गीतों की पिटारी खोलने पर जल्द आमादा हो जाते थे।

इसलिए सत्यार्थी के सबसे बड़े प्रतिद्वन्द्वी ख़ुद सत्यार्थी हैं जिन्होंने अपनी हस्ती पर धुन्ध की कोई तह बाक़ी नहीं रहने दी। अनुभवहीन साहित्यकारों, छात्र-छात्राओं और आम लोगों के मज्मे में भी वे अपनी फ़ाइलों और काग़ज़ों का पुलिन्दा, अपनी कटी-फटी पाण्डुलिपियों का गट्ठर खोलकर बैठ जाते हैं। कभी सड़क के किसी मोड़ पर, किसी चायख़ाने में, किसी दुकान के शेड में, या किसी बाग़ीचे के कोने में। और उनके हौसलों ने सामने वाले की पात्रता की परवाह किये बिना ख़ुद को जहाँ-तहाँ इस तरह बेनक़ाब किया कि देखने वाले उनके हौसलों की विशालता को सिर्फ़ अपनी योग्यता के बराबर समझ बैठे। सत्यार्थी उनके लिए बराबर के या बाज़ार के आदमी बन गये जिन्हें कहीं भी घेरा जा सकता है, जिनसे बेतक़ल्लुफ़ हुआ जा सकता है और जिन पर हँसा जा सकता है।

मालूम नहीं यह एकाकीपन सत्यार्थी को अपने तौर पर ख़त्म कर देता या रास आता। मगर इतना तय है कि सत्यार्थी अगर इस दर्जा आसानी से हासिल होने वाले और पारदर्शी क़िस्म के व्यक्ति नहीं होते तो कम से कम उनकी सामाजिक और भौतिक हैसियत उनकी मौजूदा हैसियत से बहुत अलग होती। क़िस्सा मशहूर है कि शेक्सपियर के नाटकों के एक अदाकार (जिसकी मिसालें कम ही मिलती हैं) ने एक रोज़ सुबह की सैर में एक ख़स्ताहाल आदमी को देखा जो बड़ी बेतक़ल्लुफ़ी से यह कहता हुआ उसकी तरफ़ बढ़ा, "हम एक-दूसरे के दोस्त रहे हैं। जनाब ने जिस खेल में नायक का किरदार किया था, उसी में नाचीज़ ने मुर्ग़ बनकर बाँग दी थी!" सत्यार्थी ने 'चार्म ऑफ़ डिस्टेंस' के अर्थ पर शायद कभी ध्यान ही नहीं दिया। यह रवैया महानता और पवित्रता की उस क़िस्म से सम्बन्ध रखता है जो अपनी अस्वीकृति में ही अपने होने का प्रमाण देता है। सत्यार्थी बड़े थे, लोगों की पात्रता छोटी थी।

बचपन में एक खादी पहनने वाले बुज़ुर्ग कभी-कभी हमारे घर आया करते थे। हमेशा बहुत लिये-दिये, बने सँवरे, गम्भीर और संजीदा, यूँ भी असाधारण दिखायी देते थे। फिर पता चला कि ये पण्डित रामनरेश त्रिपाठी हैं, हिन्दी के मशहूर कवि। गाँधी जी के आदेश पर सत्यार्थी और पंडित रामनरेश त्रिपाठी ने लोक-कला और लोकगीतों को समझने-समझाने और उन्हें संजोने का इरादा शायद एक ही ज़माने में किया था। मगर त्रिपाठी जी इस उद्‌देश्य और काम के भौतिक मूल्य का बोध भी रखते थे। इसीलिए साहित्यिक और समाजी हल्क़ों में उनकी तरफ़ आम रवैया विस्मय और आदर-सम्मान का रहा। कई अहम ओहदे उनके सुपुर्द किये गये और सांसारिक अर्थों में त्रिपाठी जी ने एक प्रतिष्ठित और सुरक्षित जीवन व्यतीत किया। सत्यार्थी के नाम अब से लगभग चालीस बरस पहले एक ख़त में उन्होंने लिखा था :

> मैं भी कभी घुमक्कड़ था, पर अब तो बाहर की बनिस्बत भीतर का वज़न इतना बढ़ गया है कि मिलने-जुलने की ख़्वाहिश नहीं होती।
>
> बाहर का वज़न ढोया जा सकता है, भीतर का नहीं।
>
> बहुत ही ख़ुशक़िस्मत लोग होंगे, जिनमें एक आप हैं, जिनमें भीतर का भार कम होता है।
>
> ग्राम गीतों के सिलसिले में जिस राह पर चलने की आरज़ू मैं बरसों से कर रहा था, उसे तो आपने नाप डाला। गीतों के बारे में मेरी आरज़ू ज़रूर मिट गयी, पर घूमने की आरज़ू तो बढ़ती ही जा रही है।
>
> आपका हौसला मुबारक, आपकी सच्ची लगन तारीख़ का हिस्सा बन गयी। मैं आपको प्रणाम करता हूँ।
>
> आपके मज़ामीन[१] मैं महाना रिसालों में जहाँ पाता हूँ, बड़ी दिलचस्पी से सब पढ़ जाता हूँ। आपने ग्राम साहित्य को समझा भी ख़ूब है और उसके इज़हार की आप में सलाहियत[२] भी क़ाबिले-तारीफ़ है। आपकी जात्रा का दिलचस्प बयान और गीतों का मज्मुआ[३] किताबी शक्ल में पढ़ने की शदीद[४] ख़्वाहिश है।
>
> मैंने १९२५ में गीत जमा करने का काम शुरू किया था। इस लोहे जैसी हक़ीर शै[५] को आपने छूकर सोना बना दिया।

---

१. लेख २. गुण ३. संग्रह ४. तीव्र ५. तुच्छ वस्तु

इतने बड़े देस में हज़ारों मुरत्तबीन[१] के उठ खड़े होने की मेरी ललक अब बुझ गयी। हज़ारों सितारे चाहे ना उठें, एक चाँदनी का ज़ुहूर काफ़ी है।

इस देस में आप ही पहले और आख़िरी होंगे। इतनी मेहनत कौन करेगा?

त्रिपाठी जी के इस ख़त से उनके और सत्यार्थी के रवैयों का फ़र्क़, एक ही उद्‌देश्य होने के बावजूद, साफ़ ज़ाहिर है। इस वक़्त यह ख़याल इसलिए आया कि उद्‌देश्य का ज्ञान रखने के बावजूद हमारे समाज में हर काम अपनी क़ीमत रखता है, या कम से कम उसकी क़ीमत का बोध। त्रिपाठी जी यह भेद समझते थे, इसलिए उन्होंने लोकगीतों के अध्ययन और उनको इकट्‌ठा करने में भी अपनी हस्ती और ज़िन्दगी के बीच फ़ासला क़ायम रखा। दूसरी तरफ़ सत्यार्थी ने लोकगीत जमा करने के बजाय उस ज़िन्दगी को जीने और उस हवा में साँस लेने की खोज की, जिसकी कोख से यह गीत जन्म लेते हैं। सो उन्होंने अपनी ज़िन्दगी और उन गीतों की ज़िन्दगी के दरमियाँ फ़ासले को भी कभी क़ुबूल नहीं किया और दोनों में बेझिझक हमआहंगी की तलाश की। यह तलाश यदि सच्ची नहीं होती और उसकी क़िस्म सिर्फ़ शैक्षिक, सामाजिक या दृष्टिकोण सम्बन्धी होती, तो गीत शायद फिर भी मिल जाते, मगर सत्यार्थी पुस्तकालयों की अलमारियों या अकादमियों के पदों में डूब गये होते। उनसे मुहब्बत की प्यास रखने वाले उनके आस्ताने पर सर झुकाते और उन्हें पलकों पर बिछाते। अच्छे-भले आदमी का काम इसी तरह तमाम होता है। क्या क़यामत है कि फिर उन्हें मातमी भी नहीं मिलते।

सत्यार्थी सांसारिक मामले में जैसे भी हों, इतना ज़रूर जानते हैं कि इश्क़ में बदनामी और ख़राबी का दर्जा कम नहीं होगा, और कुछ रुसवाइयाँ शोहरतों से ज़्यादा क़ीमती होती हैं। भले वक़्तों में उन्होंने एक घर बना लिया था, शायद बुरे दिनों की आज़माइशों के डर से। सत्यार्थी के बुरे दिन भी उनके भले वक़्तों की बनावट का हिस्सा हैं। इसलिए एक ही क़ीमत पर दूसरे को प्राप्त करने के बजाय उन्होंने दोनों को बटकर एक कर लिया। ज़िन्दगी का जो ढब पहले दिन अपनाया था, उसी को अब तक बड़ी सावधानी से सँभाले हुए हैं। यह रवैया पहले भी अजूबा समझा जाता था, आगे भी लोगों को हैरान करता रहेगा। शायद इसीलिए मण्टो ने सत्यार्थी

१. संग्रहकर्ता

को 'फ्रॉड' कहा था कि जिस माहौल में फ्रॉड आम बन चुका हो, वहाँ सत्यार्थी आम मस्लहतों और मामलों से बिल्कुल आज़ाद एक ऐसे दस्तूर के पाबन्द रवाँ-दवाँ हैं, जिस पर एक अजूबे का गुमान होता है। फ्रॉड का एक अलग अर्थ अजूबा भी है।

मुझे याद आता है कि कोई दो बरस पहले मण्टो की पच्चीसवीं बरसी की शाम, लोधी कॉलोनी के एक घर में बलराज मैनरा ने एक छोटी सी बैठक का आयोजन किया था। कुछ यार-दोस्त जमा थे। सत्यार्थी ने चेपियों से गिराँ एक छोटी सी कॉपी अपने पुलिन्दे से निकाली और मण्टो पर अपना लेख सुनाने लगे। निजी बातों और मुलाक़ातों का उसमें विस्तृत वर्णन था और सत्यार्थी रुक-रुक कर, ठहर-ठहर कर यह कहानी इस तरह सुना रहे थे, जैसे बिना गाये ही किसी गीत के बोल दोहरा रहे हों। लहजा बड़ी हद तक शुष्क मगर सुरीला था, मानो सत्यार्थी की आवाज़ में घुँघरू बँधे हुए हों। लेख ख़त्म होते ही यार लोग पंजे झाड़कर सत्यार्थी के पीछे पड़ गये। यह तो याद नहीं आता कि किसने क्या कहा, लेकिन एक शब्द बार-बार उभरा–फ्रॉड। सत्यार्थी सिर्फ़ हँसते रहे। ऐनक के मोटे शीशों के पीछे उनकी आँखें झिलमिल-झिलमिल कर रही थीं और उनके होंठों पर एक विजयी मुस्कुराहट थी। मण्टो ने बहुत से शब्दों को नये अर्थ दिये हैं। फ्रॉड को एक नया अर्थ देने में सत्यार्थी ने भी मण्टो का सहयोग किया है। हाड़-मांस का बना हुआ आदमी इस दर्जा पारदर्शी दिखायी दे तो खोट का ख़याल ऐरे-ग़ैरे को होना बिल्कुल स्वाभाविक है। वह व्यक्ति जिसने ढाई से पाँच लाख तक लोकगीत जमा किये और पचास से ज़्यादा किताबें लिखीं और हज़ारों मील का सफ़र किया और जिसके पाँव भी थकान से परे नज़र आते हैं, उसे इनसान से ज़्यादा कुछ और बन जाना चाहिए था। उस पर सत्यार्थी का बस नहीं चला क्योंकि अपने हवास की सरहदें पार करने के लिए पहले अपनी निहित सादगी को मिटाते, सो वह फ्रॉड ठहरे। इस शब्द पर हँसने का सामर्थ्य इसीलिए वे अपने प्रतिद्वन्द्वियों से ज़्यादा रखते हैं।

अपने आप पर हँसने की ख़ूबी ही हर बाहरी असर से सत्यार्थी की हिफ़ाज़त करती रही है। एक लिहाज़ से अपनी हस्ती को बचाये रखने का ज़रिया भी उन्होंने अपनी इसी ख़ूबी को बनाया हुआ है। अपने बारे में कठोर से कठोर बात सुनने और उससे मज़ा लेने का ऐसा सलीक़ा और हौसला मैंने बहुत

कम लोगों में देखा है। एक कहानीकार की हैसियत से सत्यार्थी की क्षमता का यह पहलू उन्हें विशिष्ट बनाता है। यह एक सच्चे सृजनशील व्यक्ति का सामर्थ्य है जो जीवन की किसी भी अभिव्यक्ति को, जिसमें अज्ञान भी शामिल है, गौण या अपनी हस्ती से कम नहीं समझता। उनके उपन्यासों और कहानियों की कलात्मकता परखने का यह मौक़ा नहीं है मगर इतना कहा जा सकता है कि अपने सभी समकालीनों के मुक़ाबले में सत्यार्थी ने अपने सृजनात्मक व्यक्तित्व को हर ग़ैर-रचनात्मक सरोकारों से बचाने के असामान्य सामर्थ्य का सबूत दिया है। उनका व्यक्तित्व ना समझौतों से लिप्त हुआ, ना प्रलोभनों के अधीन। उन्होंने ना तो किसी बनावटीपन को मुँह लगाया ना विशिष्टता के किसी भाव के शिकार हुए। उन्हें ना तो अपनी सफलताओं पर अभिमान हुआ ना अपनी विफलताओं पर दुख। एक अथाह गुमशुदगी, कुछ फ़लसफ़ियाना क़लन्दरी और आत्मसात कर लेने की एक निर्मल अवस्था उन्हें हर पल घेरे रहती है। शायद इसीलिए दूसरों की प्रतिक्रियाओं की परवाह किये बिना वे अपनी चाल चलते जाते हैं, इस एहसास से बिल्कुल आज़ाद कि हर सफ़र की एक मंज़िल भी होती है। उनकी आवारागर्दी जीने का एक ढंग और जज़्बे का एक तौर बन गयी है। इसलिए दिल्ली की सड़कों पर यूँ ही अकेले भटक रहे हों, या किसी भीड़ में शरीक, राह और मक़ाम के वजूद से बेपरवाह वे अपने आप में गुम दिखायी देते हैं। ऐसा नहीं है कि वे दूसरों को अपने अनुभव में शामिल देखने की चाह खो बैठे हैं। मगर इस वाक़िए के बावजूद कि कभी-कभी वे अपने दोस्तों, यहाँ तक कि अजनबियों के सामने भी अपनी पाण्डुलिपियों के जाल बिछाकर बैठ जाते हैं और उन्हें अपनी आपबीती सुनाते हैं, मैंने ऐसे मौक़ों पर भी जहाँ उन्हें दो-चार या, दस-बीस सुनने वाले आसानी से हाथ आ सकते हैं, सबसे अलग-थलग ख़ामोश और अपनी सोच में मस्त देखा है।

एक शाम नयी दिल्ली की एक कला दीर्घा में रामचन्द्रन की ड्रॉइंग और तस्वीरों की एक नुमाइश में जहाँ अलग-अलग टुकड़ियों में बँटे हुए शायर, साहित्यकार, पत्रकार, चित्रकार हँसी-मज़ाक़ में व्यस्त थे, सत्यार्थी सबसे बेपरवाह गैलरी के एक कोने में अपना बस्ता सँभाले तस्वीरों के साथ दीवार पर लगी एक अँग्रेज़ी कविता 'फ़ाइव वेज़ टु किल ए मैन' उतारने में मगन थे। बहुत देर बाद उन्होंने धुन्धली आँखों से इधर-उधर देखा, मेरे

क़रीब आये, फिर एक तरफ़ इशारा करते हुए फुसफुसाते हुए से पूछा, "यह चीनी महिला कौन है?"

"रामचन्द्रन की पत्नी!" मैंने कहा।

फिर वे चुपचाप उस महिला की तरफ़ बढ़ गये और बग़ैर किसी तरह के परिचय, झिझक या क्षमायाचना के अँग्रेज़ी में कहने लगे, "मुझे आपके चुनाव पर कोई हैरत नहीं, मैं भी अगर औरत होता तो रामचन्द्रन के प्रेम जाल में फँस गया होता!"

उस महिला को तो इस बात पर ख़ुशी हुई ही, बाद में रामचन्द्रन ने भी यह स्वीकार किया कि उस शाम उससे ज़्यादा आनन्दित करने वाली प्रशंसा उनकी तस्वीरों पर कोई दूसरी नहीं थी।

असल में तस्वीर हो, शेर हो, कहानी हो या संगीत, सत्यार्थी हर अनुभव को अपने हवास के माध्यम से ग्रहण करते हैं, विश्लेषण और तर्क की सूक्ष्मालोचना से दूर और बचे रहते हुए। ज़िन्दगी के आम और मामूली और जाने-पहचाने अनुभवों और रंगों की तरफ़ भी उनका रवैया यही रहता है। परिचित, देखने में मामूली और ज़िन्दगी के मामलों में शामिल सच्चाइयों की तह में अनोखे ज़ायक़ों की यही तलाश सत्यार्थी को आम इनसानी दुखों और ख़ुशियों के दरवाज़े तक ले जाती है और एक तिलिस्मी शहर के तमाशे का पर्दा उठाती है।

इसीलिए, जिन रास्तों पर चलते-भटकते, ठिठकते हुए एक युग बीत गया, सत्यार्थी आज भी उन्हीं रास्तों पर भटक रहे हैं। आँखों में कितनी धूप सिमटी और पाँव कितने घायल हुए, यह किसी और को मालूम हो तो हो, सत्यार्थी इस बात से एकदम बेख़बर हैं, और अभी भी सफ़र में हैं।

मार्च १९८४

सन्दर्भ

i. मुहम्मद हसन आज़ाद भी यही करते थे, तभी तो उनका हर शब्द इस दर्जा भावनाओं में डूबा हुआ और व्यक्तित्व में समाया हुआ है।

मण्टो और फ़हाशी

मण्टो

मण्टो और फ़हाशी[1]

मण्टो एक संयोग का नाम है, हमारे कथा-साहित्य के इतिहास के शायद सबसे अहम, सार्थक और भरे-पूरे संयोग का। इसकी शुरुआत उसकी पहली कहानी के साथ हुई थी। अब अगर आप किसी साहित्यिक इतिहासकार से इसका उल्लेख करेंगे तो वह बतायेगा कि इस संयोग का अन्त सन् १९५५ के जनवरी महीने की अठारहवीं तारीख़ है। वह पल जो ख़ुद मण्टो के लिए इस संयोग की निरन्तरता से विरक्ति का सबसे कठिन पल था और जब मरने से पहले बार-बार उसके होंठों पर ये शब्द आये थे कि "अब यह ज़िल्लत ख़त्म हो जानी चाहिए!" लेकिन यह एक ऐसी दुर्गति थी जो मण्टो की मृत्यु के साथ भी ख़त्म नहीं हो सकी। इस लम्हे ने मण्टो को अपने मुक़द्दमों की पैरवी से तो निजात दिला दी मगर माननीय न्यायमूर्ति दीन मोहम्मद जिन्होंने मण्टो के अस्तित्व को ही 'नग्न साहित्य' घोषित कर दिया था, इस लम्हे के बाद भी जीवित रहे और मण्टो के अपमान के साथ-साथ भला-बुरा कहने वाले लोगों के एक वर्ग का क़िस्सा भी चलता रहा। असल में लोग चाहे चले भी जायें, सोचने, जीने और ज़िन्दगी को बरतने की रीतियाँ जिन्हें हम किसी व्यक्ति से जोड़ सकें, ज्यों की त्यों क़ायम रहती हैं। इसलिए एक ढंग मण्टो का अपना अस्तित्व था जो अपने भौतिक और सांसारिक सम्बन्धों से विदाई के बाद भी जीवित है। इसी तरह एक और तरीक़ा तिरस्कार, अपशब्द और प्रतिबन्ध का वह बेपनाह क़हर है जिसका स्रोत कभी इंसाफ़ का दावा करने वाले रहे, तो

---

१. अश्लीलता

कभी प्रगतिशील और सुधारक प्रवृत्ति के आलोचक और पाठक। सो यह तौर भी किसी ना किसी सतह पर अब तक साँस लिये जा रहा है। और दोनों एक-दूसरे से लड़ रहे हैं।

यह दुखद सिलसिला उस समय तक चलता रहेगा जब तक ज़िन्दगी से आँखें चार करने और ज़िन्दगी से आँखें चुराने का तौर आम रहेगा। ज़िन्दगी की बुनियादी सच्चाइयों की तरह कुछ फ़रेब भी समय और स्थान की क़ैद से परे होते हैं और उनका एक-दूसरे से टकराना कभी ख़त्म नहीं होता। ऐसा नहीं हो तो शायद उनकी पहचान भी बाक़ी नहीं रहे। ज़िन्दगी की कोख से जन्म लेने वाली हर सच्चाई, हर भावना, हर मूल्य, हर रवैये की हैसियत प्रगतिशील होती है। इनकी पहचान स्थापित करने का सबसे भरोसेमन्द माध्यम वह आईना है जो अलग, विपरीत और परस्पर टकराने वाले रवैयों का प्रतिबिम्ब दिखाता है। मण्टो के अनूठेपन और उसकी प्रणाली में शामिल तत्त्वों की जाँच भी हम उन विषमताओं के माध्यम से करते हैं जिनका परिदृश्य मण्टो की साहित्यिक परम्परा या उस ज़माने में साहित्य की दशा के अलावा उसके सामाजिक वातावरण ने बनाया था। जिसकी नींव मण्टो के वर्तमान के अलावा उसके अतीत पर भी बनी हुई है। जिसके झरोखों से गुज़रकर हम तक बीते हुए ज़मानों की बिसात पर फैले हुए विविध प्रकार के मानवीय अनुभवों के अन्धकार और प्रकाश पहुँचते हैं। जो एक ही साथ पुराना भी है और नया भी। इसलिए अतीत और वर्तमान को एक-दूसरे से अलग करने वाली बारीक घुमावदार लकीर को मिटाता है और कम से कम मण्टो की हद तक नये और पुराने के क़िस्से को बहुत दूरदर्शी तर्क नहीं बनाता है।

शायद इसीलिए मण्टो की हैसियत एक ऐसी समस्या की है जो अटल और निरन्तर है। इसे अपने-अपने तौर पर हल करने की कोशिश बहुत से लोग करते रहते हैं। इन लोगों में मण्टो के प्रकाशक, उसके पाठक और आलोचक और उससे हिसाब लेने के इच्छुक सभी शामिल हैं। किसी की दृष्टि में इस विषय का आर्थिक पहलू सबसे अहम बन जाता है। कोई इसे 'केस हिस्ट्री' के तौर पर पढ़ता है तो कोई मनोलैंगिक परिभाषाओं में उसकी उलझनों का सिरा ढूँढ़ता है। कुछ उसमें मनोविनोद के सामान तलाश करते हैं, कुछ अपने सौन्दर्य-विषयक आवश्यकताओं की पूर्ति का। इनमें सबसे दिलचस्प हाल, भला-बुरा कहने वाले गुटों के उन

'महानुभावों' लोगों का है जिनके लिए मण्टो का प्रेत एक कभी ना ख़त्म होने वाली परेशानी का कारण है क्योंकि उसके उपद्रवी क़दमों की चाप सामने खिले हुए फूलों को देखने की पावन और आश्चर्यजनक प्रक्रिया में बार-बार सार्थक होती है। ज़ाहिर है कि इस मुसीबत का इलाज साहित्यिक परिभाषाओं के बस का नहीं है। इसलिए यह बोझ उठाने पर इनकी तबीयतें तैयार नहीं हुईं और उन्होंने हाथों में पत्थर के टुकड़े ले लिये।

यह पत्थरों की बारिश ख़त्म इसलिए नहीं होती क्योंकि वह अपमान का दौर जिसने मण्टो के हवास को थका डाला था, अभी भी चल रहा है। इसलिए हमारा यह सोचना उचित होगा कि मण्टो का अस्तित्व जिस संयोग से बना था वह आज भी जारी है। उसकी मृत्यु के साथ ना तो जीने का वह तरीक़ा ख़त्म हुआ है, ना लिखने का ही। मेरे इस वाक्य का भाव वह बिल्कुल भी नहीं है जो व्याकरण के गुणीजन समझेंगे। मुहम्मद हसन अस्करी ने मण्टो के अस्तित्व की विवेचना जीवन की एक शैली से की थी। मेरा ख़याल है कि मण्टो उन गिने-चुने साहित्यकारों में से है जिनके यहाँ जीने और लिखने के भाव शाब्दिक नहीं होते और एक उद्देश्य हो जाते हैं। इसलिए हम उसके बारे में कोई भी बातचीत सिर्फ़ उसकी आम इनसानी हस्ती के हवाले से नहीं कर सकते। उसका जीना और उसका लिखना एक-दूसरे के पूरक हैं और अपने आपसी जुड़ाव से उस इकाई को जन्म देते हैं जो एक निरन्तर, गतिमान, प्रगतिशील और अपने समय और पड़ाव की सतह से बहुत ऊँचे, स्वतन्त्र और अनिश्चित संयोग की हैसियत अपना लेती है।

इस दशा ने मण्टो को एक अनोखी, चिरस्थायी और कुछ अर्थों में एक अजेय ऊर्जा का प्रतीक बना दिया है। उसके हर पढ़ने वाले पर यह नियम लागू होता है कि मण्टो के बारे में किसी भी सार्थक बातचीत का इरादा करने से पहले, वह उन आवश्यकताओं को समझे जिन्हें उसकी कहानियों से अलग किसी भी वैचारिक, नैतिक या भावनात्मक सतह पर समझना सम्भव नहीं है। बुनियादी तौर पर मण्टो की चुनौती एक साहित्य-रचनाकार की चुनौती है। इस चुनौती की सच्चाई को ठुकराने वाला ना मण्टो को पहचानने का दावेदार हो सकता है ना ज़िन्दगी के उन अमोघ तर्कों का जिनकी पहचान मण्टो की रचनायें हैं। अपनी इस हैसियत का अन्दाज़ा ख़ुद मण्टो को भी था इसलिए उसने कभी भी किसी मूल्य, दृष्टिकोण, नैतिक या सांस्कृतिक विचार या सुधारवादी उत्साह और भाव को अपनी

बैसाखी बनाने की ज़रूरत महसूस नहीं की। वह यह रहस्य समझता था कि एक साहित्यकार की हैसियत से जिन हक़ों की अदायगी का बोझ उसने सँभाल रखा है उससे ज़्यादा सहनशीलता एक व्यक्ति के जीवन में नहीं हो सकती। लेकिन ज़ाहिर है कि मण्टो जैसे साहित्यकार की तरह ज़िन्दगी भी अपनी कुछ शर्तें रखती है और हर व्यक्ति से, चाहे वह मण्टो ही क्यों नहीं हो, कुछ आवश्यकताओं की पूर्ति की माँग करती है। इसलिए मण्टो के नाख़ून पर भी कुछ समस्याओं का फ़र्ज़ चारों ओर से छाया रहा।

> 'ठण्डा गोश्त' का मुक़द्दमा क़रीब-क़रीब एक साल चला। मातहत अदालत ने मुझे तीन माह क़ैदे-बामशक़्क़त और तीन सौ रुपये जुर्माने की सज़ा दी। सेशन में अपील की तो बरी हो गया (इस हुक्म के ख़िलाफ़ सरकार ने हाई कोर्ट में अपील दायर कर रखी है। मुक़द्दमे की समाअत[१] अभी तक नहीं हुई)।
>
> इस दौरान में मुझ पर जो गुज़री उसका कुछ हाल आपको मेरी किताब 'ठण्डा गोश्त' के दीबाचे बा उन्वान 'ज़हमते मेहर दरख़्शाँ' में मिल सकता है। दिमाग़ की कुछ अजीब ही कैफ़ियत थी। समझ में नहीं आता था कि क्या करूँ? लिखना छोड़ दूँ या एहतिसाब[२] से क़तअन[३] बेपरवाह होकर क़लमज़नी करता रहूँ। सच पूछिये तो तबीयत इस क़द्र खट्टी हो गयी थी कि जी चाहता था कि कोई चीज़ अलॉट हो जाये तो आराम से किसी कोने में बैठकर चन्द बरस क़लम और अदब से दूर रहूँ। दिमाग़ में ख़यालात पैदा हों तो उन्हें फाँसी के तख़्ते पर लटका दूँ। अलॉटमेंट मयस्सर ना हो तो ब्लैक मार्केटिंग शुरू कर दूँ या नाजायज़ तौर पर शराब कशीद करने लगूँ। आख़िरुल्ज़िक्र[४] काम मैंने इसलिए ना किया कि मुझे इस बात का ख़दशा[५] था कि सारी शराब मैं ख़ुद पी जाया करूँगा। ख़र्च ही ख़र्च होगा। आमदन एक पैसे की भी ना होगी। ब्लैक मार्केटिंग इसलिए ना कर सका कि सरमाया पास ना था। एक सिर्फ़ अलॉटमेंट थी जो कारआमद[६] साबित हो सकती थी। आपको हैरत होगी मगर यह वाक़िआ है कि मैंने इसके लिए कोशिश की। पचास रुपये हुकूमत के ख़ज़ाने में जमा करा के मैंने दरख़्वास्त दी कि मैं अमृतसर का मुहाजिर हूँ। बेकार हूँ इसलिए मुझे किसी प्रेस या सिनेमा में कोई हिस्सा अलॉट फ़रमाया जाये।

---

१. सुनवाई २. प्रतिबन्ध ३. पूरी तरह ४. दूसरा ५. डर ६. उपयोगी

दरख़्वास्त के फ़ॉर्म छपे हुए थे। एक अजीबो-ग़रीब क़िस्म का सवालिया था। हर सवाल इस क़िस्म का था जो इस अम्र[१] का तालिब था कि दरख़्वास्त कुनिन्दा[२] पेट भर के झूठ बोले। अब यह ऐब मुझ में शुरू से रहा है कि झूठ बोलने का सलीक़ा नहीं है। मैंने अलॉटमेंट कराने वाले बड़े-बड़े घाघों से मशविरा किया तो उन्होंने कहा कि तुम्हें झूठ बोलना ही पड़ेगा। मैं राज़ी हो गया। लेकिन जब छपे हुए फ़ॉर्म की ख़ाली जगहें भरने लगा तो रुपये में सिर्फ़ दो या तीन आने झूठ बोल सका। और जब इन्टरव्यू हुआ तो मैंने साफ़-साफ़ कह दिया कि साहब जो कुछ दरख़्वास्त में है बिल्कुल झूठ है। सच्ची बात यह है कि मैं हिन्दुस्तान में कोई बहुत बड़ी जायदाद छोड़कर नहीं आया सिर्फ़ एक मकान था और बस। आपसे मैं ख़ैरात के तौर पर कुछ नहीं माँगता। मैं बज़ूमे ख़ुद[३] बहुत बड़ा अफ़सानानिगार था लेकिन अब मुझे महसूस हुआ कि यह काम मेरे बस का नहीं। अल्लाह मियाँ, मियाँ एम. अस्लम और भारती दत्त को सलामत रखे। मैं उनके हक़ में अपनी अफ़सानानिगारी से सुबुकसर[४] होता हूँ और सिर्फ़ इतना चाहता हूँ कि हुकूमत मुझे कोई ऐसी चीज़ अलॉट कर दे जिसके लिए मुझे काम करना पड़े और उस काम की उजरत[५] के तौर पर मुझे पाँच-छह सौ रुपये माहवार मिल जाया करे।

सआदत हसन मण्टो

लाहौर 11 जनवरी, 1952

(गंजे फ़रिश्ते)

२

मण्टो ने जीने का जो तरीक़ा अपनाया था वह ख़तरनाक हद तक जटिल और चक्कर में डालने वाला है। उसकी ज़िन्दगी की सच्चाइयों के आसपास एक ऐसा धूल भरा हाला सदा हमें घूमता हुआ दिखायी देता है कि कभी-कभी सच्चाइयाँ नज़र से ओझल हो जाती हैं और हमारी दृष्टि सिर्फ़ उस हाले में उलझकर रह जाती है। यही हाला एक ही साथ उसकी ज़िन्दगी और उसकी लिखाई दोनों के चारों तरफ़ भी फैला हुआ है। मण्टो के अलावा उसके दोस्तों और भोले-भाले समीक्षकों ने भी ख़ासी धूल उड़ाई

१. बात २. करने वाला ३. ख़ुद की नज़र में ४. निवृत्त ५. मजदूरी

है। शायद मण्टो की अपनी मर्ज़ी को भी इस मामले में ख़ासा दख़ल हासिल था। दूसरों से अलग, अनोखा और अनपेक्षित दिखायी देने की एक शरारत भरी इच्छा, एक मामूली सी बात को किसी नये, रहस्यमय तरीक़े से इस तौर पर कहने की चाह कि सुनने वाला चौंक पड़े और हैरानी से दो-चार हो, यह रवैया बुनियादी तौर पर एक सौन्दर्यात्मक दिशा रखता है। ज़ाहिर है कि इनसानी अनुभवों की ज़्यादातर सूरतें ज़िन्दगी के मामलों ही का हिस्सा होती हैं। अक्सर लिखने वाले इन मामलों को गरिमा प्रदान करने के लिए अपने बयान में वे सुलभ और जाँचे-परखे नुस्ख़े इस्तेमाल करते हैं जिसे एक सतही क़िस्म के भावनाओं के मारे हुए बेहैसियत विचारों या नैतिक ढोंग का नाम दिया जा सकता है। हैरत इस बात पर होती है कि अच्छे-भले पढ़े-लिखे लोग भी इस प्रक्रिया के बाज़ारीपन को पहचानने में नाकाम रह जाते हैं और सच्चाई पर फ़रेब को, फ़न पर तिलाफ़रोशी[१] को और सच्चाई के सामने आने पर एक बेजान लफ़्फ़ाज़ी को तरजीह[२] देने के आमियाना[३] रवैये का शिकार हो जाते हैं। यह सारी ख़राबी इसलिए पैदा होती है कि विषय की कलात्मक और सौन्दर्यात्मक दिशाओं को नज़रन्दाज़ करके वे इसके भावनात्मक, वैचारिक और नैतिक विश्लेषण के वीराने में सच्चाइयों की धन-दौलत की तलाश करते हैं। ऐसी सूरत में मण्टो के असली व्यक्तित्व का निगाह से ओझल हो जाना स्वाभाविक है।

साहित्य में इस रवैये के पिछड़ेपन को एक गर्व की जा सकने वाली पूँजी की हैसियत देने की ज़िम्मेदारी उन प्रगतिवादियों पर लागू होती है जिन्होंने कला और व्यक्तित्व के सम्बन्धों को समझने में भूल की और उनके बीच की दूरी की हक़ीक़त से भी लापरवाह गुज़र गये। असल में उनका विषय साहित्य था ही नहीं। एक नुस्ख़ए कीमिया[४] ी कभी नहीं ख़त्म होने वाली तलाश का कुछ अन्दाज़ा आप इस घटना से लगा सकते हैं कि कुछ ढोंगी क़िस्म के प्रगतिशील जाफ़र ज़टल्ली[i] के साहित्य समग्र में समाजी विद्रोह के कुछ निशानों की खोज को अपनी तलाश का परिणाम समझ बैठे, एक क्षण के लिए भी यह सोचे बिना कि साहित्य से गाली का काम लेना और गाली को साहित्य बनाना दो बिल्कुल अलग बल्कि परस्पर विरोधी रवैये हैं। एक की नींव भावनात्मक और वैचारिक उत्तेजना

---

१. यौन ऊर्जा की दवाएँ बेचना २. प्रधानता ३. आम लोगों जैसा ४. नक़्ली सोना बनाने का तरीक़ा

पर है, दूसरे की साहित्य के सौन्दर्य-सम्बन्धी और कलात्मक अमल पर। यही वजह है कि मण्टो को अपमानित और बदनाम करने वालों में मौलवी और मुंसिफ़, सेहतमन्द ख़यालों के प्रकाशन को साहित्य का उद्‌देश्य समझने वाले सम्पादक, उन पत्रिकाओं और ख़ुदा की दी हुई हुकूमत[१] के समाज सुधारक और निर्माता, अल्लामा ताजवर नजीबाबादी और प्रगतिशील आलोचक सब के सब एक साथ खड़े हुए दिखायी देते हैं। प्रतिक्रिया की लगभग एक ही सतह की अभिव्यक्ति इन सभी लोगों के यहाँ हुई है। इनमें ज़्यादातर साहित्य की 'अबजद'[२] से भी अनभिज्ञ थे और जिन्हें साहित्य समझने का दावा था, उन तक यह जानकारी पहुँच नहीं सकी थी कि नये साहित्य के बुनियादी विचारों में से एक कल्पना यह विख्यात और जानी-पहचानी सच्चाई भी है कि कोई भी इनसानी अनुभव, जो एक सौन्दर्यात्मक दिशा से सम्बन्ध की सम्भावना बिल्कुल खो नहीं बैठा हो, एक साहित्यकार का अनुभव बन सकता है। कोई भी ऐसा अनुभव कला-क्षेत्रों से बाहर नहीं है जो एक कलात्मक कृत्य के माध्यम से एक और भी विशाल सौन्दर्यात्मक आकृति में परिवर्तित होने की शक्ति का रक्षक हो। साहित्य में 'अश्लीलता' भी इसी तरह अपना अस्तित्व रखती है जिस तरह अश्लीलता से बिल्कुल निर्मल और साफ़-सुथरा साहित्य। अपने आपत्तिकर्ताओं के भोलेपन की जानकारी मण्टो को अच्छे से थी। इसलिए अदालतों में अपनी सफ़ाई देने के अलावा मण्टो ने अपने रवैयों के स्पष्टीकरण और उन्हें समझाने के सिलसिले में जो लेख लिखे हैं उनमें उसका अन्दाज़ लगभग वही है जो स्थूल छात्रों की भीड़ में एक सहनशील और मृदु शिक्षक का होता है। उसकी प्रतिबन्धित कहानियों पर उसके आपत्तिकर्ताओं की उत्तेजना अकारण नहीं थी, ख़ुद मण्टो ने जानबूझकर इसका औचित्य बनाया था। मेरा ख़याल है कि उन गुटों की तरफ़ से अगर प्रतिक्रिया की अभिव्यक्ति, उत्तेजना की उस सतह पर नहीं हुई होती तो मण्टो मायूस होता। जिस लिखने वाले के लिए अपने पाठकों को उकसाने की प्रक्रिया एक अनिवार्य सौन्दर्यात्मक और सृजनात्मक प्रतिक्रिया को निमन्त्रण देने के उद्‌देश्य से भरी हुई हो, उसके काम की सफलता इस सच्चाई पर ही निर्भर है कि उसके पाठक अपेक्षित प्रभाव को ग्रहण करने में असमर्थ ना रह जायें। इस सिलसिले में यह धारणा बहुत

---

१. पाकिस्तान २. अरबी की वर्णमाला

हास्यास्पद है कि बुराई या मनोविनोद का अमल कलात्मक अनुभव का हिस्सा बनने के बाद अपनी असलियत से पूरी तरह लाताल्लुक़ हो जाये और गुनाह एक नेक काम की शक्ल अपना ले। इस क़िस्म की कायापलट सृजनात्मक अनुभव की सतह पर सोच से परे तो नहीं है, लेकिन उसे किसी निश्चित उसूल की हैसियत देना भी ग़लत है। अब रही उस पढ़ने वाले की समस्या जो साहित्य के हर अनुभव को अपने अमल की बिसात पर नये सिरे से पैदा करने की कोशिश करता है और सच्चाई की आम कल्पना को उसकी सृजनात्मक कल्पना से अलग करने की ख़ूबी से वंचित है तो उसमें दोष कहानीकार से ज़्यादा उसकी अपनी वैचारिक और सांस्कृतिक परवरिश और बोध का है। हमारे समाज में ऐसे उत्साही और साहसी लोग भी मिल जायेंगे जो धार्मिक और चिकित्सा-सम्बन्धी किताबों के पन्नों पर भी अपनी कामवासना को ऊर्जा प्रदान करने वाले तत्त्व ढूँढ़ निकालते हैं। अब से बहुत पहले सन् १८३३ में नूह वेब्स्टर नामक एक बुज़ुर्ग ने तो पवित्र बाइबल की भाषा और कुछ परिभाषाओं में काट-छाँट और सुधार की ज़रूरत महसूस की थी और अपनी तरफ़ से 'अश्लील शब्द' उससे निकाल दिये थे। सुधारवादी प्रवृत्ति के इस मौलवियाना जोश की अतिशयोक्ति से पटी एक घटना यह भी है कि पिछली सदी के एक अज्ञात समीक्षक ने बाइबल पर आलोचना करते हुए एक अख़बार में इस राय का इज़हार किया कि इस पवित्र किताब की भाषा 'इन्तिहाई' अश्लील है और इस लायक़ नहीं कि उसे किसी शिष्ट सभा में दोहराया जा सके। जब एक ऐसी किताब के सिलसिले में, जिसे हमारी ज़मीन पर बसने वाले लाखों लोग इनसानी सभ्यता की भलाई और निर्वाण का इकलौता माध्यम मानते हैं, इस क़िस्म की प्रतिक्रिया की अभिव्यक्ति सम्भव है तो, हमें अल्लामा ताजवर नजीबाबादी के इन शब्दों पर हैरत नहीं होनी चाहिए :

> 'ठण्डा गोश्त' किसी मस्जिद में या किसी मजलिस में जमाती हैसियत में सुनना पसन्द नहीं किया जा सकता। अगर कोई पढ़े तो अपना सिर सलामत लेकर ना जा सके। चालीस साल अदबी ज़िन्दगी में ऐसा ज़लील और गन्दा मज़मून मेरी नज़र से नहीं गुज़रा है।

यह बात तो मण्टो के दिमाग़ के किसी कोने में भी नहीं आयी होगी कि उसकी कोई कहानी जुम्मे की नमाज़ का ख़ुत्बा भी बन सकता है। फिर अगर जमाती हैसियत से उसे अपनी बात के सुने जाने का गुमान

भी होता तो उसने एक कहानीकार के बजाय उन तिलाफ़रोशों का ढंग अपनाया होता जो किसी आम सड़क के किनारे अपनी दुकानें सजाते हैं या रचनाकार के बजाय किसी विस्मित कर देने वाले वक्ता के लहजे में बातचीत करते हैं। उसने अपने पाठक से वह सम्बन्ध स्थापित करने की कोशिश की थी जो एक इनसान का दूसरे इनसान से होता है। जो महफ़िल सजाने के बजाय अपने एकान्तवास में एक सन्त की तरह अपने अनुभवों को एक नयी सच्चाई का रूप देता है और उसे जानकारी की सतह से उठाकर एक रहस्योद्‌घाटन में परिवर्तित कर देता है। मण्टो ने इसी सच्चाई को बचाये रखने के लिए, मुहम्मद हसन अस्करी के अनुसार, अहम का एक घेरा अपनी हस्ती के आसपास खींचा क्योंकि यही सच्चाई उसकी निजी सम्पत्ति थी। मगर इस सच्चाई को पाने के लिए, ज़िन्दगी की आम और खुली हुई सतह पर उसने उन सभी लोगों, चीज़ों और दृश्यों से सम्बन्ध मज़बूत किया जिनके जुड़ने से इनसानी अनुभवों की तमाशागाह बन पाती है और उन अनुभवों की रंगा-रंगी, उनकी आपसी लाग-डाट, और टकराव के नतीजे में बढ़ने वाली चिंगारियों का बोध होता है। सच्चाई की इस खोज में उसकी ख़ुदपसन्दी भी सार्थक नहीं हो सकी क्योंकि कहानीकार के तौर पर मण्टो उस भेद से आगाह था कि सच्चाई की खोज और उस तक पहुँचने के लिए अनुभव की किसी एक ख़ास और निश्चित सतह की पाबन्दी, किसी एक दिशा की पहचान, किसी एक दायरे में गर्दिश काफ़ी नहीं हो सकती। इस सच्चाई को पाने की सम्भावना सबसे ज़्यादा उन लोगों के बीच हो सकती थी जो सर्वमान्य धारणाओं की परवाह किये बग़ैर आम समाजी और नैतिक प्रतिबन्धों की क़ैद से आज़ाद ज़िन्दगी को उसके समूचे शोर-शराबे और उसकी सारे जानलेवा तत्त्वों के साथ क़ुबूल करते हैं। नेकी की हक़ीक़त को समझने के लिए बदी का और बदी के रहस्य से परिचय के लिए उसकी तह में छुपी अच्छाइयों का ज्ञान ज़रूरी है। इसलिए मण्टो ने किसी बँधे-टिके उसूल या नज़रिये या मूल्य या समाजी फ़लसफ़े के बजाय ज़िन्दगी को उस पेचीदा और बहुआयामी दृष्टिकोणों के ज़रिये समझने की कोशिश की जिसकी सामग्री मनुष्य का पूरा अनुभूतियों का तन्त्र दिलाता है। उसके अनुभव सिर्फ़ अक़्ली तजुर्बे नहीं थे, उन तजुर्बों का ठिकाना सिर्फ़ रूह भी नहीं थी। इसलिए मण्टो ने ना तो किताबों को अपना रहनुमा बनाया, ना किसी ऊपरी विचार को ही। उसे सरोकार इनसानों से था, निराकार से नहीं। और जो क्षमताएँ जीती-

जागती हस्ती को एक निराकार रूप देने में सबसे ज़्यादा कारगर होती हैं, वे वही हैं जिन्हें मानवीय नैतिक समाज, सांस्कृतिक और सामाजिक मूल्यों का नाम देता है। एक एतिबार से देखा जाय तो यह रवैया चाहे कितना ही नेक अंदेश क्यों ना हो, इसकी नींव एक क्षतिहीन प्रतीत होने वाले व्यक्ति-विरोधी, बल्कि मानव-विरोधी नियम पर टिकी है। पहली नज़र में यह बात अजीब मालूम होती है मगर सच्चाई यही है कि मण्टो के यहाँ अपने 'बुरे से बुरे' किरदार के लिए नफ़रत या घृणा के भाव का अंश तक नहीं। वह क़ातिलों, बलात्कारियों, शराबियों और ठुकराये हुए लोगों का ज़िक्र भी इस तरह करता है मानो उनका आचरण लैंगिक, मानसिक या शारीरिक अत्याचारों के तत्त्व से बिल्कुल मुक्त है। जैसे हर काम एक आम मानवीय कृत्य के तौर पर से ज़िन्दगी की किसी ना किसी सच्चाई को सामने लाता है और बस। मण्टो ने अपनी हद यहीं क़ायम कर ली थी।

> मैं तहज़ीबो-तमद्दुन[१] की और सोसायटी की चोली क्या उतार लूँगा जो है ही नंगी। मैं उसे कपड़े पहनाने की कोशिश भी नहीं करता इसलिए कि यह मेरा काम नहीं दर्ज़ियों का है। लोग मुझे स्याह क़लम कहते हैं लेकिन मैं तख़्ते स्याह की स्याही पर काली चाक से नहीं लिखता। सफ़ेद चाक इस्तेमाल करता हूँ कि तख़्ते स्याह की स्याही और भी ज़्यादा नुमायाँ हो जाये।
>
> मण्टो (अदब जदीद)

३

मण्टो ने अपनी कहानियों को भावनाओं के अनुचित हस्तक्षेप से जिस तरह सुरक्षित रखा है वह अपने आप में एक असाधारण घटना है। भावुक होना शर्म की बात नहीं है क्योंकि यह गुण भी इनसान के स्वभाव और तबीयत का एक स्वाभाविक अंश है। लेकिन जब कोई साहित्य लिखने वाला भावनाओं की लगाम पर अपनी पकड़ मजबूत रखने की ख़ूबी खो बैठता है तो बेइज़्ज़ती भावनाओं की भी होती है और उसके सृजनात्मक किरदार की भी। ऐसी सूरत में वह फनकार नहीं रह जाता और इनसानी

१. रहन-सहन

अनुभवों ी एक ऐसी सतह पर आ गिरता है जो व्यक्तिगत अन्तर्दृष्टि की रौशनी से बिल्कुल वंचित हो जाती है और अपने सामान्यता को छुपाने के लिए भावनाओं का तिलिस्म बाँधती है। इस रवैये को हम एक क़िस्म के वैचारिक फूहड़पन से समझ सकते हैं। मण्टो ने जिन आग उगलते सांस्कृतिक, सामाजिक और व्यक्तिगत आसार के सन्दर्भ में अपने अनुभव व्यक्त किये हैं उसके सामने यह कोई अनहोनी बात नहीं होती अगर वह अपने कुछ नैतिकता के दायरों में फँसे समकालीनों की तरह धर्मोपदेशकों की सी अकड़ और सुधारवादी उत्साह का घेरा अपनी हस्ती के आसपास खींच लेता। विचारधारा को आप 'अदबी फ़हाशी' नाम नहीं दें तो भी इस सच्चाई को अस्वीकार नहीं कर सकते कि अपने उद्‌देश्य के हिसाब से 'मुफ़ीद[१] और सेहतमन्द' होने के बावजूद काम का यह तरीक़ा सृजनात्मक और वैचारिक दोनों सतहों पर गिरा हुआ है। आम घटनाओं और भावनाओं से एकदम खुले सम्बन्ध और उनमें आन्तरिक रख-रखाव से बिल्कुल खाली मिलावट भी एक तरह की बदनसीबी और फूहड़पन है, विशेष रूप से साहित्य लिखने वाले के लिए। यह दृष्टिकोण नेक उद्‌देश्यों की अभिव्यक्ति को भी मसखरापन बना देता है। उसकी ज़्यादती का लाज़िमी नतीजा यह होता है कि लिखने वाला इनसानी विचार और आदत और स्वभाव की आवश्यकताओं या इनसान के नाम शारीरिक गतिविधियों में हर लम्हा क़ायम और मौजूद रिश्तों के एहसास से बेख़बर होकर केवल विचारों की सतह पर उसके अमल और इरादों की व्याख्याएँ ढूँढ़ने लगता है। अपने महबूब और पसन्दीदा विचारों के मार्गदर्शन में जाने-पहचाने रास्तों पर चलते-चलते वह अपने आप को भी रहनुमा समझ बैठता है और अपने किरदारों की ज़ुबान से वह कुछ कहलवाने में मगन हो जाता है जो लफ्ज़-लफ्ज़ उसके नंगे बोध की तख़्ती पर लिखा हुआ है। अन्ततः वह उस रहस्यमय सत से हाथ धो बैठता है जिसे हम रचनाकार की आन्तरिक ऊर्जा और उसकी अपनी क्षमता से समझ सकते हैं। दूसरे शब्दों में, वह इनसानी स्वभाव से सम्बन्धित ख़बरों का ढिंढोरा पीटने वाला बन जाता है और ख़ुद उसकी हस्ती उसके पाठक के लिए किसी नये रहस्य, ज्ञप्ति की किसी अनदेखी आकृति, जानकारी की किसी अनपेक्षित खोज का निशान नहीं रह जाती।

---

१. लाभकारी

मण्टो ने इस समस्या को भी अभिव्यक्ति की उसी सतह पर हल करने की कोशिश की है जिसे हम एक साहित्यकार या कलाकार की बुनियादी सतह कह सकते हैं, यानी अभिव्यक्ति की सृजनात्मक और कलात्मक सतह। यहाँ भी मण्टो के सृजनात्मक विचार और उसके आम कृत्यों और जीवन के आम तौर-तरीक़ों में हमें ज़बरदस्त तालमेल का एहसास होता है। जादूगरों और बाज़ीगरों से मण्टो की दिलचस्पी किसी आम इनसान की दिलचस्पी नहीं थी। यह एक तरह की रचनात्मक संगत थी या दूसरे की हस्ती के आईने में अपनी पहचान और एक फ़नकार की हैसियत से अपने ओहदे की पहचान का काम। उसे आम ज़िन्दगी में अपने दोस्तों को और कृतियों के माध्यम से अपने पाठकों को चौंकाने की जो तलब परेशान रखती थी वह एक कलाकार की तलब थी। सच्चाई अगर केवल दैनिक सतहों पर खुलने लगे तो ज़िन्दगी के मामलों और पूर्व निर्दिष्ट बातों का हिस्सा बनकर अपनी रही-सही चमक भी खो बैठती है। इसलिए मण्टो इसके बोध और अभिव्यक्ति में ऐसी कोई ना कोई दिशा हमेशा ढूँढ़ निकालता था जो उसे अपरिचित और नवीन बना दे। उसकी अधिकांश कहानियों की समाप्ति का पल, परिचित में उसी अपरिचित तत्त्व तक एक रचनात्मक छलाँग की सफलता का पल है। उसके वे सभी पाठक, समीक्षक और हिसाब करने वाले जो इस लम्हे के सामने आने पर झुँझला उठते हैं और उस मूल्य की सुरुचि की अनुभूति किये बिना ही उसके नैतिक आशयों में उलझ जाते हैं, वैचारिक दृष्टि से लाचार और सृजनात्मक आधार से बंजर और बेरूह लोग हैं। मण्टो अपनी इस रहस्योद्घाटन की शक्ति के साथ-साथ ऐसे तमाम लोगों की बुनियादी कमजोरी और महरूमी से बख़ूबी आगाह था इसलिए अपनी उन कहानियों के मामले में भी जिन पर क़ानूनी प्रतिबन्ध का हल्का तंग था, ना तो उसने सामाजिक दबावों को माना ना लॉरेंस की तरह अपने प्रकाशकों के सुझावों के सामने किसी मामूली काट-छाँट और परिवर्तन के लिए भी तैयार हुआ। लॉरेंस के विपरीत मण्टो एक अत्यन्त अक्खड़ और ज़िद्दी स्वभाव का मालिक था और यह समझता था कि अगर उसके शब्दों या अभिव्यक्ति के कुछ पैराए पढ़ने वालों के एक समूह की परेशानी का कारण बनते हैं तो यह कसूर ख़ुद उन पाठकों का है। सच्चाई की अभिव्यक्ति से मन की व्यग्रता में फँसे हुए लोग साहित्य के मामले में बेवक़ूफ़ ही नहीं नैतिक सतह पर

भी सेहतमन्द नहीं होते। मण्टो की कहानियाँ उनके हवास के लिए एक चाबुक का और बेजान आस्थाओं के लिए एक सज़ा का हुक्म रखती हैं। लेकिन साहित्य के स्थूल पाठक या सृजनात्मक तौर पर लाचार व्यक्ति की एक पहचान यह भी होती है कि वह अपनी कमज़ोरियों को छुपाने के लिए गौण बल्कि असम्बन्धित विषयों पर बातचीत के बहाने तलाश कर लेता है। मण्टो के आपत्तिकर्ताओं को इस मामले में यह सहूलियत भी प्राप्त थी कि मण्टो ने अपनी शैली पर किसी ऊपरी सजावट का गिलाफ़ चढ़ाने की कभी भी कोशिश नहीं की। उसकी कहानियों में हुस्न के सभी तत्त्व सिर्फ़ ख़ुद उन कहानियों के भीतर से उजागर हुए हैं भावनाओं के आवरण, अतिशयोक्ति की चाशनी, ख़ूबसूरत और अनोखे प्रतीकों और रंगीन, जादुई शब्दों से मण्टो की कहानियाँ बिल्कुल मुक्त हैं। वह किसी बाहरी सहारे के बग़ैर अपने अनुभवों को इस आहिस्तगी से खोलता है कि यह धीमी रफ़्तार ही उसको विशिष्ट बनाती है। लेकिन यही धीमी रफ़्तार मण्टो का हिजाब है। सृजनात्मक अभिव्यक्ति का यह रास्ता कठिन भी है और आन्तरिक हिसाब से पेचीदा भी। इसमें वह संकेत है जो ग़ज़ल के अच्छे शेर में पाया जाता है, एक ही समय में अर्थ की कई सतहों को छूता हुआ। हक़ीक़त सिर्फ़ वह नहीं जो दिखायी देती है बल्कि शब्दों के पीछे भी तजुर्बे के कई आयाम रौशन हैं। मण्टो का गद्य फ़्लोबेर की तरह निर्मल और अनावश्यक और व्यर्थ तत्त्वों से बिलकुल अछूता ना हो, तो भी उर्दू के ज़्यादातर महान कथाकारों के लिए एक अच्छी-ख़ासी चुनौती ज़रूर है। इसमें अनुभूति की वह पवित्रता, सच्चाई और वचन-पटुता मिलती है जो तजुर्बे के सच्चे, सीधे और स्वाभाविक बोध से पैदा होती है। मण्टो अपने अनुभवों का बयान इस तरह करता है मानो उसके इज़हार का साँचा भी दरअसल उस प्रभाव ही का हिस्सा हो जो एक वारदात की सूरत तक पहुँचा। है। 'मोज़ील' जैसी कहानी एक ही बैठक में मण्टो ही लिख सकता था। और यह सूरत उसकी कुछ कहानियों के साथ है कि समय और स्थान के सन्दर्भों और विवरण के साथ चलने के बावजूद उनकी प्रतिक्रिया पाठक पर एक सुसंगठित नज़्म या गठे हुए शेर की तरह होती है, जिसमें ना भाषा की वह गिरावट है ना भावना की जो आन्तरिक तन्त्र की उत्तेजना का फल होती है। मण्टो ने कभी किसी ऐसे जज़्बे की नुमाइश नहीं की जो उसके तजुर्बे की शाख़

से एक कोंपल की तरह बग़ैर किसी बनावटीपन और ग़ू-ग़ाँ अपने आप ही प्रकट ना हुआ हो। इस बात से उसे बिलकुल भी सरोकार नहीं था कि ख़ास अनुभवों या घटनाओं की तरफ़ भले मानसों का भावनात्मक रवैया क्या होता है, या क्या होना चाहिए। और अगर उसकी अन्तिम सूरत निश्चित की जा सकती है तो तूमार बाँधकर उसको अपनाने की जद्दो-जहद की जाये। कोई भी जज़्बा अगर आपकी फ़ितरत के ख़मो-पेच से ख़ुद-ब ख़ुद नहीं उभरता तो उसका इज़हार एक मामूली दर्जे की अदबी जालसाज़ी के सिवा और कुछ भी नहीं। मण्टो करतबबाज़ था मगर झूठ बोलना या बनावटीपन का समा बाँधना उसके लिए मुमकिन नहीं था। इसलिए उसके आपत्तिकर्ताओं की प्रतिक्रिया भी अक्सर एक कड़वे सच को बर्दाश्त ना कर सकने का नतीजा है। ज़ाहिर है कि हर सच्चाई, सच्चाई की ही कोख से जन्म लेती है। और ईमानदारी की एक और शर्त यह भी है आदमी धारणाओं, और उधार ली हुईं या कम से कम अतिरंजित भावनाओं की सतह से ख़ुद को दूर रखे। भावुक होने की पहली सज़ा जो किसी साहित्यकार को मिलती है, वह यह है कि अपनी रही-सही ज़हानत से भी वह हाथ धो बैठता है। और मण्टो का मामला यह था कि वह अपने बुद्धि के आवरण का पाबन्द ना होते हुए भी उसी के माध्यम से अपने एहसासों की सच्ची शैली की पहचान क़ायम करता था। मण्टो के वैचारिक और सृजनात्मक रवैयों में जो भयभीत कर देने वाली ईमानदारी नज़र आती है और जिसने मण्टो की हस्ती पर झूठ से समझौते के सभी दरवाज़े बन्द कर दिये थे, वह भावनात्मक अत्याचार से पैदा हुए फूहड़पन को रद्द करने के कारण ही उसके किरदार का अंश बन सकी थी।

> हर शहर में बदररौएँ और मोरियाँ मौजूद हैं शहर की गन्दगी को बाहर ले जाती हैं। हम अगर अपने मरमरीं ग़ुसलमानों की बात कर सके हैं, अगर हम साबुन और लैंवेण्डर का ज़िक्र कर सकते हैं तो इन मोरियों और इन बदररौओं का ज़िक्र क्यों नहीं कर सकते जो हमारे बदन का मैल पीती हैं।
>
> (मण्टो सफ़ेद झूठ काली सलवार के बयान में)

४

मण्टो ने 'अफ़सानानिगार और जिंसी मसाइल' के शीर्षक से एक बातचीत में यह कहा था कि, "नीम के पत्ते कड़वे सही मगर ख़ून ज़रूर साफ़ करते हैं।" इसी बातचीत में उसके ये शब्द भी शामिल थे कि, "हम मर्ज़ बताते हैं लेकिन दवाख़ानों के मोहतमिम[1] नहीं हैं।" अगर इसे इस तरह समझा जाये कि लैंगिक विषयों पर ग़ौर और विचार की एक दिशा एक ग़ैर-भौतिक बल्कि रूहानी और धार्मिक तर्क से अन्त में जा मिलती है, तो मण्टो ज़िन्दगी से सम्बन्धित सभी गतिविधियों और एहसासों यहाँ तक कि, अपनी अभिव्यक्ति और अनुभवों के बोध की सतह पर भी एक गहरे नैतिक रवैये का पाबन्द नज़र आता है। उसकी सच्चाई और साफ़गोई भी उसकी इसी नैतिकता का हिस्सा है। मुम्ताज़ शीरीं ने लिखा है कि :

> मण्टो का रवैया अगर सनकी नहीं तो एक हद तक सादी ज़रूर है। ज़िन्दगी और इनसान को और इनसान के वहशियाना हैजानी जज़्बात उर्यां[2] करने में और अपनी तहरीरों में धचका पहुँचाने में मण्टो का रवैया मोपासाँ की तरह तक़रीबन सादी है।

यह परपीड़न मण्टो के यहाँ हालाँकि बुनियादी तौर पर एक सौन्दर्यात्मक बुनियाद रखता है मगर इसके अर्थ को हम मण्टो की नैतिकता के सन्दर्भ को जाने बग़ैर निर्धारित नहीं कर सकते। उसकी नैतिकता का ताना-बाना एक ही साथ इनसान की तरफ़ एक गम्भीर, उदासी भरे विचार, एक गहरी दर्दमन्दी और मानवीय अनुभवों की तरफ़ एक पवित्र और साफ़ वस्तुनिष्ठता से तैयार हुआ है। वह अपने पात्रों के दुख और उनके दहशत भरे अनुभवों में शरीक भी है और उनसे अलग भी। वह इनसान के वहशियों जैसे आवेश, उसकी बर्बादी, परपीड़न-रति और काम-वासनाओं की पहचान भी रखता है और उन मृदु भावनाओं की भी जिन पर बेरहमी और कठोर घटनाओं का आवरण चढ़ा हुआ है। अपने किरदारों के भीतर तक मण्टो की पहुँच केवल ज़हन के माध्यम से नहीं होती। वरना उसकी कहानियाँ 'केस हिस्ट्रीज़' बन जातीं और इस तरह सिर्फ़ एक सामाजिक अध्ययन के विषय की हैसियत अपना लेतीं। लेकिन एक तो यह कि मण्टो सामाजिक सच्चाई और कलात्मक सच्चाई के भेदों का गहरा बोध

---

१. ज़िम्मेदार २. नंगा

रखता था और यह जानता था कि ख़ालिस हक़ीक़त इनसानी मनोविज्ञान या उसके सामाजिक माहौल के अध्ययन में जितनी उपयोगी क्यों ना हो, साहित्य में उसका गुज़र थोड़े बहुत खोट के बग़ैर सम्भव नहीं। इसलिए 'कसौटी' के शीर्षक से अपने एक लेख में उसने कहा था कि :

> अदब ज़ेवर है और जिस तरह ख़ूबसूरत ज़ेवर ख़ालिस सोना नहीं होते, उसी तरह ख़ूबसूरत अदब पारे ख़ालिस हक़ीक़त नहीं होते। उनको सोने की तरह पत्थरों पे घिसकर परखना बहुत बड़ी बेज़ौक़ी[१] है।

दूसरे यह कि मण्टो का बुनियादी विषय एक साहित्यकार का विषय था और वह उस भेद से वाक़िफ़ था कि साहित्यकार की ज़िम्मेदारियों और हैसियत की क़िस्म सामाजिक शास्त्रों के विद्वानों के मुक़ाबले में अलग ही नहीं, अपेक्षाकृत ज़्यादा जटिल और नाज़ुक भी होती हैं।

> अदब या तो अदब है वरना बहुत बड़ी बेअदबी है। ज़ेवर यानी ज़ेवर है वरना एक बहुत बदनुमा शै[२] है। अदब और ग़ैर-अदब, ज़ेवर और ग़ैर ज़ेवर में कोई दरमियाँ इलाक़ा नहीं।

इसलिए जैसा कि पहले कहा जा चुका है, मण्टो अपने चरित्रों के मन में अपनी सभी अनुभूतियों की मदद से पहुँचता था और उनकी पहचान के लिए भी उसने उनके बाहरी या वैचारिक कृत्य के बजाय उनके व्यापक अनुभूति के तन्त्र की सतह को चुना था। इस तरह किरदार और उनसे सम्बन्धित घटनायें अपने सभी आयामों, अपने अन्तर्विरोधों, अपने अन्दरूनी कशमकश, और अपने मानसिक और आसाबी पेचीदगियों के साथ उसके हवास पर उतरे थे। मण्टो के यहाँ इनसान, इनसानियत और लोगों के भीतर छुपी और दबी हुई नैतिक शुचिता की तरफ़ जो अपनापन दिखायी देता है वह इस बात का गवाह है कि मण्टो का रवैया अपने किरदारों के मामले में सकारात्मक था और वह उन्हें पहले से कोई शर्त क़ायम किये बग़ैर उनके समूचे रूप में उन्हें स्वीकार करता था। तभी तो मण्टो के किरदार उसकी कहानियों में डरे-सहमे और सिमटे हुए दिखायी नहीं देते और स्वच्छन्दता से अपना परिचय देते हैं। लोक-लाज से ऐसी आज़ादी मण्टो के सृजनात्मक व्यक्तित्व का सबसे साफ़ गुण है। मुहम्मद हसन अस्करी ने ग़लत नहीं कहा था कि :

---

१. उद्दण्डता २. वस्तु

> जो बातें और अदीब कहने की हिम्मत ना कर सकते थे, वो मण्टो बेधड़क कह डालता था। लेकिन उससे भी बड़ी चीज़ ये है कि मण्टो की क़िस्म का फ़नकार हम जैसे लोगों के लिए एक ढाल का काम देता है। ज़िन्दगी की जिन ज़हरागुदाज़[१] हक़ीक़तों का शऊर हासिल किये बग़ैर हम ठीक तरह ज़िन्दा नहीं रह सकते। उन्हें हमारे बजाय इस क़िस्म का फ़नकार महसूस करके हमें बताता है। यानी वह हमारी तरफ़ से एहसास की अज़ीयत[२] उठाता है। अगर ऐसा फ़नकार हमारे दरमियां ना रहे तो फिर ये ज़िम्मेदारी अपनी-अपनी बिसात भर हम सबको क़ुबूल करनी पड़ती है। मण्टो के बाद ये बोझ हमारे काँधों पर आ पड़ा है। हमें शऊर की बलाओं से महफ़ूज़ रखने वाली दीवार हमारे सामने से हट गयी है।

उर्दू कहानी की त्रासदी यह है कि मण्टो के समकालीनों में भी किसी ने एहसास के इस विस्तार और विचार के इस फैलाव के साथ इस बोझ को उठाने में उसका साथ नहीं दिया। और इसके बाद तो ख़ैर लिखने वालों का रवैया ही बड़ी हद तक बदल गया और नये घोषणा-पत्र तरतीब दिये जाने लगे। कलाकार के अहम और व्यक्तिगत अनुभवों से वफ़ादारी की चर्चा तो बहुत हुई मगर किसी दूसरे कहानीकार ने मण्टो की तरह अपनी हस्ती से बाहर दूसरे किरदारों के अहम और अनुभव के अनूठेपन का इतना ज़्यादा सम्मान नहीं किया। यही वजह है कि अकेले मण्टो ने उर्दू कहानी का परिचय जितने जीवन्त और गतिशील किरदारों से कराया है शायद उर्दू के बाक़ी सभी कहानीकार मिलकर भी यह बार नहीं उठा सके। इसका मतलब यह बिल्कुल नहीं कि मण्टो के अलावा किसी और ने अच्छी कहानियाँ लिखी ही नहीं। या मण्टो ने बुरी, बल्कि बहुत बुरी और फुसफुसी कहानियाँ नहीं लिखीं। मैं तो सिर्फ़ यह कहना चाहता हूँ कि मण्टो ने चूँकि सिर्फ़ अपने विवेक या किसी विशेष और निश्चित मूल्य को अपना मार्गदर्शक नहीं बनाया था इसलिए अपने किरदारों का अक्स उतारते हुए भी उसने उनकी हस्ती के हिस्से विभाजित नहीं किये। वो 'दवाख़ाने का मोहतमिम' बनने के पागलपन में जकड़ा ना सही जब भी उसकी उँगलियाँ अपने समाज की नब्ज़ पर थीं और उसका वुजूद एक पैमाने की मिसाल था। उसने औपदेशिक, भाषणबाज़ी और धर्मनिष्ठता की अभिव्यक्ति को अपना ढंग अपने नेकी का इज़हार बनाने से गुरेज़ भी शायद इसलिए किया कि वह

---

१. दिल को पिघला देने वाली २. तक़लीफ़

नैतिकता का एक गहरी और व्यापक कल्पना रखता था। उसे अपने आपको गन्दगी का गोताख़ोर कहने में शर्म नहीं आई, सिर्फ़ इसलिए कि अपनी तलाश का उद्‌देश्य ख़ुद उस पर रौशन था। और एक मौक़े पर अदालत में अपना बयान देते हुए उसने कहा था कि वह शायरी और साहित्य, जो ख़ुद अपना लक्ष्य हो और जिसका काम सिर्फ़ एक सतही मनोविनोद और शारीरिक सुख की अनुभूति के निर्माण और प्रसार तक सीमित है, "ऐसी शायरी जलक़ लक़[१] है। लिखने और पढ़ने वाले दोनों के लिए मैं इसे मुज़िर[२] समझता हूँ।" मण्टो ने अपने लक्ष्य की खोज में इनसानी तजुर्बे की उन आबादियों में गश्त किया जिन पर एक औसत दर्जे की नैतिकता ने बेख़बरी के पर्दे डाल दिये थे। यह बेख़बरी एक तो समाजी, सांस्कृतिक और नैतिक मामलों में रवैये के एक पक्षीय होने का नतीजा थी, दूसरे इसलिए भी कि मण्टो के समकालीनों को उस तरह की सृजनशीलता और अन्तदृष्टि की वह निर्भीकता प्राप्त नहीं थी जो मण्टो के यहाँ हमें बहुत ज़्यादा दिखायी देती है। लेकिन इसका सबसे अहम कारण वह सच्चाई है जिसका सम्बन्ध मण्टो की नैतिकता से जुड़ा हुआ है। इस सच्चाई को हम एक तरह की नैतिक समानता का नाम दे सकते हैं। इस समानता का एहसास मण्टो को एक ऐसी सतह पर ले जाता है जहाँ उसके चरित्रों और ख़ुद अपनी हस्ती के बीच वैचारिक, नैतिक, सांस्कृतिक और सामाजिक दर्जों का कोई फ़र्क़ नज़र नहीं आता।

> उसकी नज़र में कोई इनसान बेवक़अत[३] नहीं था। वो हर आदमी से इस तवक़्क़ो के साथ मिलता था कि उसकी हस्ती में भी कोई ना कोई मानवीयत पोशीदा[४] होगी जो एक ना एक दिन मुंकशिफ़[५] हो जायेगी। मैंने उसे ऐसे-ऐसे अजीब आदमियों के साथ हफ़्तों घूमते देखा है कि हैरत होती थी। मण्टो उन्हें बर्दाश्त कैसे करता है। लेकिन मण्टो बोर होना जानता ही ना था। उसके लिए तो हर आदमी ज़िन्दगी और इनसानी फ़ितरत का एक मज़हर था, लिहाज़ा हर शख़्स दिलचस्प था। अच्छे और बुरे, ज़हीन और अहमक़, मुहज़्ज़ब[६] और ग़ैर-मुहज़्ज़ब का सवाल मण्टो के यहाँ ज़रा ना था। उसमें तो इनसान को क़ुबूल करने की सलाहियत[७] इतनी ज़बर्दस्त थी कि जैसा आदमी मण्टो के साथ हो, मण्टो वैसे ही बन जाता था।
>
> मुहम्मद हसन अस्करी और (मण्टो)

---

१. हस्तमैथुन २. हानिकारक ३. मामूली ४. छुपी हुई ५. प्रकट ६. शिष्ट ७. ख़ूबी

५

यहाँ सवाल उठता है कि फिर मण्टो को अश्लीलता का अपराधी ठहराया क्यों गया? बेहतर होगा कि इस विषय पर बातचीत से पहले हम अश्लीलता के उस विचार पर भी एक नज़र डालते चलें जिसका सम्बन्ध साहित्य से है और जो एक अर्से से बहसों और चर्चाओं का विषय बना हुआ है। कलात्मक अभिव्यक्ति की जितनी भी शैलियाँ मनुष्य ने अब तक खोजी हैं, इस विषय से परे कि उनका स्रोत हमारे अनुभवों के जिन क्षेत्रों से सम्बन्ध रखता है वे सामाजिक मूल्यों के लिए निषिद्ध हैं या स्वीकार करने योग्य, बुनियादी तौर पर सौन्दर्य-विषयक हैं और इस दायरे में रहकर ही उन पर कोई सार्थक बातचीत की जा सकती है। इस सिलसिले में मण्टो का दृष्टिकोण बहुत साफ़ है और उसकी ओर पहले भी इशारा किया जा चुका है कि उसके लिए वह 'साहित्यिक कृति' जिसका सबसे पहला उद्द्देश्य पुरुषत्त्व में वृद्धि या उस ऊर्जा की अभिव्यक्ति का कोई आसानी से हाथ लगने वाला नुस्ख़ा ढूँढ़ निकालना हो, असल में साहित्य है ही नहीं। लेकिन ज़ाहिर है कि ऐसे लोग जिनके विचारों की उर्वरता, चिकित्सा-सम्बन्धी किताबों और धार्मिक ग्रन्थों में भी काम वासना के साधनों की खोज पर हावी हो, उनका विवेक किसी भी साहित्यिक रचना में अपने मनोवांछित उद्द्देश्य की प्राप्ति से सुशोभित हो सकता है। 'ऊपर, नीचे और दरमियां' में मण्टो ने इस रवैये पर कटाक्ष के बहुत सूक्ष्म और कामयाब वार किये हैं। इस कहानी के दो किरदार, 'लेडी चैटर्लीज़ लवर' का अध्ययन अपनी सन्तान के लिए तो हानिकारक समझते हैं मगर ख़ुद इस किताब के कुछ-कुछ हिस्सों के माध्यम से उस पल की तलाश करते हैं जो उनकी सोई हुई क़ुव्वतों में हलचल पैदा कर सकें। उनके स्नायु तन्त्र की कमज़ोरी का हाल यह है कि किताब के कुछ वाक्यों पर नज़र पड़ते ही उनकी नब्ज़ की रफ़्तार तेज़ हो जाती है। ऐसे लोग ना जिंस के विषय समझ सकते हैं ना उस साहित्य के ही, जिसमें कामुक अनुभवों के माध्यम से इनसानी अस्तित्व के सूक्ष्म-दर्शन के किसी आयाम पर रौशनी डाली गयी हो। इसलिए किसी साहित्यिक कृति में काम-उत्तेजना के तत्त्व का होना या नहीं होना निरर्थक है। इस विषय की बुनियाद पर हम ना तो उस कृति का सौन्दर्य-विषयक मूल्यांकन कर सकते हैं ना ही उस पर किसी सुरुचिपूर्ण फ़ैसले को लागू कर सकते हैं। बहस सिर्फ़ इस बात पर होनी चाहिए कि

इस उत्तेजना के बिन्दु तक पहुँचने या उस तत्त्व की पहचान के लिए पाठक ने क्या रास्ता अपनाया है। मुम्ताज़ शीरीं ने मण्टो पर एक लेख में उसकी शैली की विवेचना करते हुए लिखा है :

> 'ठण्डा गोश्त' एक अफ़साना है जिसे हम मण्टो के फ़न के मुकम्मल तौर पर ले सकते हैं। मण्टो के उस्लूबे तहरीर में ग़ज़ब की चुस्ती है। 'ठण्डा गोश्त' इतना गठा हुआ, चुस्त और मुकम्मल अफ़साना है कि उसमें एक लफ़्ज़ भी घटाया या बढ़ाया नहीं जा सकता। ईशर सिंह के चन्द टूटे-फूटे जुमलों में उसके मुज़तरिब[१] दिलो-दिमाग़ की सारी कर्बअंगेज़[२] कैफ़ियत खिंच आयी है। पहले मण्टो को कोई किरदार उभारना होता था तो वो कई एक वाक़िआत के ज़रिये और ख़ुद अपनी तरफ़ से उसकी सिफ़त[३] बयान करके ये किरदार उभारता था...ठण्डा गोश्त के दो-तीन इब्तिदाई पैराग्राफ़ों में सिर्फ़ जिस्मानी साख़्त और चन्द एक हरकात के बयान में ईशर सिंह और कुलवन्त कौर के ग़ैर-मामूली किरदार उभर आये हैं। मोपासाँ के बारे में कहा गया है कि जब वो किसी ग़ैर-मामूली गर्म और शहवतअँगेज़ औरत का ज़िक्र करता है तो उस तहरीर का काग़ज़ तक ताज़ा गरम गोश्त की तरह फड़कने लगता है। कुछ यही कैफ़ियत कुलवन्त कौर के बयान में है।
>
> (मण्टो का तग़य्युर और इर्तिक़ा)

दूसरी तरफ़ 'ठण्डा गोश्त' के मुक़द्दमे में सफ़ाई देते हुए एक गवाह डॉक्टर सईदुल्लाह का ऐसा कहना था कि इस कहानी को पढ़ने के बाद वे ख़ुद 'ठण्डा गोश्त' बन गये। मुक़द्दमे की सुनवाई के दौरान, एक और पाठक मौलाना अख़्तर अली की प्रतिक्रिया ऐसी थी कि अब ऐसा साहित्य पाकिस्तान में नहीं चलेगा। और इसी समुदाय के एकदूसरे बुज़ुर्ग (चौधरी मुहम्मद हुसैन) ने फ़रमाया कि इस कहानी का विषय यह है कि हम मुसलमान इतने बेग़ैरत हैं कि सिखों ने हमारी मुर्दा लड़की तक नहीं छोड़ी। वैसे मण्टो ने अपनी तरफ़ से इस कहानी के माध्यम से दूसरों तक एक पैग़ाम पहुँचाने की ख़िदमत की थी।

वैसे तो यह कहानी देखने में एक मनोलैंगिक बिन्दु के आस-पास घूमती है लेकिन सच्चाई ऐसी है कि इसमें इनसान के नाम एक बहुत ही सूक्ष्म सन्देश

---

१. बेचैन २. दुख को उभारने वाली ३. ख़ूबी

दिया गया है कि वह ज़ुल्म, अत्याचार और बर्बरीयत और हैवानियत की आख़िरी हदों तक पहुँचकर भी अपनी इनसानियत नहीं खोता। अगर ईशर सिंह अपनी इनसानियत खो चुका होता तो उस मृत महिला का एहसास उस पर इतनी गहराई से कभी असर नहीं करता कि वह अपनी मर्दानगी से वंचित हो जाता।

वे बुज़ुर्ग जिन्होंने इस कहानी के सिलसिले में मण्टो को तीन महीने क़ैदे बा मशक़्क़त और तीन सौ रुपये जुर्माने की सज़ा दी थी उनका दृष्टिकोण इस सन्दर्भ में यह था कि पाकिस्तान के प्रचलित नैतिक पैमाने पवित्र क़ुरान की शिक्षा के सिवा और कहीं से ज़्यादा सही तौर पर मालूम नहीं हो सकते। अशिष्टता और काम-वासना शैतान की तरफ़ से है। मुम्ताज़ हुसैन नामक एक प्रगतिशील आलोचक की समीक्षा कुछ इस प्रकार है :

> मण्टो नेकी की तलाश में निकलता है और उसकी किरण एक ऐसे इनसान के पेट से निकालता है जिसके बारे में आप उस क़िस्म की तवक़्क़ो नहीं रखते। ये है मण्टो का कारनामा!

लेकिन ज़ाहिर है कि एक साहित्यकार के तौर पर मंटो का असल कारनामा यह हर्गिज़ नहीं है। रही इस मुक़द्दमे के न्यायकर्ता और अभियोग पक्ष के गवाहों की बात तो उनके बारे में मण्टो की ख़याल ग़लत नहीं था कि उनके सामने अपनी सफ़ाई में बयान देना, भैंस के आगे बीन बजाने के समान था।

मुझे इस सवाल से मतलब नहीं कि प्रतिक्रियाओं के इन सभी आयामों में से कौन सी सूरत अपेक्षाकृत बेहतर तार्किक बुनियाद रखती है और हम उससे सहमत होते हैं या नहीं। मेरी समस्या वह सन्देश भी नहीं जिसे इस कहानी के माध्यम से मण्टो ने आम करना चाहा है, क्योंकि यह काम तो मामूली क़िस्म के धर्मोपदेशक भी कर सकते हैं। साहित्य के एक पाठक की हैसियत से हमारा सरोकार इस विषय से होना चाहिए कि यह सन्देश या नैतिक उद्देश्य साहित्य बन सका है या नहीं या उस 'ज़िल्लत और शैतनत' के ऐतिबार की बुनियादें नैतिकता की ज़मीन पर ना सही, कलात्मक अनुभूति और अभिव्यक्ति की सतह पर स्थापित हो सकी हैं या नहीं। नैतिकता, फ़िराक़ साहब के अनुसार 'नख़्ल-ए-लब दरिया-ए-मआसी' है या ख़ैर के छीटों से बढ़ने वाला वाला छायादर वृक्ष। यहाँ ये

सभी सवाल गौण हैसियत रखते हैं और केवल उनसे मण्टो की साहित्यिक हैसियत में इज़ाफ़ा होता है ना कमी। अदब में यौन अनुभवों के सम्मिलन के सवाल पर बहस करते हुए हमें सौन्दर्य-विषयक विशिष्टताओं को हमेशा निगाहों के सामने रखना चाहिए। इसलिए मुम्ताज़ शीरीं की इस राय पर नज़र डालते वक़्त भी कि मण्टो के कामवर्धक महिला किरदार सुगन्धी, नीलम और कुलवन्त कौर अपनी तीव्र भावनाओं के साथ जानदार और फड़कते हुए दिखायी देते हैं, इस भाव के साथ के इस लिखाई का काग़ज़ तक जिन पर उनका ज़िक्र हो " 'ताज़ा गर्म गोश्त' की तरह फड़कने लगता है" हमें यह नहीं भूलना चाहिए कि मण्टो अपने किरदारों के कर्मों के उद्‌देश्य में इनसानी सतह पर चाहे जिस हद तक शरीक रहा हो, कहानीकार के तौर पर वह वस्तुनिष्ठता के एहसास के मूल्यांकन का भी गहरा बोध रखता है। इस सन्दर्भ में ख़ुद मण्टो की अपनी व्याख्या और सफ़ाई के बयानों को ज़्यादा अहमियत नहीं देनी चाहिए। एक तो उनके उद्‌देश्य सीमित थे, दूसरे मण्टो जैसी बुद्धि रखने वाले व्यक्ति से यह बात बहुत दूर नहीं थी कि अपनी ग़लतगुमानियों को सही साबित करने के लिए भी वे इधर-उधर से दलीलें इकट्ठा करके एक ख़ासा मुक़द्‌दमा तैयार कर ले। 'लज़्ज़ते संग' में मण्टो ने कहा था कि :

> मेरे नज़दीक कसाइयों की दुकानें फ़हाश हैं क्योंकि उनमें नंगे गोश्त की बहुत बदनुमा और खुले तौर पर नुमाइश की जाती है।

ये शब्द महत्त्वपूर्ण हैं क्योंकि उनका सम्बन्ध इसी बुनियादी विषय से है जिसे हम मण्टो के सौन्दर्य-सम्बन्धी और कलात्मक कृत्य के परिप्रेक्ष्य में देख सकते हैं और उनसे मण्टो की सृजनात्मक शैली को तय करने में कुछ रौशनी हासिल कर सकते हैं। मण्टो ने 'ठण्डा गोश्त' जैसी कहानियों में जहाँ कहीं अपने किसी पात्र के गरम और तेज़ भावनाओं की तस्वीरें खींची हैं, ऐसे सभी मौक़े कहानी की प्रगति में चन्द कड़ियों से ज़्यादा महत्त्व नहीं रखते। इसलिए ये अपने आप में पूरे नहीं हैं। ये मौक़े इस प्रचंड लम्हे की तरफ़ सफ़र की रफ़्तार को तेज़ कर देते हैं जो मण्टो के सफ़र की असल मंज़िल या उसकी कहानियों का शिखर-बिन्दु और अन्त है। और ज़ाहिर है कि इस लम्हे तक पहुँचते-पहुँचते निकृष्ट भावनाओं की सतहों को कम्पित करने वाली चंचल और रंगीन तस्वीरें इस लम्हे के दुख और उसके आश्चर्यजनक भाव में डूब जाती हैं और उनका व्यक्तिगत

प्रभाव नष्ट हो जाता है। कहानी के समूचे ढाँचे और उसकी सृजनात्मक एकरूपता से हमेशा ग़लत रास्ते पर ले जाने का कारण बनती है। मण्टो की कहानियों के व्यापक परिप्रेक्ष्य में इन तस्वीरों को देखा जाये तो अन्दाज़ा होगा कि उसकी अधिकांश कहानियों के ताने-बाने का तर्क इन तस्वीरों को एक अनिवार्यता प्रदान करता है। अश्लील सोच का दोषी वह इस सूरत में होता जब ये तस्वीरें उसकी कहानी के ढाँचे में एक केन्द्र-बिन्दु के तौर पर अपने आप में सम्पूर्ण होतीं। और यह बिन्दु एक फैलते हुए दायरे की सूरत कहानी के पूरे प्रभाव को अपनी गिरिफ़्त में ले लेता। मण्टो ने हाली, इक़बाल और 'बहिश्ती ज़ेवर' की वैचारिक ख़ुराक पर परवरिश पाने वाले, देखने में शिष्ट और आदर्श इनसान के मुक़ाबले में इनसान को उसकी समग्रता में, उसके आन्तरिक विरोधों और उसके भीतरी सतह पर जारी रहने वाली अन्धकार और प्रकाश की निरन्तर कशमकश के आईने में देखने की जुर्रत की है। इन कहानियों को योरोपीय एरॉटिका के तौर पर पढ़ना भी मुनासिब नहीं होगा। न ही उन्हें जाफ़र ज़टल्ली के साहित्य-समग्र और धार्मिक बुज़ुर्गों की उन मसनिवियों के साथ रखा जा सकता है जिनमें इज़हार की बेबाकी गाली का, और प्रेमिका से मिलन के दृश्य ब्लू फ़िल्म का रूप धारण कर लेते हैं। वह बोकेशियो या बॉल्ज़ाक की तरह कामुक मुहिमों की आकृति यदि बनाता भी है तो इस तरह की एक अत्यन्त निजी काम, एक और भी विस्तृत सामाजिक विचार की कुंजी बन जाता है। और पुरानी दास्तानों की किसी जादुई कलमे के समान एक रहस्यमय, अदृश्य और नये पाये हुए परिदृश्यों का दरवाज़ा खोलता है। यह रवैया मण्टो को कुछ एतिबारों से बोदलैर और लॉरेंस की तरह एक ज़बर्दस्त नैतिक दृष्टि रखने वाले साहित्यकार की हैसियत देता है। मगर एक बहुत बड़े फ़र्क़ के साथ कि मण्टो का यथार्थवाद यौन क्रियाओं की प्रासंगिकता में समाज से सम्बन्धित कुछ सवालों के जवाब तक तो पहुँचता है लेकिन उनमें किसी अगोचर, सूफ़ियाना या आध्यात्मिक तर्क का सिरा नहीं ढूँढ़ता। व्यापक तौर पर यही दृष्टिकोण मण्टो की नैतिकता को प्रगतिशीलों और एक दीनी या सूफ़ी विचारधारा का प्रतिनिधित्व करने वाले साहित्यकारनुमा प्रचारकों के आदर्शवादी विचारों से अलग करता है और उसे ज़्यादा व्यापक, सार्थक और स्वाभाविक बनाता है। उसके आईने में जो अक्स दिखायी देते हैं, वे ना सिर्फ़ समाजी इनसान के हैं ना मज़हबी इनसान के बल्कि

एक सुसंगठित इनसान के चेहरे-मोहरे से सुसज्जित हैं। मण्टो उनके कामों के उद्देश्य को समझने के लिए ना किसी समाजी फ़लसफ़े का मोहताज होता है ना धर्म, सूफ़ीवाद और अध्यात्म के रहस्यमय संसारों की सैर का इच्छुक होता है। उसका दिलेरी भरा यथार्थवाद किसी बाहरी सहारे की तलाश नहीं करता और अपने उत्कृष्ट और ज्ञान से भरे हुए प्रकटन के ज़रिये इस आम धारणा को भी अस्वीकार करता है कि यौन अनुभव की हदें इतनी तेज़ी और निश्छलता के कारण अन्त में कुछ हद तक धार्मिक अनुभव से जा मिलती हैं। ऐसा नहीं होता तो मण्टो भी आचार्य रजनीश की तरह किसी पंथ का मार्गदर्शक बन जाता और उसकी कृतियाँ एक धर्मग्रन्थ की सूरत अपना लेतीं। वह मानवीय विवेक और जिस्म के नाज़ुक रिश्तों की गुत्थियाँ सुलझाने की कोशिश करता है और उस कोशिश में इनसानी अनुभवों की ऐसी सतहों तक जा पहुँचता है जो बहुत सादा और दो टूक नहीं हैं। तो भी, वह किसी भी सतह पर जिस्म के वजूद को एक क़रीब या अपने किरदारों को विचार की शक्ल में देखने पर तैयार नहीं होता। मण्टो की कहानियों में इसीलिए कलात्मक तन्त्र के बोध से पैदा होने वाले संकेत और चुस्ती के बावजूद सतह का खुरदरापन और बयान का सहज, नैसर्गिक और स्वाभाविक बहाव बहुत साफ़ है। वह अपने बयान को दिलचस्प बनाने के लिए किसी भी क़िस्म की भाषाई और कलात्मक बनावट से काम नहीं लेता, ना अभिव्यक्ति की व्यापक संरचना में किसी उपलब्धि तक पहुँचने का इच्छुक होता है, फिर भी उसकी कहानियाँ पढ़ने वाले पर एक अनुभव की सूरत उतरती हैं। ऐसा सिर्फ़ इसलिए है कि मण्टो की निगाह परिचित घटनाओं की रस्मिअत से पैदा होने वाले ग़ुबार में भी रौशनी के उन सभी बिन्दुओं को पहचान लेती है जिनकी तरतीब से उसकी कहानियों का आन्तरिक ढाँचा बनता है। लॉरेंस के बारे में उसके एक जीवनी लेखक का कहना है कि वह तरशे-तरशाये, साफ़, शिष्ट कलाकृतियों तक नक-सुक से दुरुस्त नपी-तुली आकृतियों और ख़ूबसूरत, सुसज्जित, शानदार इमारतों से इसलिए उकताहट महसूस करता था कि उनमें सादगी का वह सत ग़ायब होता है जिसकी एक सतह खुरदुरापन भी है। संगीत में उसे एहतियात, सलीक़े और इन्तिहाई मेहनत से क्रमबद्ध की हुई सिम्फ़नीज़ की अपेक्षा लोकगीत ज़्यादा आकर्षित करते थे क्योंकि वे तात्कालिक और स्वचल स्पन्दन से प्रकट होते हैं।

वह अपने एहसासों के माध्यम से अनुभव की जो भी छवि की टोह लेता था उसे ज्यों का त्यों काग़ज़ पर परिवर्तित कर देता था और इस काम में विवेक के अनुचित हस्तक्षेप से हमेशा डरता और बचता था। उसकी तलाश बस यह होती थी कि जो कुछ भी वह उत्पन्न करे उसका स्रोत पूरी तरह से उसके भीतर छुपी रहस्यमयी और तर्कहीन शक्तियाँ हों, हर तरह के बाहरी बन्धन, प्रेरणाओं और सुझावों से बिल्कुल आज़ाद और खुली हुईं। लॉरेंस के यहाँ इन्द्रियों की शुद्धता को बनाये रखने की इस लगन ने एक सूफ़ियाना अनुभूति का भाव पैदा कर दिया था। वह किसी सन्त की तरह अपने एकान्त के सन्नाटे में गम्भीर और दुखभरे प्रकटन के इन लम्हों की प्रतीक्षा करता था जो उस तक जिस्म की रूहानियत के राज़ों की ख़बर ला सकें। इस रवैये के बोझ ने लॉरेंस के यहाँ एक ग़ैर-ज़मीनी, किसी हद तक भावनात्मक और अगोचर दशा को जन्म दिया है। यह दशा काम को इबादत और जिस्म को अन्ततः एक निराकार रूप देती है, उदाहरण के तौर पर 'लेडी चैटर्लीज़ लवर' से यह उद्धरण[ii]।

> और उसे फ़ौरन ही उसके भीतर आना था, उसकी कोमल देह की धरती की शान्ति में समाने...कहीं बहुत दूर उसे एक नयी उत्तेजना की अनुभूति हुई, एक नयी नग्नता उभर आयी...और ऐसा लगा कि वह समुद्र की तरह है, वहाँ कुछ भी नहीं, सिर्फ़ स्याह लहरें उभर रही हैं, और उठ रही हैं, इतनी तेज़ी से कि कुछ ही देर में उसका सारा अन्धकार गतिमान था, और वह समुद्र थी अपने काले, मूक द्रव्य को हिचकोले खिलाते हुए। ओह, और उसके बहुत अन्दर उसकी गहराइयाँ अपने मुलायम मध्य-बिन्दु से लम्बी, एक-सी तरंगों में हटने लगीं। और जैसे-जैसे गोताख़ोर गहराई में उतरता गया, उसकी तेज़ लहरें किसी किनारे तक पहुँचती सी दिखीं, उसे उभारते हुए, और अधिक गहराई में एक स्पर्शनीय अनिश्चितता की ओर, उसकी लहरें ख़ुद से दूर जाती हुईं, उसे छोड़ते हुए। और अचानक, एक नर्म, कम्पकम्पाती ऐंठन ने उसे छू लिया, उसे मालूम था कि उसे छू लिया गया है, अन्त उसके सामने था। और वह जा चुकी थी।

लीजिये क़िस्सा ख़त्म! दैनिक जीवन की एक जीती-जागती सच्चाई प्रगति के एक अलौकिक पड़ाव को पार करती हुई कहाँ जा पहुँची? सीधे-सादे शब्दों में इसे हम हक़ीक़त के उस सफ़र से समझ सकते हैं जिसका मनोवांछित गंतव्य मिथ्या का बिन्दु है यानी यह कि रगों में दौड़ता,

चहकता, बोलता लहू आख़िरकार एक संवेदनात्मक दशा में तब्दील हो गया। इसके विपरीत मण्टो के स्टूडियो की ये कुछ तस्वीरें :

> कुलवन्त कौर अपने बाज़ू पर उभरे हुए लाल धब्बे को देखने लगी, 'बड़ा ज़ालिम है तू ईशर सैयाँ!' ईशर सिंह अपनी घनी काली मूँछों में मुस्कुराया। 'होने दे आज ज़ुल्म!' और ये कहकर उसने मज़ीद ज़ुल्म ढाने शुरू किये। कुलवन्त कौर का बालाई होंठ दाँतों तले किचकिचाया, कान की लौ को काटा, उभरे हुए सीनों को भँभोड़ा, भरे हुए कूल्हों पर आवाज़ पैदा करने वाले चाँटे मारे, गालों के मुँह भर-भर के बोसे लिये, चूस-चूस कर उसका सारा सीना थूकों से लथेड़ दिया। कुलवन्त कौर तेज़ आँच पर चढ़ी हुई हाँडी की तरह उबलने लगी, लेकिन ईशर सिंह इन तमाम हीलों के बावजूद ख़ुद में हरारत पैदा ना कर सका। जितने गुर और जितने दाँव उसे याद थे, सबके सब उसने पिट जाने वाले पहलवान की तरह इस्तेमाल कर दिये, पर कोई कारगर ना हुआ। कुलवन्त कौर ने जिसके बदन के सारे तार तनकर ख़ुद-ब-ख़ुद बज रहे थे, ग़ैर ज़रूरी छेड़-छाड़ से तंग आकर कहा, "ईशर सैयाँ, काफ़ी फेंट चुका है, अब पत्ता फेंक!"

> दीवार का सहारा लेकर मसूद ने अपने जिस्म को तौला और इस अन्दाज़ से आहिस्ता-आहिस्ता कुलसुम की रानों पर अपने पैर जमाये कि उसका आधा बोझ कहीं ग़ायब हो गया। हौले-हौले बड़ी होशियारी से उसने पैर चलाने शुरू किये। कुलसुम की रानों में अकड़ी हुई मछलियाँ उसके पैरों के नीचे दब-दबकर इधर-उधर फिसलने लगीं। मसूद ने एक बार स्कूल में तने हुए रस्से पर एक बाज़ीगर को चलते हुए देखा था। उसने सोचा कि बाज़ीगर के पैरों के नीचे तना हुआ रस्सा इसी तरह फिसलता होगा।

> सारी रात रणधीर को उसके बदन से अजीबो-ग़रीब क़िस्म की बू आती रही थी। उस बू को जो बैक़ वक़्त[१] ख़ुशबू और बदबू थी वो तमाम रात पीता रहा। उसकी बग़लों से, उसकी छातियों से, उसके बालों से, उसके पेट से। हर जगह से ये बू जो बदबू भी थी और ख़ुशबू भी, रणधीर की हर साँस में मौजूद थी। तमाम रात वो सोचता रहा कि ये घाटन लड़की बिल्कुल क़रीब होने पर भी हरगिज़-हरगिज़ इतने क़रीब ना होती अगर इसके नंगे बदन से ये बू ना उड़ती। ये बू जो इसके दिल-ओ-दिमाग़ की

१. एक ही साथ

हर सिलवट में रेंग गयी थी, उसके तमाम पुराने और नये ख़यालों में रच गयी थी।

उस बू ने उस लड़की को और रणधीर को एक रात के लिए आपस में हल कर दिया था। दोनों एक-दूसरे के अन्दर दाख़िल हो गये थे, अमीक़तरीन गहराइयों में उतर गये थे। जहाँ पहुँचकर वो एक ख़ालिस इनसानी लज़्ज़त में तब्दील हो गये थे, ऐसी लज़्ज़त जो लम्हाती होने के बावजूद दाइमी[१] थी, जो माइले परवाज़[२] होने के बावजूद साकिन[३] और जामिद[४] थी। वे दोनों एक ऐसा पंछी बन गये थे जो आसमान की नीलाहटों में उड़ता-उड़ता ग़ैर-मुतहर्रिक दिखायी देता है।

इनमें पहली दो तस्वीरें सच्चाई की भौतिक सतह से एक पल के लिए ऊपर नहीं उठतीं और उनके किरदार अपने गोश्त-पोस्त के साथ पढ़ने वाले को गतिमान दिखायी देते हैं। तीसरी तस्वीर हक़ीक़त के ठोस अनुभव को एक निराकार प्रभाव की सतह तक ले जाती है और घटना को एक भाव में परिवर्तित करती है। पर इसके बाद भी अनुभव की ज़मीनी बुनियादें ध्वस्त नहीं होतीं और उसके पात्र किसी सोच के दायरे से परे, अनदेखे और रहस्यमय माहौल में घुल नहीं जाते। इसलिए उनकी मौजूदगी और इनसानियत की हदों का असर बना रहता है। मानवीय विवेक की एक सतह यह भी है कि इनसानी अस्तित्व का प्रमाण उसकी समग्रता के सन्दर्भ में किया जाये और अच्छे-बुरे कामों की बहस से अलग होकर इनसान को समझने की तलाश की जाये। बोदलैर ने रूमानियों के आत्मपूर्ति के नज़रिये को इस विचार की बुनियाद पर अस्वीकार किया था कि इनसान मूत्राशय के नीचे नौ महीने गुज़ारता है। इसलिए उसका पवित्र और स्वच्छ होना असम्भव है। उसी के साथ-साथ वह यह भी समझता था कि अच्छाई की उत्पत्ति गुनाह के एहसास के बग़ैर सम्भव ही नहीं हो सकती। एक अर्से तक इस क़िस्म के विचारों को लोग शैतानी ताक़तों के इज़हार से समझते रहे। लेकिन अब जबकि इस मामले में आम दृष्टिकोण ख़ासा तब्दील हो चुका है, बोदलैर के अध्ययन की एक नयी विधा भी खोजी जा चुकी है और ना सिर्फ़ उसके यहाँ एक सुसंगठित नैतिक तन्त्र की उपस्थिति का जिक्र बड़े मज़े ले-लेकर किया जाता है। बल्कि इस निज़ाम के डांडे बोदलैर के कैथोलिक मत से भी मिला दिये गये हैं। मण्टो की नैतिकता,

१. स्थायी २. उड़ान की तरफ़ ३. ठहरी हुई ४. जमी हुई

जैसा कि पहले अर्ज़ किया जा चुका है, इस क़िस्म के किसी भी परिप्रेक्ष्य की गुंजाइश नहीं रखती। उसके यहाँ शब्दों की जो किफ़ायत, शैली में जो चुस्ती और कहानियों की व्यापक ध्वनि में जो उदासीनता साफ़ है, वह इनसान की तरफ़ उसके ख़ास रवैये की पैदा की हुई है। यह रवैया बोदलैर या लॉरेंस या पुराने लोगों के रवैयों से अलग ही नहीं, इन सबसे ज़्यादा यथार्थवादी भी है। शायद इसीलिए हम मण्टो की फ़िक्र को अपने ज़माने की फ़िक्र से अपेक्षाकृत ज़्यादा अनुकूल पाते हैं। और उसे बोदलैर या लॉरेंस की तरह एक नैतिक दृष्टि रखने वाले साहित्यकार की हैसियत देने के बावजूद उसे हम उन बाकमालों से इस दर्जा अलग भी देखते हैं। वैसे मण्टो ने कभी-कभी इस सन्दर्भ में ऐसा फ़लसफ़ा भी गढ़ा है जो हमसे उसके वस्तुनिष्ठ और यथार्थवादी नैतिक विचारों को एक नये वैचारिक परिप्रेक्ष्य में देखने की माँग करती है। उदाहरण के तौर पर उसके ये शब्द :

> दो रूहों का सिमटकर एक हो जाना, और एक होकर वालिहाना वुसअत अख़्तियार कर जाना। दो रूहें सिमटकर इस नन्हे से नुक़्ते पर पहुँचती हैं जो फैलकर कायनात बनता है।

उसके आम रवैये से मेल नहीं खाते और मण्टो को अनुभव की प्रामाणिकता के बजाय उसकी सम्भावना का चित्रकार ठहराते हैं। मेरा ख़याल है कि इस तरह के बयानों की हक़ीक़त सिर्फ़ इतनी ही है कि मण्टो निन्दा की बारिश में कुछ धारणाओं को ढाल बनाने के जतन भी करता था। इसीलिए उसके इन लेखों में जो अपने दृष्टिकोण को स्पष्ट करने के लिए लिखे गये, कुछ जगहों पर एतराज़ का अन्दाज़ भी बहुत साफ़ है।

इक्का-दुक्का अपवादों से नज़र हटाकर, मण्टो के यहाँ यौन घटनाओं के बयान या अश्लील विचारों की तरफ़ एक स्पष्ट और उदासीन साफ़गोई मिलती है। जिस तरह वह आम ज़िन्दगी में भी देखने में ग़ैर-शरीफ़ाना ज़िन्दगी गुज़ारने वालों से बेझिझक मिलता था, इसी तरह अपनी कहानियों में लुच्चे-लफ़ंगों, भड़वों, तवायफ़ों, क़ातिलों, शराबियों, यानी नैतिक जुर्मों को अनजाम देने वालों के बयान में भी वह साफ़गोई नज़र आता है। उसका लबो-लहजा किसी भी तरह के नैतिक और दार्शनिक ढोंग से कोई सम्बन्ध नहीं रखता। यह साफ़गोई मण्टो के यहाँ उसकी नैतिक प्रतिबद्धता ही के कारण पैदा हुई है। दूसरे शब्दों में, यौन भावनाओं या जिंसी वारदात के चित्रण में उसकी साफ़गोई एल्बेर्टो मोराविया की तरह

एक दिलचस्प फूहड़पन की शक्ल भी ले सकती थी। मोराविया और मण्टो दोनों कामुक अनुभूतियों के प्रतिनिधित्व में असाधारण महारत रखते हैं। दोनों इन एहसासों की मनोवैज्ञानिक दिशाओं के जानकार हैं। तो भी, मण्टो का मामला इस लिहाज़ से भिन्न है कि उसका उद्देश्य कामवासनाओं और घटनाओं का कोरा चित्रण नहीं है। यह सही है कि वह ऊपर से किसी नैतिक फ़ैसले लागू नहीं करता, फिर भी उसके किरदारों का अमल अपने सामाजिक सन्दर्भ की ओर हमें आकर्षित करता है। उसकी कहानियों के ऊपरी ढाँचे से एक नैतिक लहर अपने आप प्रकट होती है और उनकी समाप्ति पर पाठक लज़ीज़ वारदात की तस्वीरों के बजाय ख़ुद को कहानी के समग्र प्रभाव या इस केन्द्र-बिन्दु से दो-चार पाता है जिसकी हैसियत मण्टो के बुनियादी दृष्टि का ताला खोलने वाली कुंजी की है। ज़ाहिर है कि साहित्य का उद्देश्य यौन घटना का पूरा-पूरा बयान है भी नहीं। यह ख़िदमत समाजशास्त्र के गुणीजन बेहतर तौर पर कर सकते हैं। मण्टो अपने अनुभवों को एक विवेकी सतह पर दरियाफ़्त करता है, फिर उन्हें ठोस और जानदार रूपकों की मदद से नये सिरे से उत्पन्न करता है।

> उसके ख़ारिशज़दा कुत्ते ने भौंक-भौंक कर माधव को कमरे से बाहर निकाल दिया। सीढ़ियाँ उतारकर जब कुत्ता अपनी टंड-मंड दुम हिलाता सुगन्धी के पास वापिस आया और उसके क़दमों के पास बैठकर कान फड़-फड़ाने लगा तो सुगन्धी चौंकी–उसने अपने चारों तरफ़ एक हौलनाक सन्नाटा देखा। ऐसा सन्नाटा जो उसने पहले कभी ना देखा था। उसे ऐसा लगा कि हर शै ख़ाली है। जैसे मुसाफ़िरों से लदी हुई रेलगाड़ी सब स्टेशनों पर मुसाफ़िर उतारकर अब लोहे के शेड बिल्कुल अकेली खड़ी है। ये ख़ला[१] जो अचानक सुगन्धी के अन्दर पैदा हो गया था उसे बहुत तकलीफ़ दे रहा था। उसने काफ़ी देर तक उस ख़ला को भरने की कोशिश की मगर बेसूद[२]। वो एक ही वक़्त में बेशुमार ख़यालात अपने दिमाग़ में ठूँसती थी मगर बिल्कुल छलनी का सा हिसाब था, इधर दिमाग़ को पुर करती थी, उधर वो ख़ाली हो जाता था।
>
> बहुत देर तक वो बेद की कुर्सी पर बैठी रही। सोच-बिचार के बाद भी जब उसको अपना दिल परचाने का कोई तरीक़ा ना मिला तो उसने अपने ख़ारिशज़दा कुत्ते को गोद में उठाया और सागवान के चौड़े पलंग पर उसे

---

१. शून्य २. निरर्थक

पहलू में लिटाकर सो गयी।

X X X

त्रिलोचन वापिस आ गया। उसने आँखों ही आँखों में मोज़ील को बताया कृपाल कौर जा चुकी है। मोज़ील ने इत्मीनान की साँस ली। लेकिन ऐसा करने से बहुत सा ख़ून उसके मुँह से बह निकला : 'ओह डैम इट'! ये कह के उसने अपनी महीन-महीन बालों से अटी हुई कलाई से अपना मुँह पोंछा और त्रिलोचन से मुख़ातिब हुई, 'ऑल राइट डार्लिंग बाय-बाय।'

त्रिलोचन ने कुछ कहना चाहा मगर लफ़्ज़ उसके हलक़ में अटक गये। मोज़ील ने अपने बदन पर से त्रिलोचन की पगड़ी हटाई, 'ले जाओ इसको ...अपने इस मज़हब को।' और उसका बाज़ू उसकी मज़बूत छातियों पर बेहिस होकर गिर पड़ा।

'खोल दो' के आख़िरी वाक्यों की तरह इन हिस्सों में भी कहानी के रगों में दौड़ता हुआ लहू एक बिन्दु पर खिंच आया है। घटना एक प्रभाव बन गयी है और किरदारों के सोचने का अमल उनके काम का हिस्सा। इस सतह पर मण्टो की सृजनशैली हमें उसके सभी समकालीन लेखकों के मुक़ाबले में बहुत जानदार दिखायी देती है और ऐसा प्रतीत होता है कि अपने सृजनात्मक उत्तरदायित्व का जितना ज़बर्दस्त बोध मण्टो रखता था उसकी मिसाल हमें उसके समकालीनों में तो क्या, पश्चिम के उन महान कथावाचकों के यहाँ भी कम-कम ही मिलेगी जो 'अश्लील-लेखकों' के समूह से सम्बन्ध रखते हैं।

साहित्य में अश्लीलता के तत्त्व पर चर्चा करते हुए एक आलोचक ने कहा था कि किसी अश्लील साहित्यिक कृति की एक पहचान यह भी होती है कि उसके अश्लील हिस्सों को आम पाठक बार-बार पढ़ता है जिससे मनोविनोद का एहसास बना रहे। इस आनन्द की सामग्री घटना के अलावा बयान का ढाँचा तैयार करने वाले शब्द और रूपक इकट्ठा करते हैं। निम्न दर्जे की किताबें शुरुआत से आख़िर इस फ़िज़ा को पाठक के सामने से ओझल नहीं होने देतीं। अमरीकियों की परिभाषा में इसे हम 'हार्डकोर पोर्नोग्राफ़ी' कह सकते हैं। ऐसी अश्लीलता अच्छे लिखने वालों के यहाँ एक वैचारिक दिशा अपना लेती है। मिसाल के तौर पर जॉन बार्थ के उपन्यास 'दि सोट-वीड फ़ैक्टर' (१९६०), में या हेनरी मिलर की कुछ

कहानियों में जिस पर पाउण्ड ने हेमिंग्वे के नाम अपने एक ख़त में यह अर्थपूर्ण समीक्षा की थी (१९२४) कि "मैंने अभी-अभी एक दिलचस्प अश्लील किताब ख़त्म की है जिसका लेखक हेनरी मिलर नामक एक व्यक्ति है।" इस मौक़े पर हमें यह नहीं भूलना चाहिए कि कुछ ना कहने के तरीक़े साहित्य में कभी भी दिलचस्प नहीं होते। केवल लफ़्फ़ाज़ी या भाषाई दाँव-पेच के विद्वानों के लिए ध्यान देने योग्य हो सकती है मगर साहित्य पढ़ने वाले की आवश्यकताओं का सिलसिला इससे आगे भी जाता है। इसका विषय वह अनोखी इकाई होती है जो शब्द और ख़याल के आपसी मेल के परिणामस्वरूप सामने आती है। और हालाँकि उसका उद्‌देश्य पाठक तक सिर्फ़ कोई ख़बर ले जाना नहीं होता मगर वह उस तत्त्व से ख़ाली भी नहीं होती। अश्लीलता की सतह पर इस रवैये की शायद सबसे बेहतर मिसाल जेम्स जॉयस की 'यूलिसिस' में मॉली ब्लूम की ख़ुद से बातचीत है। उसका एक उद्धरण भी देखते चलें[iii]।

> मैंने देखा कि वह समझ गया या उसने महसूस किया कि एक महिला क्या है, और मुझे पता था कि मैं उसे मना सकती हूँ। और मैंने उसे वह सारा सुख दिया जो मैं दे सकती थी, उसे बढ़ाते हुए जब तक उसने मुझे हाँ कहने के लिए नहीं कहा ...और फिर उससे मैंने अपनी आँखों से फिर से पूछा और मैंने अपनी बाहें उसके आस-पास डाल कर उसे अपने पास खींच लिया कि वह मेरे स्तनों की सुगन्ध को महसूस कर सके।

यहाँ प्रसंग का सारा आनन्द भाषा के कलात्मक उपयोग से पैदा हुआ है और वर्णन के मद्धम-मद्धम हल्के प्रकाश ने कर्म की हिंसा पर एक धुन्ध सी फैला दी है। मण्टो कभी-कभी भाषा का इस्तेमाल इस तरह करता है कि शब्द दहकते हुए अंगारे बन जाते हैं। इस तरह उसकी अभिव्यक्ति की शैली भी देखने में सादा होने के बावजूद एक आसानी से न समझी जा सकने वाली कलात्मक ध्वनि रखती है मगर मण्टो की मीनाकारी जॉयस से बहुत अलग है, इसलिए उस पर प्रतिक्रिया अपेक्षाकृत ज़्यादा कड़ी हुई। वैसे जॉयस की किताब को भी साहित्य की हैसियत से स्वीकार करने पर लोग ख़ासी बहस और तकरार के बाद तैयार हुए थे और अश्लील किताबों का कारोबार करने वाले उसे पहले-पहल अपने काम का लिखने वाला समझ बैठे थे, लेकिन संशयों की गर्द छँटने के बाद उसे अपने ही वैचारिक माहौल में साहित्य के विद्रोही और विश्लेषणात्मक रुझानों का

सबसे बड़ा प्रतिनिधि कहा गया और उसकी किताब आवाँ गार्द रवैये ी सबसे पहली कृतियों में गिनी जाने लगी। मण्टो के सिलसिले में भी ग़लत विचारों का शोर अब धीमा पड़ चुका है। लेकिन उसे इसके सच्चे परिप्रेक्ष्य में देखने की परम्परा हमारे यहाँ अब तक आम नहीं हो सकी है। इसका कारण यही है कि साहित्य और अश्लीलता के सम्बन्धों और विशिष्टताओं पर गम्भीरता से ग़ौर करने की कोशिशें हमारे साहित्यिक वातावरण में भी सिर्फ़ अपवाद की हैसियत रखती हैं। विडम्बना यह है कि उर्दू, बल्कि पूरे पूरब की साहित्य परम्परा में यौन तत्त्वों को लगभग एक केन्द्रीय विषय के तौर पर बरता गया है। मुहम्मद हसन अस्करी ने इससे यह नतीजा निकाला था कि पूर्व की फ़िक्र सच्चाई के एक अत्यन्त व्यापक और असीम विचार से सम्बन्ध के कारण हक़ीक़त को बुलन्द और गिरे हुए वर्गों में इस तरह नहीं बाँटती कि दोनों एक-दूसरे के विपरीत दिखायी दें। इसके विपरीत वह ज़िन्दगी की हर प्रत्यक्ष वस्तु को, उसका स्वभाव चाहे अच्छाई से बना हो या बुराई से, इनसानी अनुभवों की एक ही ज़ंजीर का अंश समझती है और इस सन्दर्भ में किसी भी पूर्वाग्रह या संशय को रवा नहीं रखती। पूरब के क्लासिकी साहित्य में इस प्रभाव की पुष्टि का सामान बहुत ज़्यादा है। मगर सच्चाई के तौर पर कहना ग़लत नहीं होगा कि चाहे वैचारिक सतह पर हमने इस हक़ीक़त को बहुत खुले दिल से क़ुबूल कर लिया हो, हमारा समाज इस विषय में कट्टर रहा है और एक निरन्तर द्वैतवाद इसके स्वभाव का हिस्सा रहा है। आम लोग जिन्हें दुआओं की पुस्तिका में मर्दाना ताक़त और कामवर्धक के नुस्ख़ों की मौजूदगी पर कभी एतराज़ नहीं हुआ, वही कामुक प्रसंग की अभिव्यक्ति में एक तरह के अल्हड़पन को सौम्य स्वभाव की निशानी समझते रहे। पुराने लोगों को तो ख़ैर जाने दीजिये कि उनके गद्य और काव्य में पर्दे का अस्तित्व नहीं होने के बराबर है और शेर और अफ़साने के पर्दे में वे अच्छी तरह खुले खेले हैं, मण्टो के ज़माने तक हमारा सामाजिक माहौल इस मामले में ख़ासे दोग़लेपन का शिकार रहा है। मनोविनोद ने इस सभ्यता में एक धार्मिक मूल्य का रुतबा पाया है और एक सांस्कृतिक विशिष्टता की हैसियत भी उसे हासिल रही है मगर यौन कर्मों के सिलसिले में गुनाह छुपाने या जुर्म की पर्दादारी का रवैया भी हमारे यहाँ ख़ासा आम रहा है। इस रवैये की समाजी उपयोगिता पक्की है फिर भी साहित्य में या सांस्कृतिक विचारों में उसके अनुचित हस्तक्षेप ने ना सिर्फ़ हमारे समाज के साहित्यिक विचारों को चोट पहुँचाई

है, बल्कि सच्चाई की तलाश के कुछ रास्ते भी हम पर बन्द कर दिये हैं। हम ये भूल जाते हैं कि हर संजीदा और सार्थक कलात्मक रचना बुनियादी तौर पर नैतिक होती है, शायद नैतिकता से भी अधिक नैतिक, लेकिन कलाकार का नैतिक बोध चूँकि पारम्परिक नैतिकता को सदमा पहुँचाता है इसलिए लोग उसे क़ुबूल करने से डरते हैं।

और मण्टो का तो अनवरत काम ही यही था। उसकी कहानियों के कुछ उद्धरणों या कुछ 'अविवेकी' शब्दों के इस्तेमाल की बुनियाद पर उन्हें अश्लील कहने वालों को साहित्य के सौन्दर्य का यह खुला नियम भूलना नहीं चाहिए कि मण्टो की ज़्यादातर कहानियाँ एक भरी-पूरी घटना के तौर पर अपनी अभिव्यक्ति का आकृति निश्चित करती हैं, फिर जहाँ तक अविवेकी और भौण्डे शब्दों के इस्तेमाल का ताल्लुक़ है इस सन्दर्भ में 'फ़ैनी हिल' के लेखक का यह कहना भी एक सच्चाई का इज़हार है कि "मैं शर्त बाँधकर फ़हशतरीन किताब इस तरह लिख सकता हूँ जिसमें एक भी अश्लील शब्द इस्तेमाल ना किया गया हो।" इस बात से अलग होकर सोचा जाये कि किसी शब्द के अश्लील या शिष्ट होने की बुनियादें क्या हैं? ज़ाहिर है कि इस सिलसिले में कोई भी साहित्यकार उन पैमानों को अपना रहनुमा नहीं बना सकता जिनकी नींव सिर्फ़ प्रचलित मुहावरे पर टिकी हो। चॉसर और शेक्सपीयर से लेकर लॉरेंस, हेनरी, मिलर और बेकेट तक सभी अशिष्ट शब्दों का इस्तेमाल करते आये हैं और शेक्सपियर ने तो यह तक कहा था कि :

> To gain the language
> Tis needful that the most immodest word
> Be looked upon and learnt
>
> Henry IV (Part II)

अब अगर इस सन्दर्भ में उन्होंने सामाजिक बन्धनों को स्वीकार कर लिया होता तो परिणाम कितने ज़्यादा दयनीय होते, इसका अन्दाज़ा हम सिर्फ़ इस घटना से लगा सकते हैं कि अमरीकी 'प्योरिटिज़्म' के अधीन, आधी उन्नीसवीं सदी गुज़र जाने के बाद भी वहाँ यह हाल रहा कि महिलाओं की मौजूदगी में ज़ुबान पर 'लेग्स' शब्द लाना भी ख़राब समझा जाता था। एक यात्री की डायरी में तो यह हास्यास्पद संस्मरण भी मिलता है कि उस ज़माने में किसी दावत के मौक़े पर एक महिला ने मुर्ग़ की टाँग माँगी तो अपनी दिल

की बात मुर्ग़ के 'फ़र्स्ट और सेकंड जोइंट्स' कहकर अदा की। ख़ैर यह तो आम लोगों का हाल था, लानत देने वाले भी अपनी किताब में अश्लील शब्दों को शामिल करने से डरते थे, इस प्रतिबंध की मार ने साहित्य को कामुक प्रसंगों के वर्णन से तो किसी ना किसी हद तक बचा लिया मगर उसकी जगह हिंसक क़िस्से लोकप्रिय हो गये। फोड़े को अगर बनावटी तौर पर दबाने की कोशिश की जाये तो ज़हर सारे जिस्म में फैल सकता है। इसलिए मौजूदा अमरीकी समाज की परिस्थिति हमारे सामने है। यहाँ मैं जिंस और हिंसा के आपसी सम्बन्धों के विषय में नहीं उलझना चाहता क्योंकि यह काम मनोविज्ञान के विशेषज्ञों का है, लेकिन साहित्य के एक आम पाठक की हैसियत से हम यह जानते हैं कि रचनाकार का काम ना तो स्वभावों को कुचलना है, ना किसी ऐसी भावना की अभिव्यक्ति पर रोक लगाना जो उसके अनुभव में शामिल हो और जिसकी बुनियाद पर वह किसी कलाकृति के सृजन का दबाव महसूस कर रहा हो।

फिर मण्टो ने कहानी में ना तो आपबीती बयान की है, ना उसने अपने सृजनात्मक जीवन का उद्देश्य यौन या अश्लीलता के किसी विचार के प्रकाशन को ही माना था। वह तो इस ख़ुशगुमानी में भी जकड़ा नज़र नहीं आता जो इस समुदाय के कुछ लिखने वालों के यहाँ अपने आप पैदा हो जाती है, यानी उसकी यह विवशता भी नहीं है कि वह हेनरी मिलर की तरह समाजी बन्धन से निजात या हवास की आज़ादी का कोई घोषणा-पत्र तैयार करे। उसे यह एहसास ज़रूर था कि वह झूठ बोलने के हुनर से अनभिज्ञ है लेकिन उसने उस झूठ को कभी भी स्वीकार नहीं किया जो रचनात्मक यथार्थवाद के ख़मीर का लाज़मी हिस्सा होता है। 'गंजे फ़रिश्ते' के अन्त में उसने लिखा था कि मेरे इस्लाहख़ाने[१] में कोई शाना[२] नहीं, कोई शैम्पू नहीं, कोई घूँघर पैदा करने वाली मशीन नहीं। मैं बनाओ-सिंगार करना नहीं जानता...इस किताब में जो फ़रिश्ता भी आया है उसका मुंडन हुआ है और ये रस्म मैंने बड़े सलीक़े से अदा की है। दिलचस्प बात यह है कि मण्टो ने इस रस्म अदायगी में ख़ुद अपनी हस्ती को भी नज़रन्दाज़ नहीं किया है और बारह गंजे फ़रिश्तों के साथ इसमें एक और गंजा फ़रिश्ता वह ख़ुद है। वो ना दूसरों से झूठ बोल सकता था, ना अपने आप से, इसलिए अपनी कहानियों में भी उसने झूठ को सिर्फ़ इस हद तक

१. सौन्दर्यकक्ष २. कँघा

रवा रखा है जिसका बार ये कहानियाँ उठा सकें।

त्रासदी यह है कि इनसान सबसे ज़्यादा झूठ का आदी यौन-सम्बन्धी मामलों के बयान में होता है। हेनरी मिलर के एक आलोचक ने कहा था कि उस पर क़ानूनी प्रतिबन्ध इसलिए लागू हुआ कि उसके विरोधी उसकी बातों में यक़ीन भी रखते थे और यह जानते थे वह सच कह रहा है। मण्टो के साथ भी मामला लगभग इसी तरह का रहा है। उसके सबसे कट्टर समीक्षक ने भी अब तक यह कहने की गुस्ताख़ी नहीं की है कि मण्टो का विचार मानवीय अनुभवों की जिन दुनियाओं का यात्री है, वे केवल काल्पनिक या एक विकृत मस्तिष्क की उपज हैं। मण्टो अनुभूति के सबसे हल्के कम्पन को कुछ शब्दों में क़ैद करने की आश्चर्यजनक क्षमता रखता था, इसलिए हर सच्चाई उसके अनुभव की गिरफ़्त में आने के बाद अपने प्रभाव की सभी दिशाओं की रक्षा करती है। उसकी कहानी अपने विस्तृत वर्णन के बजाय अपने व्यापक प्रभाव, बल्कि इस प्रभाव के संकेन्द्रण बिन्दु के माध्यम से पाठक के हवास पर उतरती है, इसलिए मण्टो को हम इस क़िस्म का दिलचस्प लिखने वाला नहीं कह सकते जिसकी मिसाल हेनरी मिलर है। हेनरी मिलर के बयान में बनावट का तत्त्व इस हद तक हावी है कि कभी-कभी ज़हन उसके तजुर्बे के बजाय तजुर्बे की मैकेनिकी तरतीब और उसकी भाषाई आकृति के ख़मो-पेच में उलझ जाता है, हालाँकि, मिलर अपने विचार में हमेशा इस फ़रेब में फँसा रहा कि पारम्परिक अर्थों में वह साहित्यकार नहीं है और उसका असल कारनामा साहित्य और ज़िन्दगी से सम्बन्धित अन्य प्रचलित मूल्यों के ख़िलाफ़ एक वैचारिक और भावनात्मक विद्रोह है। उसने अपनी किताबों को ईश्वर, नियति, वक़्त, इश्क़, हुस्न और फ़न, इन सबके लिए एक लांछन, एक बेइज़्ज़ती, एक भद्दी गाली और घृणा की एक ठोकर से समझाया था। इस विचार शैली के परिणाम अन्ततः मिलर की नैतिकता ही से जा मिलते हैं। मण्टो ने अपनी कहानियों में बयान की जो शैली अपनायी है उसे भी हम एक क़िस्म के नैतिक चयन का फल कह सकते हैं, ख़ास तौर पर इसलिए भी कि मण्टो का खुली-डली शेली उस्लूब उसकी ख़तरनाक हद तक बेहिजाब और खुले-डले व्यक्तित्व ही का अक्स है। मण्टो ने जिन आधारों पर अपने व्यक्तित्व की परवरिश की थी लगभग उन्हीं के मुताबिक़ अपनी सृजनात्मक अभिव्यक्ति की आकृतियों को निर्धारित भी किया। इस काम

में मण्टो की अपनी हस्ती के साथ-साथ उसके समय का बदलता हुआ वैचारिक वातावरण भी बराबर का शरीक है। मण्टो ने सिर्फ़ अपने मुल्क, अपनी क़ौम, अपनी धार्मिक और सामाजिक आस्थाओं या साम्प्रदायिक पूर्वग्रहों को अपने सृजनात्मक बोध की पृष्ठभूमि नहीं बनाया। वह ज़माने के एक परिवर्तनशील और गतिमान और मौजूद दायरे की रौशनी में अपने विवेक को सँवारने का सामान इकट्ठा करता है। इसलिए मण्टो को सिर्फ़ उसकी अपनी साहित्यिक, धार्मिक या सांस्कृतिक परम्पराओं के पैमाने पर जाँचने के परिणामों का ग़लत और ख़राब ठहरना स्वाभाविक था।

६

पाकिस्तान के मुरव्वजा[१] अख़्लाक़ी मेयार[२], क़ुरान पाक की तालीम के हवाले से बहुत सहीह तौर पर मालूम हो सकते हैं। कहा जा सकता है कि ग़ैर-शाइस्तगी[३], शहवानियत[४], नफ़्सपरस्ती[५] और सूक़ियानापन[६] ज़िन्दगी में मौजूद है। अगर अदबी मज़ाक़[७] के इस मेयार को तस्लीम कर लिया जाये जिसे सफ़ाई के गवाहों ने बयान किया है तो ज़िन्दगी के पहलुओं का हक़ीक़त निगाराना इज़हार अच्छा अदब हो सकता है, लेकिन फिर भी यह हमारे मुआशरे के अख़्लाक़ी मेयार की ख़िलाफ़ वर्ज़ी करेगा।

कहानी बा उन्वान 'ठण्डा गोश्त' को ग़ौर से पढ़ने के बाद मुझे इत्मीनान हो गया है कि उसमें क़ारईन का अख़्लाक़ी मेयार बिगाड़ने का मैलान[८] मौजूद है और ये हमारे मुल्क के मुरव्वजा अख़्लाक़ी मेयारों की ख़िलाफ़ वर्ज़ी करती है। इसलिए मैं मुल्ज़िम सआदत हसन मण्टो को एक फ़हश तहरीर पेश करने का ज़िम्मेदार ठहराता हूँ और उसे ज़ेरे दफ़ा २९२ पी. सी. तीन माह क़ैदे बामशक़्क़त और तीन सौ रुपये जुर्माने की सज़ा देता हूँ। अदम अदायगी जुर्माने की सूरत में इसको मज़ीद इक्कीस यौम की सज़ा भुगतनी पड़ेगी।

ए.एम. सईद
मैजिस्ट्रेट दर्जा अव्वल
लाहौर

---

१. प्रचिलित २. नैतिक पैमाने ३. अशिष्टता ४. काम वासना ५. काम लोलुपता ६. निकृष्टता ७. साहित्यिक रुचि ८. रुझान

यह उद्धरण 'ठण्डा गोश्त' पर मुक़द्दमे के फ़ैसले से लिया गया है और इस पर १६ जनवरी, १९५० की तारीख़ अंकित है। यह तारीख़ १६ जनवरी, १९८० भी हो सकती थी (और सज़ा में सौ कोड़ों की बढ़ोतरी भी हो सकती थी)। साहित्य में अश्लील विचार की तरफ़ सिर्फ़ आम सांस्कृतिक और वैचारिक सतह पर रवैयों की तब्दीली काफ़ी नहीं, जब तक कि क़ानून की धाराओं पर ज़िन्दगी के तौर-तरीक़ों और मूल्यों में ज़माने के साथ-साथ प्रकट होने वाले परिवर्तनों ने सीधे तौर पर असर नहीं डाला हो। यह बात अनहोनी नहीं है मगर सिर्फ़ उन समाजों के लिए, जिनकी सामूहिक अन्तर्दृष्टि परिवर्तनों की प्रक्रिया से गुज़रने का गुण रखती है और मानवीय अनुभवों की किसी निश्चित आकृति को हर ज़माने के लिए एक समान और परिवर्तनों के दायरे से परे नहीं समझती। इसलिए दुनिया के अधिकांश देश जिनका सामाजिक तन्त्र प्रगतिशील रहा है, फ़ितरत के इस आम उसूल को मानते आये हैं कि ज़िन्दगी की ऊपरी दिशा और गति का प्रभाव समाज के आन्तरिक तन्त्र पर भी पड़ता है और हर ज़माना अपने मूल्यों और विचारों का ढाँचा अपनी मानसिक स्थिति, उस स्थिति से पैदा होने वाले दबाव और उस दबाव के साये में उठने वाले नैतिक स्वभाव के अनुसार तैयार करता है। लेकिन कभी-कभी ऐसा भी होता है कि ज़माना आगे बढ़ता जाता है मगर क़ौमी और मुल्की क़ानूनों की सतह में कम्पन के आसार बिल्कुल ग़ायब होते हैं। मण्टो को अपनी रचनाओं के सिलसिले में पाकिस्तान के मौजूदा क़ानूनों और नैतिक बन्धनों की रौशनी में नियति की कैसी की आज़माइशों से गुज़रना पड़ता, यह सोचकर आज हम काँप-काँप जाते हैं।

एक ज़माने में वॉल्ट व्हिटमन को अपने समय के सबसे अश्लील दरिन्दे का लक़ब दिया गया था। अर्सा हुआ मण्टो का ज़िक्र करते हुए एक प्रगतिशील आलोचक ने कहा था कि, "मण्टो जैसे ग़लाज़त निगार अख़्लाक़ी[1] गोर्की के रूस में भी पैदा हुए थे।" लेकिन आज, शायद दोस्तोएवस्की को ही रूसी साहित्य को सबसे अधिक गौरवान्वित करने वाली पूँजी के तौर पर याद किया जाता है। और ख़ुद प्रगतिशील आलोचना ने मण्टो से हार मान ली है। कुछ समय पहले तक अमेरिका के कुछ पुस्तकालयों में जॉयस की किताब 'अ पोर्ट्रेट ऑफ़ दि आर्टिस्ट एज़ अ यंग मैन' उस कमरे में ताला-बन्द रखी जाती थी जहाँ ख़तरनाक क़िस्म की सामग्री ढेर कर दी

१. गन्दगी लिखने वाला

जाती थी कि आम लोगों तक उसके कीटाणु नहीं पहुँच सकें। कहीं-कहीं इस रस्म का चलन भी था कि मशहूर चित्रकारों की बनायी हुई नग्न महिलाओं की तस्वीरों में अश्लील विचार जगाने वाली जगहों को काग़ज़ की कतरनों या पुस्तकालयों की मोहरों से छुपा दिया जाता था (जापानी क्योंकि एक मकसदपरस्त क़ौम हैं, यह रस्म अब तक निभाये जा रहे हैं, इस एहसास से बिल्कुल लापरवाह कि अश्लीलता छुपाने का यह तरीक़ा उसे और ज़्यादा स्पष्ट कर देता है)। साम्यवादी देशों में पूँजीपति देशों के लेखकों की ऐसी किताबें जिनसे साम्यवादी विचारों या उद्देश्यों पर चोट पड़ती है, अक्सर अश्लील क़रार दी जाती हैं।

मनोविज्ञान के एक गुणी का कहना है कि गम्भीर उद्देश्य रखने वाली मगर नैतिकता की डगर से हटी हुई किताबों को अश्लील कहने वाले अक्सर अधेड़ उम्र के ख़राब चाल-चलन वाले लोग होते हैं जिनके लिए अश्लील रचनायें यौन भावनाओं को उत्तेजित करने की सामग्री के समान होती हैं। इस दृष्टिकोण के उचित या अनुचित होने की बहस मनोलैंगिक विशेषज्ञों का मैदान है। तो भी गम्भीर साहित्य के बारे में यह ख़याल ग़लत नहीं कि अपनी नैतिक आवश्यकताओं की पूर्ति के लिए इस तरह की रचनाओं में अस्वीकृति का एक तत्त्व अनिवार्य है। इस अस्वीकृति की चोटें प्रचलित परम्पराओं, सर्वमान्य धारणाओं, मूल्यों, श्रद्धाओं, पूर्वग्रहों और आस्थाओं, इन सब पर पड़ती हैं।

मण्टो ने कहा था :

> अदब दर्जा-ए-हरारत[55] है अपने मुल्क का, अपनी क़ौम का...अदब अपने मुल्क, अपनी क़ौम की अलालत की ख़बर देता रहता है...पुरानी अलमारी के किसी ख़ाने में हाथ बढ़ाकर कोई गर्द-आलूद किताब उठाइये, बीते हुए ज़माने की नब्ज़ आपकी उँगलियों के नीचे धड़कने लगेगी।

इसी लेख (कसौटी) में उसने यह भी कहा था कि :

> ये ज़माना नये दौरों और नयी टीसों का ज़माना है। एक नया दौर पुराने दौर का पेट चीरकर पैदा किया जा रहा है। पुराना दौर मौत के सदमे से दो-चार है। नया दौर ज़िन्दगी की ख़ुशी से चिल्ला रहा है। दोनों के गले

55. तापमान

रुँधे पड़े हैं। दोनों की आँखें नमनाक हैं...इस नमी में अपने क़लम डोब कर लिखने वाले लिख रहे हैं।

साहित्य की सृजनात्मक कल्पनाओं पर न्योछावर (परिभाषा के अनुसार) समीक्षक पलटकर पूछ सकता है कि साहित्य आख़िर बीमारी ही की ख़बर क्यों देता है? सेहत की क्यों नहीं? आख़िर साहित्य के दस्तरख़्वान पर सेहत बढ़ाने वाली नेमतों की भी कमी नहीं है और अपनी उपयोगिता के हिसाब से नेमतें दवाओं की मिसाल हैं। मण्टो के लिए ऐसी दवाओं के इस्तेमाल का औचित्य एक तरह का नैतिक अपच दिलाता है। फिर उसने तो हमेशा इस बात पर ज़ोर दिया है कि साहित्यकार की हैसियत दवाख़ाने के प्रबन्ध और नियोजन से ऊपर है। ख़ुद को चिकित्सक समझने का मतलब साफ़ तौर पर यह है कि दूसरों को मरीज़ समझा जाय। मण्टो अपने समाज के रोगों का बोध तो रखता है मगर इस तरह कि ख़ुद अपनी हस्ती को भी इसके कष्टों से अलग रखकर। इसी के साथ-साथ वह यह भी जानता है कि एक साहित्यकार की हैसियत से समाज को उसकी बीमारियों का एहसास दिलाकर वह झिंझोड़ तो सकता है लेकिन इलाज के मामले में वह एक हक़ीक़त पैदा करने वाली बेबसी का शिकार भी है। समाज के प्रबन्धन और निर्माण और प्रगति की बागडोर जिन हाथों में है, वे उसके हाथों से ज़्यादा शक्तिशाली हैं। ऐसा नहीं होता तो हमारा समाज अपने दुखों के जंजाल से कब का आज़ाद हो चुका होता। उसे इन बीमारियों से नफ़रत है क्योंकि उनकी मौत से वह आम इनसानों की अपेक्षा बहुत ज़्यादा वाक़िफ़ है। उसका इनसानी वजूद की विभिन्न सतहों और दिशाओं का विवेक भी आम इनसानों की अपेक्षा ज़्यादा गहरा और जुड़ा हुआ है। इसीलिए बुरे से बुरे इनसान की तरफ़ भी उसका रवैया बराबरी का है और वह इस बात से दुखी है कि उसके समाज ने दुखों का जो बोझ उठा रखा है, उससे ख़ुद उसके कंधे दबे जा रहे हैं। सो मण्टो का सृजनात्मक चरित्र अपनी दुर्गति के एहसास से उभरा है। उसने अँधेरे को अँधेरे के तौर पर देखा और उस ग़िलाफ़ से कुछ चिंगारियाँ ढूँढ़ निकालीं जो अँधेरे के अस्तित्व को झुठलाए बग़ैर रौशनी की तलाश का पता देती हैं। मण्टो के समाज की नैतिक बुनियादें अभी इतनी मज़बूत नहीं थीं कि उन हक़ीक़तों की बात भी ला सकतीं जो आनन्ददायी नहीं हैं। फिर एक क़िस्सा यह भी था कि उस समय जब लोगों ने उम्मीद को एक पेशे के

रूप में अपनाया हुआ था, मण्टो ने अपने प्रगतिशील समकालीनों की तरह इनसान की महिमा और उम्मीद के राग क्यों नहीं अलापे? उसने सिर्फ़ सच्चाई के महत्त्व को अपना उद्देश्य माना और उन कष्टों को एक मूल्य जाना जिनकी कोंपलें सच्चाई की शाख़ से फूटती हैं।

'ज़हमते महरे दरख़्शाँ' में मण्टो ने विश्व-साहित्य के कई सन्दर्भों से अपने मुक़द्दमों की पुष्टि के लिए कुछ बिन्दु लिये हैं। 'मादाम बोवारी' पर अश्लीलता के मुक़द्दमे का ज़िक्र करते हुए उसने वकीले सफ़ाई की बहस का निम्नलिखित उद्धरण भी नक़ल किया है :

> हज़रत! ये किताब जो बक़ौल वकीले इस्तग़ासा[१] शहवानी जज़्बात को भड़काती है, गुस्ताव फ़्लोबेर के वसीअ मुताले और ग़ौरो-फ़िक्र का नतीजा है। उसने अपनी तवज्जो मतीन फ़ितरत की वुसातत से ऐसे ही मतीन और मलूल[२] मज़ामीन की तरफ़ मुनअतिफ़[३] की है। वो ऐसा आदमी नहीं है जिसके ख़िलाफ़ वकीले इस्तग़ासा ने हैजानख़ेज़ तस्वीरों की नक़्क़ाशी के इल्ज़ाम में जगह-जगह अपनी तक़रीरों में ज़हर उगला है। मैं फिर दोहराता हूँ कि फ़्लोबेर की फ़ितरत में बइन्तिहा संगीनी, शदीद संजीदगी और बेपनाह मलाल भरा पड़ा है।

मण्टो ने इस उद्धरण के साथ यह दावा नहीं किया कि वह ख़ुद फ़्लोबेर के दर्जे का साहित्यकार है। उसके यहाँ थोड़ी निचली सतह पर ही, मगर शब्दों की वही किफ़ायत, भावनाओं का वही संगठन, और उनके विस्तृत वर्णन में वही ज़मीनी जुड़ाव और दृष्टिकोण की अभिव्यक्ति में वही वस्तुनिष्ठता मिलती है जिससे फ़्लोबेर की रचनायें पहचानी जाती हैं। मण्टो ने बस रवैये की समानता पर ज़ोर दिया है, उन शब्दों में कि 'ठण्डा गोश्त' में फ़्लोबेर के स्वभाव की अत्यन्त कठोरता और घोर गंभीरता शायद नहीं हो लेकिन इससे अस्वीकार नहीं हुआ जा सकता कि यह बेपनाह मलाल से भरा पड़ा है। इस दुख का इज़हार ईशर सिंह के पात्र की स्वाभाविक दर्दमन्दी से भी होता है और कहानी के अन्त से फूट निकलने वाले भाव से भी। इससे पहले ईशर सिंह और कुलवन्त कौर की आपसी छेड़-छाड़ और मामलाबन्दी[४] का जो दृश्य मण्टो ने पेश किया है वह अपने खुलेपन की वजह से अन्तर्विरोध का वातावरण बनाता है, इसलिए दुख का प्रभाव

१. अभियोग २. दुख पैदा करने वाले ३. आकर्षित ४. प्रेमी-प्रेमिका के सम्बन्धों को इस प्रकार बाँधना कि उनका नैसर्गिक चित्र आँखों के सामने आ जाये

किसी भावनात्मक अतिशयोक्ति के बिना ही घटना की सतह से अपने आप प्रकट होता है।

मण्टो के 'अश्लील लेखन' को इस सन्दर्भ में देखा जाये तो वह एक क़िस्म की कलात्मक आवश्यकता बन जाती है और उसका अर्थ वह कुछ नहीं रह जाता जिस पर उससे हिसाब करने के इच्छुक या आपत्तिकर्ताओं ने अपनी नैतिकता के मिसरे लगाये हैं। जैसा कि ऊपर अर्ज़ किया गया है, मण्टो की शैली में फ़्लोबेर की सी सुरुचि और नर्मी तो नहीं है, फिर भी उसका रवैया कारोबारी दिमाग़ रखने वाले अश्लील लेखकों से बिल्कुल अलग है। वह अपनी शोख़ बयानी से पाठक की काम-वासना को हवा नहीं देता, या फूहड़पन के बाज़ार में भोग-विलास के माध्यम दिलाने वाली भाषाई तस्वीरों के ढेर सजाता है। कम पढ़े-लिखे पाठक अगर इससे ग़लत परिणाम ग्रहण करते हैं तो उसका कारण उनकी अपनी कमज़ोरियों के अलावा दोष उनकी समझ का भी है। मण्टो की शैली के खुरदुरेपन से झलकने वाला विनोदी प्रभाव भी पाठक की ग़लतफ़हमियों को शक्ति प्रदान करता है। मण्टो की शैली उसके पात्रों की तरह अपनी आन्तरिक कोमलता बाहरी सतह की कठोरता के नीचे छुपाये रखती है। आम पढ़ने वाले की नज़र परिदृश्य में उलझकर रह जाती है, इसलिए उनके पर्दे में छुपी सच्चाई तक पहुँचना सम्भव नहीं होता। लॉरेंस ने 'लेडी चैटरलीज़ लवर' का बचाव करते हुए कहा था कि :

> सभी आक्रामकता के बावजूद मैं इस उपन्यास को एक ईमानदार और सेहतमन्द किताब कहता हूँ जो आज के समाज के लिए ज़रूरी है। वे शब्द जो शुरू-शुरू में पढ़ने वाले को इस दर्जा चौंकाते हैं, कुछ पलों बाद उस ख़ूबी से वंचित दिखायी देते हैं। वजह यह है कि उन शब्दों ने सिर्फ़ आँखों को चौंकाया था, ज़हन को नहीं। विवेकशील लोग यह जानते हैं कि इन शब्दों ने उन्हें चौंकाया नहीं था। इसके विपरीत उन्हें एक तरह के सुकून का एहसास होता है।

मण्टो का ढंग पढ़ने वाले को आश्चर्य और उत्तेजना दोनों का अनुभव देता है मगर उसके कारणों का सम्बन्ध कहानियों के ऊपरी रूप से ज़्यादा घटनाओं की अनोखी परवरिश और उनके अनपेक्षित अन्त से है। फिर लॉरेंस की अपेक्षा मण्टो पढ़ने वाले को भावनाओं की शुद्धि का हुनर नहीं बताता बल्कि उसे वैचारिक और संवेदनशील बेचैनी की एक चिरस्थायी

और जटिल दशा से दो-चार करता है। यह अवस्था साहित्य के गम्भीर पाठक के लिए जान को पिघला देने वाली एक विशाल खोज का फल होती है, और आम लोगों के लिए सिर्फ़ घबराहट और सच्चाई को हलक़ से नीचे ना उतार सकने की कोफ़्त का सामान। अस्करी ने इस समूह के पढ़ने वालों के ऊपर एक सवालिया निशान लगाया है :

> अगर हमें झिंझोड़कर जगाने के बाद मण्टो ने हमें इनसानी फ़ितरत और इनसानी मुआशिरे का कोई तमाशा नहीं दिखाया, अगर उसने हमारे अन्दर ज़िन्दगी का कोई नया शऊर पैदा नहीं किया तो फिर हम उसे गालियाँ देने में हक़ बजानिब होंगे कि उसने हमें चैन से सोने भी ना दिया। जो लोग किसी क़ीमत पर जागना ही नहीं चाहते उन्हें तो उनके हाल पर छोड़िये, लेकिन क्या आप 'नया क़ानून', 'हतक' या 'बाबू गोपीनाथ' जैसे अफ़साने पढ़कर दियानतदारी के साथ कह सकते हैं कि मण्टो ने हमें चौंका कर मुफ़्त में हमारी नींद ख़राब की...

यह एक बहुत ही कठिन प्रश्न है, विशेषकर उन लोगों के लिए जो और थका देने वाले स्वभाव को पात्र की मज़बूती समझते हैं। और हममें से अक्सर लोगों के स्वभाव का तौर यही होता है। सच्चाई की ग़लत या सही, जैसी भी कल्पना हम एक बार मन में बना लेते हैं, उसे आसानी से बदलने पर तैयार नहीं होते। और मण्टो का तो मशग़ला ही यही था। उसके एहसास की ज़मीन को स्पर्श करने के बाद सच्चाइयाँ भी परिवर्तित होती हैं और उनको देखने और समझने के कोने भी। लेकिन समाजी क़ानूनों की परवरिश जिन सच्चाइयों की ख़ुराक पर होती है, उनका आबो-रंग लगभग हमेशा एक समान रहता है। ये सच्चाइयाँ बरसों की आज़माई हुई होती हैं, प्रचलित विचारों और कल्पनाओं की पाली हुईं। उनका सम्बन्ध ज़माने के उस क्षेत्र से होता है जो अतीत है, यानी जीवित अनुभवों की चोट से बिल्कुल सुरक्षित और बदलती हुई सच्चाइयों के हस्तक्षेप से बिल्कुल अछूता। पलायन के कष्ट सिर्फ़ वर्तमान उठाता है, इसलिए उसकी बिसात पर हर क्षण सच्चाइयाँ बनती और बिगड़ती रहती हैं। 'ऊपर नीचे और दरमियां' के मुक़द्दमे का फ़ैसला करने वाले मैजिस्ट्रेट ने कहा था :

> क़ानून यह नहीं चाहता कि साहित्य अपने तक़ाज़ों को या मक़ासिद को पूरा नहीं करे। क़ानून यही चाहता है कि उन मक़ासिद को इनसान के लिए मुफ़ीद होना चाहिए। अगर मक़सद मुफ़ीद ना हो, यानी ख़ाली

शहवानी जज़्बात को बर अंगेख़्ता[१] करना मक़सूद तो ना हो मगर मौज़ू और अल्फ़ाज़ ऐसे हों जिनसे कमज़ोर मरीज़ या नापुख़्ता ज़हन शहवानी लज़्ज़तकशी में मुब्तला हो जायें तो क़ानून उस इबारत को ग़ैर-मुफ़ीद और फ़हश क़रार देता है।

यह लतीफ़ा भी 'शेरे मरा बा मदरसा के बुर्द'[२] के मुताबिक़ है। क़ानून की नज़र में साहित्य का अनुपयोगी होना और अश्लील लेखन एक-दूसरे के पर्याय हैं। साम्यवादी क़ानूनों की नज़र में हर वह रचना अश्लील है जो साम्यवादी समाजों के उद्देश्यों से असंगत हो। कैथोलिक हुकूमतों ने उन किताबों और लेखकों को अश्लील जाना जो गिरजाघर के लागू किये गये नैतिक पैमानों और प्रणालियों के विरोधी पाये गये हों। बोदलैर उन्नीसवीं सदी के फ्रांस के लिए अश्लील है, लेकिन बीसवीं सदी तक आते-आते वह मानवीय अनुभव की दूरवर्ती सरहदों का मुख़बिर बन गया। दृष्टिकोण, नैतिकता और सामाजिक संशयों की राजनीति जब सौन्दर्य-सम्बन्धी भूलभुलैया में क़दम रखती है तो उससे ऐसी ही हास्यास्पद स्थितियाँ उत्पन्न होती हैं। मण्टो ने 'पस मंज़र' में इसी रवैये को व्यंग्य का निशाना बनाया है :

ये जितने अदीब और शायर बने फिरते हैं, अब उनको चाहिए कि होश में आयें और कोई शरीफ़ाना पेशा इख़्तियार करें।

लीडर बन जायें...

सिर्फ़ मुस्लिम लीग के?

जी हाँ! मेरा मतलब यही था, किसी और लीग का लीडर बनना फ़हश है।

बेहद फ़हश...

यह साहित्य के मामले में रवैये की अश्लीलता का एक और नमूना है। इनसानी समाज की रंगा-रंगी के लिए मूर्खों का अस्तित्व अनिवार्य सही, मगर यह लतीफ़ा मुसीबत उस वक़्त बन जाता है जब गम्भीर विषयों पर अपने विचार रखने और फ़ैसले के अधिकारों की बागडोर भी उनके हाथों में आ जाती है। यह सही है कि नियम-क़ानूनों का निर्माण आम इनसानों के कामों और प्रतिक्रियाओं की बुनियादों पर होता है लेकिन साहित्य या

---

60. उभारना 61. हमारी शायरी को मदरसे वाला नहीं समझ पायेगा

ललित कलाओं से सम्बन्धित विषय हमेशा जन-साधारण के विषय नहीं हैं। ये विषय अपने अर्थ समझने के लिए कुछ ख़ास शर्तें तय करते हैं और पाठक से विवेक की एक अलग सतह के इच्छुक होते हैं। मगर इनसानी समाज और उससे सम्बन्धित क़ानूनों की बनावट जिन आधारों पर हुई है, उनको निर्धारित करने में आम इनसानों का हस्तक्षेप इस हद तक रहा है कि इनसानी हवास के हल्के से हल्के कम्पन की दुनिया भी उनके स्वामित्व से आज़ाद नहीं रह सकी है। 'यूलिसिस' के मुक़द्दमे के फ़ैसले में ये शब्द शामिल थे :

> एक ख़ास किताब ऐसे (शहवनी) जज़्बात और ख़यालात पैदा कर सकती है या नहीं, इसका फ़ैसला अदालत की राय में ये देखकर होगा कि औसत दर्जे की जिंसी जिबिल्लतें रखने वाले आदमी पर इसका क्या असर होता है, ऐसे आदमी पर जिसे फ्रांसीसी 'मामूली क़िस्म की हिस्सियात रखने वाला इनसान' कहते हैं और जिसकी हैसियत क़ानूनी तफ़्तीश की इस शाख़ में एक फ़र्ज़ी आमिल[१] की होती है जैसे ख़फ़ीफ़ा[२] के मुक़द्दमों में 'समझ-बूझ वाले आदमी' की हैसियत होती है या रजिस्ट्रेशन के क़ानून में ईजाद के मसले के मुतअल्लिक़ 'फ़न के माहिर की'।

यानी किसी मशीन के काम को समझने के लिए तो हम उस काम के माहिर से मशविरा करने पर मजबूर होंगे मगर साहित्य के मामलों में हर ऐरे-ग़ैरे की राय अहम हो सकती है। उन ज़मानों में जब साहित्य और ललित कलाओं को एक आम सांस्कृतिक मूल्य की हैसियत हासिल थी और विशेषज्ञताओं के क़हर से समाज बचा हुआ था, इस विचारधारा का औचित्य समझा जा सकता है। मण्टो ने अपनी कहानियों की सामग्री जीवन-रूपी कोष और आम इनसानों के अनुभवों से ली थी मगर वे चरित्र जिनके माध्यम से उसने ज़िन्दगी को पिघला देने वाली सच्चाइयों का पता लगाया, उसके पाठक नहीं थे। मण्टो ने आग़ा हशर की तरह अपनी कृतियाँ ताँगे वालों को नहीं सुनायीं कि आम इनसानों की प्रतिक्रियाओं का अन्दाज़ा करके वह उनकी व्यावसायिक हैसियत निश्चित कर सके। वह तो उम्र भर इसी यक़ीन को सीने से लगाये रहा कि कहानियाँ लिखना

१. पदाधिकारी २. दीवानी न्यायालय, जिसमें छोटे केस सुरसुरी सुने जाते हैं, जिनकी अपील नहीं होती

उसके लिए सिर्फ़ पेशा नहीं एक आन्तरिक आवश्यकता का दबाव है। वह इसलिए लिखता है कि उसे कुछ कहना होता है। जीवन के अर्थ की खोज से पहले ज़रूरी है कि ख़ुद अपने रवैये के अर्थ निश्चित किये जायें। मण्टो इस फ़र्ज़ से कभी बेख़बर नहीं रहा, इसीलिए उसकी बुरे से बुरी कहानी भी हमारे लिए कुछ ना कुछ अर्थ ज़रूर रखती है। अश्लीलता की एक तारीफ़ यह भी है कि वह लिखने वाले और पढ़ने वाले दोनों को ख़ुदग़र्ज़ बनाती है। दोनों के उद्देश्य सरासर निजी, सतही और निश्चित होते हैं, मगर मण्टो ने अहंकार का मुखौटा पहनने के बाद भी अपनी सामाजिक प्रतिबद्धता को बनाये रखा। ऐसा नहीं होता तो मण्टो की रचनाओं के विरुद्ध साहित्यकार के सामाजिक सम्बन्ध और उसके समाजी किरदार पर ज़ोर देने वाले हल्क़ों की तरफ़ से इतनी गहरी प्रतिक्रिया नहीं होती। मण्टो ने सामाजिक प्रतिबद्धता के अर्थ ही बदल दिये, इसलिए अपने प्रगतिशील समकालीनों से मतभेद के बावजूद ख़ुद तरक़्क़ीपसन्द आलोचक भी मण्टो पर ना तो सामाजिक विवेक से मुक्त होने का लांछन लगा सकते हैं ना उसे मीराजी की क़िस्म के साहित्यकारों की क़तार में खड़ा किया जा सकता है। उसने कहा था, "हम लिखने वाले पैग़म्बर नहीं। हम एक ही चीज़ को एक ही मसले को मुख़्तलिफ़ हालात में मुख़्तलिफ़ ज़ावियों से देखते हैं और जो कुछ हमारी समझ में आता है, दुनिया के सामने पेश कर देते हैं और दुनिया को कभी मजबूर नहीं करते कि वो उसे क़ुबूल भी करे।" यह तो मण्टो का अपना दृष्टिकोण था जिसमें विनय भी है और साहित्य की हैसियत का ज्ञान भी। उसने अपनी तरफ़ से कोई बन्धन अपने समाज या अपने पाठक पर लागू नहीं किया। लेकिन मुश्किल यह थी कि मण्टो की कल्पना की उर्वरता ने जिन सच्चाइयों के निशान ढूँढ़ निकाले थे ख़ुद उनकी हैसियत एक ऐसे चिरस्थायी बन्धन की थी जो ज़िन्दगी की बनावट में शामिल है और जिसके कष्ट उठाने की क्षमता हर एक में नहीं थी। आम इनसानों की तरह ज़्यादातर सामाजिक नियम कट्टर भी होते हैं और उनके रक्षक अपनी अक्षमता को भी स्वीकार नहीं करते। मण्टो ने उनसे ऐसी कोई मांग भी नहीं की। ऐसी सूरत में उचित तो यही था कि वे मण्टो को भी अपने मूल्यांकन और आवश्यकताओं से आज़ाद कर देते, यह सोचकर कि दुनिया की हर चीज़ हर व्यक्ति के लिए नहीं होती। मगर उसे एक आम इनसान की हैसियत से मण्टो की ख़ुशनसीबी समझा जाये या बदनसीबी कि एक साहित्यकार की तरह उसे नज़रअन्दाज़ करना सम्भव

ही नहीं था, सो यह उथल-पुथल उसे भुगतनी ही पड़ी। मण्टो की हैसियत इसीलिए उर्दू साहित्य के इतिहास में अनुभूति और विचार की एक शैली की भी है और एक हंगामा पैदा करने वाले संयोग की भी।

७

> अपने अफ़सानों के सिलसिले में मुझ पर चार मुक़द्दमे चल चुके हैं, पाँचवाँ अब चला है जिसकी रूदाद[१] मैं बयान करना चाहता हूँ।
>
> पहले चार अफ़साने जिन पर मुक़द्दमा चला, उनके नाम हस्बे ज़ैल[२] हैं : 'काली सलवार', 'धुआँ', 'बू', 'ठण्डा गोश्त' और अब पाँचवाँ 'ऊपर, नीचे और दर्मियाँ'।
>
> पहले तीन अफ़सानों में तो मेरी ख़लासी हो गयी, 'काली सलवार' के सिलसिले में मुझे दिल्ली से दो-तीन बार लाहौर आना पड़ा। 'धुआँ' और 'बू' ने मुझे बहुत तंग किया, इसलिए कि मुझे बम्बई से लाहौर आना पड़ता था, लेकिन 'ठण्डा गोश्त' का मुक़द्दमा सबसे बाज़ी ले गया। उसने मेरा भरकस निकाल दिया। ये मुक़द्दमा गो यहाँ पाकिस्तान में हुआ, अदालतों के चक्कर कुछ ऐसे थे जो मुझ ऐसा हस्सास[३] आदमी बर्दाश्त नहीं कर सकता कि अदालत एक ऐसी जगह है जहाँ हर तौहीन बर्दाश्त करनी ही पड़ती थी।
>
> ख़ुदा करे, किसी को जिसका नाम अदालत है, से वास्ता ना पड़े। ऐसी अजीब जगह मैंने कहीं भी नहीं देखी। पुलिसवालों से मुझे नफ़रत है। इन लोगों ने मेरे साथ हमेशा ऐसा सलूक किया है जो घटिया क़िस्म के अख़्लाक़ी मुलज़िमों से किया जाता है।

प्रतिबन्ध और सेंसरशिप की सीमाओं पर अपने विचार रखते हुए संयुक्त राज्य अमेरिका के सर्वोच्च न्यायालय के न्यायमूर्ति ब्रेननन[iv] ने कहा था कि किसी लेखक पर अश्लीलता का अपराध मढ़ने से पहले कम से कम तीन बातों की पुष्टि होनी चाहिए। पहली तो यह कि सम्बन्धित रचना का बुनियादी असर व्यापक तौर पर लैंगिक घटनाओं में एक फूहड़पन बढ़ावा

---

१. वृत्तांत २. निम्नलिखित ३. संवेदनशील

देता है। दूसरा, कि इस लिखाई का उद्‌देश्य समकालीन सामाजिक रीतियों और बन्धनों को जानबूझकर क्षति पहुँचाना है, और तीसरा यह कि लेखक ने अपनी रचना में जो सामग्री पेश की है उसका सामाजिक मूल्य कुछ भी नहीं है।

इस विचारधारा से अन्दाज़ा होता है कि हमारे ज़माने तक आते-आते साहित्य में अश्लील विचारों के विस्तार का एहसास सिर्फ़ रचनाकारों या साहित्य से कामकाजी सम्बन्ध रखने वालों तक सीमित नहीं बचा था। उसके सामाजिक, सांस्कृतिक, मनोवैज्ञानिक और ऐतिहासिक कारणों का क़िस्सा बहुत लम्बा है। बहरहाल, संक्षेप में यहाँ इस बात की तरफ़ इशारा ज़रूरी है कि साहित्य की समझ और रचना दोनों ही की तरफ़ हमारे ज़माने के आम दृष्टिकोण में, बहुत धुन्धला और ख़ामोश सही, मगर कुछ ना कुछ परिवर्तन ज़रूर आया है। इसका एक कारण तो यह है कि अब साहित्य संसार भी विशिष्टीकरण के दायरे में सिमटता जा रहा है। फिर, हमारे समाज में रचनाकार अब पहले जैसी ख़तरनाक हैसियत रखने वाला शहरी नहीं है। समाज के प्रबन्धन और उसको बनाने और सँवारने के अधिकार अब जिस क़िस्म के लोगों के नाम लगभग सुरक्षित हो चुके हैं, वे साहित्यकार को समाजी सतह पर अपना प्रतिद्वन्द्वी नहीं समझते। अब 'फ़ैनी हिल' जैसी किताबें खुले आम छपती और बिकती हैं और 'फ्रैंक हैरिस' या 'हेनरी मिलर' जैसे लिखने वालों को सामाजिक इकाइयाँ डर और घृणा की दृष्टि से नहीं देखत। आम लोगों की दृष्टि में साहित्यकार एक हानिहीन प्राणी है और बस इसीलिए अवामी सतह पर किसी साहित्यिक रचना पर प्रतिक्रिया व्यक्त होती ही नहीं और अगर होती भी है तो उसके परिणाम दूरगामी नहीं होते।

अधिकांश पश्चिमी देशों में उदार विचारधारा की इस परम्परा का सिलसिला बहुत पहले शुरू हो चुका था। लेकिन साम्यवादी समाजों या ऐसे देश जहाँ व्यक्तिगत सत्ता की रस्म अब तक चली आ रही है, इस क़िस्म के खुले विचारों को अब भी अपनाने के लिए तैयार नज़र नहीं आते हैं। इसका कारण बहुत साफ़ है। सत्ता चाहे निजी हो या उसकी बागडोर किसी विशेष दृष्टिकोण, राजनैतिक विचारधारा और धार्मिक उपदेशकों के हाथ में हो, हर उस सच्चाई को शंका और भय की निगाह से देखती है जिससे उसकी अपनी बुनियादों पर चोट पड़ती है। या अगर सीधे तौर पर चोट

नहीं भी पड़ती तो कम से कम जिससे सत्तारूढ़ लोगों के अपने क़ौमी, साम्प्रदायिक, राजनैतिक और सामाजिक पूर्वग्रहों की पुष्टि नहीं होती हो। ऐसे समाजों की नैतिक बिसात इतनी सीमित और विवेक की नींव इस दर्जा कमज़ोर होती है कि विरोध की मामूली सी लहर भी उन्हें अपने लिए एक ख़तरा दिखायी देती है। इस परिस्थिति के तमाशे व्यक्तिगत या किसी विशेष दृष्टिकोण की सत्ता के अन्तर्गत समाजों में लगभग हर दिन दिखायी देते हैं। ऐसे समाजों में प्रतिबन्ध के नियमों और प्रणालियों का निर्धारण, जितनी ख़राब और कमज़ोर धारणाओं की बुनियाद पर होता है उनकी कल्पना भी सभ्य दुनिया के लिए एक अच्छा उदाहरण है। मण्टो पर क़ानून की जिस धारा के अन्तर्गत मुक़द्दमे चलाए गये उसका विस्तृत वर्णन ख़ुद मण्टो ने 'ज़हमते महरे दरख़्शाँ' में किया है :

> फ़हाशी की जाँच का मेयार वहाँ ये मुक़र्रर किया गया है कि आया[१] फ़हाशी के तहत इल्ज़ामज़दा मज़्मून में उन लोगों के अख़्लाक़ बिगाड़ने और उनको बुरी तरग़ीब[२] देने का मैलान है जिनके ज़हन ऐसे ग़ैर-अख़्लाक़ी असरात क़ुबूल करने के लिए तैयार हैं, और जिनके हाथों में इस क़िस्म की अख़्लाक़ी के लिए ज़रर्रसाँ[३] तस्नीफ़[४] है, अन्दाज़ा किया जाये, उनके ज़हन में बदचलनी और बदकारी का असर पैदा करेगी। (अगर ऐसा है) तो ये एक फ़हश इशाअत होगी। क़ानून का मंशा है कि इसकी (फ़रोख़्त) को रोका जाये। अगर कोई तहरीर हक़ीक़तन किसी एक भी जिंस के नौजवान या ज़्यादा उम्र के लोगों के अज़हान[५] को इन्तिहाई गन्दे और शहवत परस्ताना क़िस्म के ख़यालात सुझाये तो उसकी इशाअत ख़िलाफ़े क़ानून है, ख़्वाह मुल्ज़िम के पेशे नज़र कोई दर पर्दा मक़्सद ही क्यों ना हो जो मासूम हत्ता कि[६] क़ाबिले तारीफ़ हो। कोई चीज़ जो शहवानी जज़्बात को मुश्तइल[७] करे, फ़हश है।

यानी इस मामले में क़ानून ने अगर-मगर की गुंजाइश भी नहीं छोड़ी। ऐसा लगता है कि यह क़ानून नहीं बल्कि वहशत के दौर के किसी क़बाइली सरदार का फ़रमाननामा है। हो सकता है कि मण्टो को आज भी अपने प्रारूपिक समाजी माहौल में इसी सतह के अनुभव से दो-चार होना पड़ता, लेकिन यह तय है कि समाज की ओर से इस तरह के नियमों को आज पहली जैसी छूट नहीं मिल सकती। राजनैतिक दृष्टिकोण या

१. क्या २. प्रेरणा ३. हानिकारक ४. रचना ५. ज़हनों ६. यहाँ तक कि ७. उत्तेजित

व्यक्तिगत सत्ता के अधीन देशों में प्रतिबन्ध के तन्त्रों के अत्याचार सिर्फ़ ऐसे रचनाकार ही नहीं सहते जो वर्तमान युग में जी रहे होते हैं, उसका शिकार बीते वक़्त की वह साहित्यिक पूँजी भी होती है जिसमें वर्तमान स्थिति से टकराव या उसकी अस्वीकृति के निशानों का सुराग़ मिलता है।

ऐसे देश जो किसी व्यक्तिगत या किसी सिक्काबन्द राजनैतिक व्यवस्था के अधीन नहीं हैं, वहाँ भी साहित्य पर प्रतिबन्ध की बुनियादें हास्यास्पद और अनुचित हैं, हालाँकि एक बदली हुई सतह पर दिलचस्प बात यह है कि प्रतिबन्ध ने क़ानून की हैसियत उस युग में अपनायी, जिसे समूचा पश्चिम 'तर्कवाद' के ज़माने का नाम देता है। अश्लीलता की बुनियाद पर साहित्य की बाक़ायदा सेंसरशिप की शुरुआत इंग्लिस्तान और अमेरिका दोनों ही देशों में सन् १८६८ में हुई। वहाँ अश्लीलता की पहचान यह स्थापित की गयी कि वह साहित्यिक रचना जो अपरिपक्व (अवयस्क) ज़हनों पर अनैतिक असर छोड़े, अश्लील और प्रतिबन्धित करने योग्य है। बीसवीं सदी तक आते-आते इस पैमाने ने इतनी प्रगति कर ली कि अब नाबालिग़ ज़हनों की जगह आम सूझ-बूझ रखने वाले लोगों को दे दी गयी। इसमें भी कोई हर्ज नहीं था अगर किसी रचना के बारे में आम सूझ-बूझ रखने वाले की प्रतिक्रिया जानने से पहले उन्हें साहित्य की सीमाओं और उसके सृजन से सम्बन्धित कुछ बुनियादी बारीकियों से आगाह कर दिया जाता। मण्टो के अनुसार, जिस तरह साहित्य और ग़ैर-साहित्य के बीच कोई भी खुला क्षेत्र नहीं है, उसी तरह साहित्य को समझने वालों और ना समझने वालों के गुट भी निश्चित हैं। मण्टो का सामना अपनी कहानियों के प्रतिबन्ध के सिलसिले में लोगों की जिस क़िस्म से पड़ा, वे सब के सब उसी दूसरे समूह से सम्बन्धित थे। ऐसा नहीं होता तो अपने मुक़द्दमों के बारे में मण्टो के स्पष्टीकरण इतने ज़्यादा आसानी से समझ आने वाले बल्कि सतही नहीं होते। जिस तरह सिक्काबन्द सामाजिक और राजनैतिक नज़रियों के अधीन देशों में प्रतिबन्ध के नियमों के बुनियादी प्रत्यय सियासी होते हैं, उसी तरह मण्टो को जिन लोगों और बन्धनों से निपटना पड़ा उनके 'साहित्यिक विचार' की नींव या तो नैतिकता की पारम्परिक कल्पना पर टिकी थी या फिर धर्म पर। धर्म तो ख़ैर एक संकाय है ही, नैतिक विचार भी बाक़ायदा रिवायत बनने के बाद एक पंथ ही की हैसियत अपना लेते हैं। इसलिए इसमें पूर्वग्रहों का शामिल होना स्वाभाविक है। इसका सबसे

हास्यास्पद उदाहरण हज़रत ईसा से बान्नवे बरस पहले का एक स्मृति-लेख है जिसमें भाषण के प्रचलित विचारों के विरुद्ध एक नयी कल्पना की स्थापना पर प्रतिबन्ध लागू किये जाने का प्रसंग है। लोग और आस्थाएँ जब संकाय बन जाते हैं तो उनसे किसी सार्थक विरोध के दरवाज़े अपने आप बन्द हो जाते हैं। मण्टो की सारी मुश्किल यही थी।

मण्टो को हम सिर्फ़ उन अर्थों में अश्लील रचनाकार कह सकते हैं जिनकी गुंजाइश पारिभाषिक विज्ञान के गुणीजनों ने 'पोर्नोग्राफ़ी' शब्द में गढ़ी है। उनका कहना है कि 'पोर्नोग्राफ़ी' का मूल यूनानी शब्द 'पोर्न' यानी वेश्या है। इसलिए वेश्याओं के बारे में कुछ लिखना अश्लील है। मण्टो ने वेश्याओं के बारे में लिखा ही नहीं, उन्हें अपने जीवन को एक सृजनात्मक दिशा प्रदान करने वाले चरित्रों की हैसियत से भी देखा है :

> हम रजाई[१] हैं। दुनिया की स्याहियों में भी उजाले की लकीर देख लेते हैं। हम किसी को हिक़ारत की नज़र से नहीं देखते। चिकों में जब कोई टखियाई अपने कोठे पर से किसी राहगीर पर पान की पीक थूकती है तो हम दूसरे तमाशाइयों की तरह ना तो कभी उस राहगीर पर हँसते हैं और ना कभी उस टखियाई को गालियाँ देते हैं। हम ये वाक़िआ देखकर रुक जायेंगे। हमारी निगाहें उस ग़लीज़ पेशेवर औरत के नीम-उरयाँ[२] लिबास को चीरती हुई उसके स्याह असियाँ भरे जिस्म के अन्दर दाख़िल होकर उसके दिल तक पहुँच जायेंगी, उसको टटोलेंगी और टटोलते हुए हम ख़ुद कुछ अर्से के लिए तसव्वुर में वही करीहा[३] और मुतअफ़्फ़िन[४] रंडी बन जायेंगे, सिर्फ़ इसलिए कि हम उस वाक़िये की तस्वीर ही नहीं बल्कि उसके अस्ल मुहर्रिक[५] की वजह भी पेश कर सकें।
>
> हम वकीलों के मुतअल्लिक़ खुले बन्दों बातें कर सकते हैं। नाइयों, धोबियों, कंजड़ों और भटियारों के मुतअल्लिक़ बातचीत कर सकते हैं। हम चोरों, उचक्कों, ठगों और राहज़नों के क़िस्से सुना सकते हैं। हम जिन्नों और परियों की दास्तानें बैठकर गढ़ सकते हैं। हम ये कह सकते हैं कि जब आसमान की तरफ़ शैतान बढ़ने लगता है तो फ़रिश्ते तारे तोड़-तोड़ के उसे मारते हैं। हम ये कह सकते हैं कि बैल अपने सींगों पर सारी दुनिया उठाये हुए है। हम दास्ताने अमीर हमज़ा और क़िस्सा-ए-तोता नैना तस्नीफ़ कर सकते हैं। हम लंधोर पहलवान के गर्ज़ की तारीफ़ कर सकते

१. आशावादी २. अधनंगे ३. कुरूप ४. बदबूदार ५. गति देने वाला

हैं। हम अमर अय्यार की टोपी और ज़ंबील की बातें कर सकते हैं। हम उन तोतों और मैनाओं के क़िस्से सुना सकते हैं जो हर ज़बान में बातें करते थे। हम जादूगरों के मन्त्रों और उनके तोड़ की बातें कर सकते हैं। हम अमल-ए-हुनमुराद और कीमियागिरी के मुतअल्लिक़ जो मन में आये कह सकते हैं। हम दाढ़ियों, पायजामों और सर के बालों की लम्बाई पर झगड़ सकते हैं। हम ये सोच सकते हैं कि सब्ज़ रंग के कपड़े पर किस रंग और किस क़िस्म के बटन सजेंगे। हम वेश्या के मुतअल्लिक़ क्यों नहीं सोच सकते। उसके पेशे के बारे में क्यों ग़ौर नहीं कर सकते। उन लोगों के मुतअल्लिक़ क्यों कुछ नहीं कह सकते जो उसके पास जाते हैं?

और अब मण्टो के एक जीवनी लेखक की किताब से ये कुछ पंक्तियाँ :

सामने, लालटेन की रौशनी में, एक औरत नंगे फ़र्श पर बैठी रोटी खा रही थी। हमें देखकर वो उठ खड़ी हुई। उसकी उम्र बमुश्किल अठारह-उन्नीस बरस की होगी, लेकिन वो फ़ाक़ाज़दा मालूम होती थी। उसका रंग गहरा साँवला था। उसकी आँखें उस बच्चे की तरह डरी हुई थीं जिसे कोई बुरी बात करते हुए किसी ने सर से पकड़ लिया हो।

"अरे भई, कोई माल-वाल भी है कि नहीं?" अब्बास ने ठेठ तमाशबीनों के अन्दाज़ में पूछा।

"इस वक़्त तो मैं ही हूँ..." उस औरत ने लुक़्मा निगलते हुए पूरबी लहजे में जवाब दिया। उसने लालटेन फ़र्श से उठाई और उसे अपने चेहरे के बराबर ले आयी जैसे अपना माल दिखाना चाहती है।

"अच्छा तो फिर कभी आयेंगे!" अब्बास ने कहा।

गाहक[१] को सौदा पसन्द नहीं आया था, और वो कोई दूसरी दुकान देखने का इरादा कर चुका था।

लड़की का चेहरा दफ़ातन और स्याह हो गया। मुझे यूँ महसूस हुआ जैसे हरीकेन लालटेन धुआँ छोड़ती हुई यकायक भक्क से बुझ गयी है और उस औरत के चेहरे पर, जो उसकी रौशनी में अपना सौदा बेचना चाहती थी, कालिख और लीपकर गयी है।

सीढ़ियाँ उतरते वक़्त मुझे यूँ महसूस हुआ जैसे बाहर सड़क के, फ़तेहपुरी

---

१. ग्राहक

के, चाँदनी चौक के, सारी दिल्ली के दिये गुल हो गये हैं। हिन्दुओं, पठानों, तुग़लक़ों, लोधियों, ख़िलजियों, ग़ुलामों, मुग़लों और अंग्रेज़ों की दिल्ली पर किसी बहुत बड़े हवाई हमले की तैयारियाँ हो रही हैं जिससे बचने के लिए हम किसी अन्धे कुएँ में उतरते जा रहे हैं।

मण्टो ख़ामोश था। शायद उसे ये महसूस हो रहा था कि उसकी सुगन्धी में अब जलने की हिम्मत भी नहीं है। हतक का एहसास भी जाता रहा है। सेठ 'ऊँहा!' कर के निकल गया है।

अबु सईद क़ुरैशी

इस उद्धरण से यह हक़ीक़त सामने आती है कि वेश्याओं को विषय बनाना भी मण्टो के लिए असल में एक नैतिक चयन का ही बन्धन था। अश्लील लिखाई के काम में इससे बड़ा कटाक्ष और क्या हो सकता है? यह सवाल मण्टो के विरोधियों के लिए है।

लेज़ली फ़िडलर ने छुप-छुपाते बिकने वाली किताबों का ज़िक्र करते हुए यह एलान किया था कि अब अश्लीलता की मौत हो चुकी है और हम साहित्यिक अश्लीलता को एक संजीदा अमल की शक्ल में क़ुबूल करने के आदी होते जा रहे हैं। उर्दू कहानी की ज़मीन पर ये बीज मण्टो ने बिखेरे थे, फ़सल अब तैयार है...

मगर मण्टो! वह अश्लील रचनाकार कब था?

सन्दर्भ

i. मीर मुहम्मद जाफ़र 'ज़टल्ली' (१६५९-१७१३) की हैसियत उर्दू हास्य-व्यँग्य शायरी के शुरुआती दौर के रहनुमा की है. हालाँकि उनकी लिखाई में अश्लीलता का पुट साफ़ है, फिर भी डॉ. जमील जालबी के अनुसार ज़टल्ली उस दौर की तेज़ और जानदार आवाज़ है जो अपने व्यँग्य के तरीक़े से अपने दौर के सामाजिक पतन की ओर ध्यान आकार्षित करती है।

ii. And he had to come into her at once, to enter the peace on earth of her soft-quiescent body...Far down in her she felt a new stirring, a new nakedness emerging...And it seemed she was like the sea, nothing but dark waves rising and heaving, heaving with great swell, so that slowly her whole darkness was in motion, and she was ocean rolling its dark dumb mass. Oh, and far down inside her the deeps parted and rolled asunder, from the centre of soft plunging, and the plunger went deeper and deeper disclosed, the heavier the billows of her rolled away to some shore, uncovering her, and closer and closer plunged the palpable unknown, and further and further rolled the waves of herself away from herself, leaving her, till suddenly, in a soft shuddering convulsion, the quick of all her plasm was touched she knew herself touched, the consummation was upon her, and she was gone.

iii. ...I saw he understood or felt what a woman is and I knew I could get around him and I gave him all the pleasure I could leading him on till he asked me to say yes...and I thought well as well him as another and then I asked him with my eyes to ask again ye and then he asked me would I say yes to say yes my mountain flower and first I put my my arms around him yes and drew him down to me so he could feel my breasts all perfume yes and his heart was going like made and yes I said yes I will yes.

iv. न्यायमूर्ति विलियम ब्रेनन ने सन् १९५७ में उस समय के जाने-माने 'रॉथ विरुद्ध संयुक्त राज्य अमेरिका' मुक़द्दमे का फ़ैसला किया था, जिससे अधिकांश पश्चिमी देशों के प्रतिबंध सम्बंधी तंत्रों में ज़बर्दस्त बदलाव आए।

अब्बास : एक याद

ख़्वाजा अहमद अब्बास

अब्बास : एक याद

ज़हन के पर्दे पर एक साथ दो तस्वीरें उभरती हैं। पहली तस्वीर—आज से लगभग पच्चीस बरस पहले सर्दियों की एक गर्म और रौशन दोपहर। इलाहाबाद विश्वविद्यालय का अपने ज़माने का मशहूर 'सेनेट हाउस'। गौथिक शैली में बनी इस विशाल इमारत के सभागार में शिक्षकों और विद्यार्थियों का जमावड़ा। अब्बास साहब काले सूट में, ऐनक के पीछे से झाँकती हुई तेज़ उजली आँखों और चेहरे पर भारी गम्भीरता के साथ, हिन्दी फ़िल्मों की मौजूदा स्थिति पर अँग्रेज़ी में बात कर रहे थे। उनसे पहले चेतन आनन्द अपनी बात रख चुके थे। धीमी-धीमी शख़्सियत, शान्तचित्त, सोच में डूबा लहजा, मानो एक नदी धीरे-धीरे बह रही हो। अब्बास साहब की शख़्सियत भी धारदार दिखायी देती थी, बातें भी धारदार थीं। हास्य और व्यंग्य से सजी हुईं, लेकिन संजीदगी के ग़िलाफ़ में लिपटी हुईं। उनकी आवाज़, लहजे और इज़हार में पहाड़ी नदी का ख़रोश था। किसी फ़िल्म के दृश्य का बयान करते-करते पल भर के लिए वे रुके, मजमा उस दृश्य के खुलने पर खिल-खिलाकर हँसा। फिर अब्बास साहब बोले, "यह दृश्य फ़िल्म में, विद्यार्थी देख रहे थे और हँस रहे थे! लोग अचानक हँसते-हँसते चुप हो गये।

दूसरी तस्वीर, इस तस्वीर से बाईस-तेईस सालों बाद की है। नयी दिल्ली के 'फ़िल्म्स डिवीजन' सभागार में अब्बास साहब की फ़िल्म 'नक्सलाइट' का एक निजी शो था। सभागार में मुट्ठी भर लोग, कुछ पत्रकार, कुछ साहित्यकार, अब्बास साहब के कुछ रिश्तेदार, विश्वविद्यालय के कुछ

विद्यार्थी और शायद एकाध मन्त्री। अब्बास साहब इस पूरे माहौल से बेपरवाह, अपने आप में गुम, सभागार के दरवाज़े पर खड़े थे। आँखों की वह चमक धुन्ध में खो चुकी थी, होंठों पर एक बुझी हुई ख़ामोशी, थका-थका सा चेहरा, कमज़ोर और निढाल वजूद। उस वक़्त अन्दाज़ा हुआ कि एक चेहरे पर जमे हुए जाने-पहचाने नक़्शे देखते ही देखते किस तरह बदल जाते हैं और बीते समय और हाल का क़िस्सा एक साथ दोहराते हैं। शो ख़त्म हुआ। एक-एक करके लोग सभागार से बाहर निकले। अब्बास साहब उस वक़्त भी उस तमाशे से अलग-थलग नज़र आये। लोगों पर फ़िल्म के असर, उनकी प्रतिक्रियाओं और विश्लेषण से बिल्कुल विरक्त। किसी ने कुछ कहा तो सुन लिया, वरना चुपचाप खड़े, आते-जाते चेहरों को देखते रहे। वह भी इस तरह जैसे उन चेहरों से आगे किसी और दृश्य को ढूँढ़ रहे हों।

अँग्रेज़ी अख़बार 'ब्लिट्ज़' का 'लास्ट पेज'[i], स्कूल के ज़माने से हमारे लिए उस साप्ताहिक का पहला पन्ना हुआ करता था। हर सातवें दिन अख़बार आता तो सबसे पहले निगाह के.ए. अब्बास पर ठहरती। लगता था कि जिस तरह समय अटल है उसी तरह यह नाम भी अटल है। कभी भी तबीयत इस पन्ने से उचाट नहीं हुई।

इस वक़्त लगभग तेईस बरसों के फ़ासले को घेरती हुई ये दोनों तस्वीरें एक साथ ज़हन से जा टकरायीं। ज़माने की दूरियाँ किस तेज़ी के साथ सिमटती हैं। वक़्त के इन दो टुकड़ों के बीच एक-चौथाई सदी का अफ़साना बिखरा हुआ था। कितने रंग और मौसम इस बीच आये और गये, ना कहानी बदली ना उसका शीर्षक ही। वही आज़माइशों, उलझनों, पस्तियों और बुलन्दियों में घिरा हुआ सार्वजनिक जीवन। अब्बास साहब ने इस अरसे में इस ज़िन्दगी की उदासियाँ भी उकेरीं, उसे ललकारा भी, एक सी तल्लीनता और इनसानी सरोकार के साथ। साहित्य, पत्रकारिता, फ़िल्म, रंगमंच—ये सभी देखने में अलग-अलग दायरे थे उनकी सरगर्मियों के। पर सबके सब एक-दूसरे की हदों में घुसे हुए, एक-दूसरे पर प्रभाव डालते हुए। अभिव्यक्ति की यह एक तलाश थी जो अलग-अलग शैलियों की डोर चुटकियों में दबाये इधर से उधर, उधर से इधर आती-जाती फिरती थी। इस बेचैन तलाश के बावजूद, कभी भी दिमाग़ सिर्फ़ इसके कलात्मक और सौन्दर्यात्मक सवालों का पाबन्द नहीं रहा। कुछ लोग और उनकी

गतिविधियाँ दूसरों से भी इस बात की आशा रखती हैं कि उनकी क़द्रो-क़ीमत का हिसाब उनके उद्‌देश्यों के माध्यम से लगाया जाये। अब्बास साहब के पास भी कहने के लिए हमेशा बातें रहीं, देखने में आम बातें, जिनका सम्बन्ध रोज़मर्रा की जानी-पहचानी, जीती-जागती ज़िन्दगी से था। उनकी बातें सुनते कौन लोग थे, और कितनों पर उन बातों का कोई असर होता था? अब्बास साहब को इस फ़िक्र ने कभी परेशान नहीं किया। जनाब अली का ऐसा कहना कि अच्छी बातें दोहराई नहीं जातीं तो कब की ख़त्म हो जातीं, शायद ऐसी बातें करने वाले के ग़म का सबसे बड़ा औचित्य है। फिर अपने वातावरण तक अपनी बात पहुँचाने के सबसे प्रभावशाली माध्यम भी वही हो सकते थे जो अब्बास साहब ने अपनाये—फ़िल्म, अख़बार और साहित्य। और उनका ज़हन इज़हार के इन तरीकों के पारम्परिक और तार्किक विवादों में उलझे बग़ैर अपनी जद्‌दो-जहद में व्यस्त रहा। यह जद्‌दो-जहद उनकी अपनी हस्ती के साथ-साथ उनकी ज़िन्दगी के रहस्यों और सच्चाइयों का क़िस्सा बताती है।

अब्बास साहब ने अपनी आपबीती को 'मैं कोई जज़ीरा नहीं हूँ' का नाम दिया है। एक बार हिन्दुस्तानी अकादमी, इलाहाबाद की एक बैठक में किसी ने अज्ञेय जी से कहा कि यदि कोई भी इनसान द्वीप समान जीवन जीता है तो अपनी ज़िन्दगी के अधिकारों से बेपरवाह हो जाता है। ख़ुद के आसपास पानी का एक घेरा खींच लेना और उसके आस-पास फैली हुई दुनिया से अलग-थलग हो जाना बहुत बड़ी भूल है। अज्ञेय जी ने जवाब दिया था :

> पानी का जो घेरा ज़मीन के एक टुकड़े को अपने कुल से अलग करता है, वही उस टुकड़े को अपनी मिट्टी से जोड़ता भी तो है। मामला बस अपनी-अपनी नज़र का है।

यानी अलग-थलग होना किसी में निहित तौर पर नहीं होता। सब के सब किसी ना किसी सतह पर एक-दूसरे से बँधे हुए हैं, एक-दूसरे के भाग्य में शामिल। फिर अब्बास साहब तो वैसे भी, अपने बोध के शुरुआती पड़ाव से लेकर आज तक, इन्हीं सब विषयों में उलझे रहे जिनका दायरा इस पूरे ज़माने के चारों ओर फैला हुआ है। एक व्यक्ति की ज़िन्दगी काहे को हुई, एक सामूहिक उद्‌देश्य का प्रतीक बन गयी। पिछली सदी में अब्बास साहब के नाना मौलाना हाली ने भी अपने आपको इसी तरह एक प्रयोजन

में लगा दिया था। इस ख़ानदान में मौलाना हाली के बाद भी बहुत लिखने वाले हुए, लेकिन हाली ने उर्दू गद्य और कविता को जिस बुलन्दी तक पहुँचाया था, ना तो कोई उससे अस्वीकृत हुआ, ना किसी ने उसे पार करने की कोशिश की ही। हाली को अपनी इस तलाश के सफ़र की दिशा सर सैयद में मिली थी, अब्बास साहब को जवाहरलाल नेहरू की हस्ती में। उनकी आपबीती में 'पहली मुहब्बत' का शीर्षक देखकर आँखें अपनी तलाश के सफ़र पर चलीं तो अंजामकार नेहरू जी के विचारों, मूल्यों और रवैयों से जा टकरायीं। इनसानों में एक क़िस्म ऐसों की भी होती है जो एकाकी जीवन व्यतीत करते हैं और जिनके नाख़ून बस अपनी समझ-बूझ की अधखुली उलझनों को सुलझाते हुए अपनी तलाश की कहानी पूरी कर लेते हैं। यह एक क़िस्म की सच्चाई है जो आख़िरकार ख़्वाबों की इबादत पर ख़त्म होती है। अब्बास साहब भी यथार्थ और कल्पना की विपरीतता में उलझने के बजाय उनकी एकरूपता के सुराग़ को तलाशते रहे। इसीलिए इस यात्रा का अन्त नहीं दिखता।

लेकिन यह सौदा अब्बास साहब के लिए हमेशा घाटे का रहा है। नुक़सान के फ़ायदों और फ़ायदे के नुक़सानों का भेद एक बार मिल जाये तो आदमी ढीठ हो जाता है। अब्बास साहब के मिज़ाज में यह ढिठाई शुरू से ही दिखायी देती है और अब तो वे अपने आप को नाकाम साहित्यकार या नाकाम फ़िल्मसाज़ जिस भावनात्मक अलगाव के साथ कहते हैं तो ख़ुद को तक़लीफ़ देते हुए दिखायी पड़ते हैं। वह मुहब्बत जो अँधेरों से रौशनी ढूँढ़कर लाती है, नाकामियों से इसी तरह काम लेने की आदी हो जाती है। अब्बास साहब ने भी इस सलीक़े से समन्वय किया है।

जब भी अब्बास साहब की कोई फ़िल्म देखी, या उनकी किसी कहानी, स्तम्भ या किताब पर नज़र पड़ी, हमेशा यही महसूस हुआ कि अभिव्यक्ति की कभी नहीं ख़त्म होने वाली चाह ही उन्हें पत्रकारिता और साहित्य और कला के अलग-अलग मैदानों में साथ लिये फिरती है। यही तलब उनकी ज़िन्दगी है और दूसरों की ज़िन्दगी से उनके वैचारिक और भावनात्मक सम्बन्धों का बहाना। अब्बास साहब के यहाँ विचार और भावनाओं की एकरूपता उनकी आस्थाओं को भी एक संवेदनशील और भावनात्मक समझ की हैसियत देती है। साथ ही ज़िन्दगी की तरफ़ उनके बुनियादी रवैयों, उनके समाजी और तहज़ीबी रिश्तों को केवल कला-सम्बन्धी

सतह से भी ऊपर उठाती है। उनका असल सरोकार वे सम्भावनाएँ रही हैं जो सच्चाइयों की तह में छुपी हुई हैं। उन्हीं का सुराग़ पाने की कोशिश उन्हें अपने आप से मिलवाती है और अपने होने का औचित्य परस्पर पहुँचाती है।

वैसे देखा जाये तो उन्हें प्रसिद्धि भी मिली, और लोकप्रियता भी। भारत से ज़्यादा, देश से बाहर मान-सम्मान उनके हिस्से में आया। अपने समय के ख़ास लोगों से उनके क़रीबी सम्बन्ध रहे। उन्होंने इस ज़माने के थके-हारे लेकिन सरगर्म इनसान की हर सफलता का अभिवादन किया और उसकी प्रत्येक हार पर उदास हुए। धरती से लेकर उसके चारों तरफ फैले हुए शून्य तक इनसान की हर तलाश के साथ वे सफ़र में रहे कि दिलो-दिमाग़ ना जाने कब और कहाँ साथ छोड़ दे। अब ऐसा लगता है कि अब्बास साहब जब थक चुके हैं और ख़ला की इस रक़्क़ासा[१] के साथ नये इनसान के इन्तिज़ार में बैठे हैं।

सफ़र नहीं करते हुए भी सफ़र में रहने का यह एक तौर है, इन्तिज़ार का सफ़र। इसका अंजाम मालूम है, लेकिन अब्बास साहब के यक़ीन ज्यों के त्यों क़ायम हैं। वैसे भी कल्पनाएँ भौतिक वस्तुओं की अपेक्षा जीते रहने का ज़्यादा सामर्थ्य रखती हैं। अब्बास साहब ने अपनी फ़िल्म 'नक्सलाइट' के बारे में बात करते हुए उसकी पृष्ठभूमि का क़िस्सा सुनाया था। एक रात कलकत्ते के एक होटल में, जब शहर सो रहा था, उनके दरवाज़े पर दस्तक हुई। अब्बास साहब जाग रहे थे। उन्होंने दरवाज़ा खोला, चन्द नौजवान अन्दर आये। नौजवानों को पता था कि यह फ़िल्म भी बाज़ारी परिभाषा में 'बिज़नेस' तो करने से रही। लेकिन अब्बास साहब चूँकि घाटे का सौदा करने के आदी थे, शायद इस सौदे पर भी राज़ी हो जायें। अब्बास साहब ने वायदा कर लिया। फिर लेख और कहानियाँ और स्तम्भ लिखने की रफ़्तार और भी तेज़ हो गयी। जो कमी रह गयी वह उधार से पूरी की। अपने सम्बन्धों का फ़ायदा उठाना ऐसे किसी मौक़े पर अब्बास साहब के लिए मुश्किल नहीं था। उनके समकालीनों और दोस्तों में ऐसों की तादाद बहुत है जिन्होंने हुकूमत से सम्बन्धों को हमेशा भौतिक सुख-समृद्धियों की सतह पर बरता और अपनी हर नेक अंदेशी,

---

१. अन्तरिक्ष की नतर्की यानी पृथ्वी
ये ज़मीं ये ख़ला की रक़्क़ासा, आदमे नौ के इन्तिज़ार में है

हर गतिविधि के मुँहमाँगे दाम पाये। लेकिन हर ज़माने की तरह आज भी इनसान घाटे में है। और अब्बास साहब अपनी 'इनसानियत' से विरक्त होने पर ना तो पहले तैयार थे और ना अब ही। इसलिए ज्यों-त्यों करके 'नक्सलाइट' बनी और उम्मीद के ठीक मुताबिक़ नाकाम हुई।

अब्बास साहब अपने वर्तमान और अपने ज़माने के भविष्य में एक साथ ज़िन्दा हैं। उस रोज़ नयी दिल्ली के 'फ़िल्म्स डिवीज़न' सभागार के दरवाज़े पर ख़ामोश और लाताल्लुक़ खड़े हुए, वे शायद यह जान चुके थे कि इस फ़िल्म का हश्र क्या होगा। निर्माण के रास्ते विध्वंस से गुज़रते हैं। शायद इसी भ्रम ने उन्हें उन सिरफिरे नौजवानों की ज़िन्दगी को फ़िल्माने पर उकसाया था जो कुछ बनाने की अपनी कोशिश में बर्बादी की राहों से गुज़र रहे हैं। और वे मायूस नहीं हैं। अब्बास साहब भी मायूस नहीं हैं और बम्बई शहर के एक फ़्लैट में चुपचाप बैठे अपने नाख़ूनों की तरफ़ देख रहे हैं।

(अक्तूबर १९८३)

सन्दर्भ

i. 'लास्ट पेज' भारतीय पत्रकारिता के इतिहास में सबसे लम्बे चलने वाले स्तम्भों में गिना जाता है। अब्बास साहब ने इसकी शुरुआत सन् १९३५ में 'द बॉम्बे क्रॉनिकल' से की थी। इस अख़बार के बन्द हो जाने पर यह स्तम्भ 'ब्लिट्ज़' से छपने लगा और सन् १९८७ में अब्बास साहब की मृत्यु तक चलता रहा।

अपने दुख मुझे दे दो

उस रात बेदी साहब ख़ुद भी जागते रहे और दूसरों को भी जगाये रखा। जामिया मिलिया इस्लामिया से ज़रा दूर जमुना के किनारे, उत्तर प्रदेश सरकार के एक अतिथिगृह से ठहाकों का शोर उमड़ता रहा। बाक़र मेहदी, वारिस अलवी,साक़ी फ़ारूक़ी, महमूद हाशमी और दूर-दूर के शहरों से आये हुए बहुत से साहित्यकार, आलोचक और गुणीजन, महफ़िल जमाये बैठे हुए थे। बेदी साहब की हैसियत वहाँ मीरे-महफ़िल[१] की थी। एक चुटकुले के बाद दूसरा चुटकुले, एक ठहाके के बाद दूसरा ठहाका। इनमें ऐसे चुटकुले भी थे जिनका निशाना ख़ुद बेदी साहब ही थे। दुनिया पर हँसने के साथ-साथ वे अपने आप पर भी जी खोलकर हँसने का हौसला रखते थे। संजीदा हक़ीक़तों को उकेरने वाला उस रात लगातार हँस रहा था और हँसा रहा था, इस हद तक कि डर सा महसूस हुआ।

देखने में, सन् १९७६ और १९८० में फ़ासला, सिर्फ़ चार साल का है। मगर अब जो बेदी साहब फ़िक्शन सेमिनार में हिस्सा लेने आये तो दुनिया ही बदली हुई दिखायी दी। क्या इमारत ग़मों ने ढायी थी! लकवे के असर से वे ठीक तरह चल भी नहीं पा रहे थे। चार बरस पहले दाढ़ी-मूँछ के बालों में सफ़ेदी झलकती थी, मगर कम-कम। अब कहीं स्याही का निशान ही नहीं था, सिवाय चेहरे के जहाँ झुर्रियाँ खिंच आयी थीं। आँखों में अथाह सूनापन और उदासी। किसी का सहारा लिये बेदी साहब घिसट-घिसट कर चलते हुए दिखायी दिये तो दिल को धचका सा लगा। मैंने

१. सभापति

कहा, "बेदी साहब, समझ में नहीं आता कि इस मुलाक़ात पर ख़ुशी का इज़हार कैसे किया जाये?" बेदी साहब ने पल भर को होंठ भींचे फिर रोने लगे। बर्दाश्त का बन्धन एकदम टूट गया था।

इन दो मुलाक़ातों के बीच केवल चार बरसों का अरसा नहीं, एक ज़माना सिमट आया था। बहुत विशाल और बहुत छोटा भी। इस सच्चाई को मान् लेना कठिन था क्योंकि इस अरसे के दोनों तरफ़ के चेहरे एक ही व्यक्ति के थे। बेदी साहब अब अपनी परछाईं भी नहीं रह गये थे।

जिस शाम बेदी साहब के चले जाने की ख़बर आयी, मैं श्रीनगर में था। अगले दिन इक़बाल इंस्टीट्यूट में सुरूर साहब से मुलाक़ात हुई तो अन्दाज़ा हुआ कि इस ख़बर के बाद उन्होंने रात किस ख़राबी में काटी है। शोक सभा में उन्होंने बेदी साहब की आख़िरी चिट्ठी पढ़कर सुनायी। चिट्ठी लिखी बाक़र मेहदी ने थी क्योंकि बेदी साहब के हाथों में क़लम सँभालने की ताक़त भी बाक़ी नहीं रह गयी थी। उनकी रवाँ, साफ़, मोतियों की तरह जड़ी हुई निर्मल लिखाई आँखों में घूम गयी। लिखा था, "कैंसर अब आँतों तक फैल चुका है।"

पिछली सर्दियों में अनवर सज्जाद लाहौर से आये थे। बलराज मैनरा के साथ बम्बई गये तो इस इरादे से कि बेदी साहब से भी मिलेंगे। लौटकर बताया कि बेदी साहब ने बीमारी की अवस्था में जब यह सुना कि कोई मिलने आया है तो हैरान हुए, "मुझसे मिलने के लिए? मुझसे मिलने तो अब कोई नहीं आता?" तन्हाई सी तन्हाई थी और कैसी घनी गहरी जानलेवा बेबसी। इस हाल में बाक़र मेहदी की संगत ही बेदी साहब के लिए शायद सबसे बड़ा सहारा थी।

दिलों के मौसम इतनी जल्दी कैसे बदल जाते हैं? मुझे तो बेदी साहब की सबसे बड़ी पहचान, उनकी असाधारण सृजनशीलता और वैचारिक और भावनात्मक ठहराव लगती थी। वह इनसान जो अपनी हर प्रतिक्रिया को बहुत सँभल-सँभल कर, कम से कम शब्दों में व्यक्त करने का आदी था, दो-तीन बरस में ही बिल्कुल बिखर गया :

कैसा घना दरख़्त था, जड़ से उखड़ गया

अपने समकालीन कहानीकारों में बेदी साहब ने मण्टो और कृष्ण चन्दर

दोनों से लम्बी उम्र पायी। मगर दोनों के मुक़ाबले में बहुत कम लिखा। कोई दर्जन भर नाटक, एक छोटा उपन्यास, कुछ लेख और सौ से भी कम कहानियाँ। देखने में यह पूँजी छोटी है। विशेष तौर पर इसलिए भी क्योंकि बेदी की सृजनशीलता चार दशकों से भी ज़्यादा की अवधि पर फैली हुई है। लेकिन बेदी साहब ने अपनी हस्ती के बजाय अपने शब्दों और अभिव्यक्ति को अहमियत दी। कम लिखे को ही हमेशा ज़्यादा माना क्योंकि वे शब्दों और अभिव्यक्ति के विषय में भावावेष और अपव्यय के पक्षधर नहीं थे। अधिकांश लिखने वालों के मुक़ाबले वे यह भेद समझते थे कि ज़्यादा कहने के लिए ज़्यादा बोलना ज़रूरी नहीं होता। वे बयान में किफ़ायत और चुप्पी को भी अभिव्यक्ति की ही एक शैली मानते थे।

बेदी साहब के अनुसार अभिव्यक्ति का सबसे बड़ा मुद्दा अकथ को समझना था।

> हमारे शग़ब आशना कान गुरेज़ को इज्ज़ बयान का नाम देते हैं। लिखने वाले के लिए ज़रूरी है कि उसके काम व दहन उस चरंद की तरह हों जो मुँह चलाने में ख़ुराक को रेत और मिट्टी से अलग कर सके। अफ़साना लिखने के अमल में भूलना और याद रखना, दोनों अमल एक साथ चलते हैं।[१]

जब तक कोई लेखक अपने पाठक की समझ-बूझ और अपनी कला की सफ़ाई को नहीं समझता हो, इस तरह की बात कह नहीं सकता। बेदी साहब अपनी सीमाओं को भी बहुत अच्छे से समझते थे, और कहानी की हदों को भी। इसीलिए वे शब्द और बयान के बन्धन से इतने आज़ाद नज़र आते हैं। पाबन्दी के इस एहसास के बग़ैर यह आज़ादी हाथ नहीं आती।

बेदी साहब के पिता सिख थे, माँ हिन्दू ब्राह्मण। उनका व्यक्तित्व और जीवन जिस तरह की कारीगरी और कलाकारी के संगम पर खड़ा नज़र आता है तो इसमें कुछ कृपा इस संयोग की भी होगी। वैसे भी बेदी साहब ऊपर से जैसे दिखायी देते थे, भीतर से अलग थे। हँसोड़ मगर संजीदा। देखने में खुरदुरे और सख़्त, मगर स्वभाव से उतने ही नर्म और तराशे

---

२. शोर सुनने के आदी, हमारे कान अनकही बात को बयान पर पकड़ नहीं होने का नाम देते हैं। लिखने वाले के लिए ज़रूरी है कि उसके होंठ और मुँह उस पशु की तरह हों जो मुँह चलाने में चारे को रेत और मिट्टी से अलग कर सके।

हुए। इनसानी स्वभाव को देखने-समझने और भाँपने की उनमें ग़ज़ब की नफ़ासत और ताज़गी थी। इनसानी फ़ितरत की ऐसी नब्ज़ों पर उनकी उँगलियां पड़ती थीं कि हैरत होती थी। 'भोला' से 'बब्बल' तक, 'होली' से 'लाजो' और 'रानू' तक, बेदी साहब ने कैसी-कैसी पेचीदा, रहस्यमयी दुनियाओं को ढूँढ़ा और कैसे-कैसे बेमिसाल किरदार पैदा किये। यह देखते हुए ऐसा कहा ही जा सकता है कि उनके पाँव ज़मीन पर थे मगर उनकी अन्तर्दृष्टि थी चीज़ों और लोगों के भीतर डूब जाने वाली। वे यथार्थवादी थे। यह और बात है कि सच्चाई की परतें और सतहें उनके लिए पारम्परिक यथार्थवादियों की जैसी नहीं थीं। उनकी आँखें देखती ही नहीं थीं, सोचती भी थीं। इसलिए बेदी साहब अपने ज़माने के शोर में गुम नहीं हुए। उन्होंने जो कुछ भी कहा धीमे लहजे में कहा। वारिस अलवी का यह ख़याल कि बेदी की ज़बान एक बग़ावती घोड़े की तरह है जिसे वे हरेक पल क़ाबू में रखने की कोशिश करते नज़र आते हैं, बहुत सटीक है। बेदी साहब पर भाषा और शैली का बहाव कभी हावी नहीं होता। वे कई तरफ़ से इस पर रोक लगाते हैं और उसे दबाये रखते हैं। यही वजह है कि बेदी साहब ने सार्वजनिक और जाने-पहचाने अनुभवों में भी एक निजी और अपरिचित दिशा पायी। जिस नज़र से उन्होंने ज़िन्दगी और ज़माने को देखा वह उनकी अपनी है। इसीलिए तो जो ज़िन्दगी और ज़माना बेदी साहब की पकड़ में आया वह भी उन्हीं का होकर रह गया।

पर बहुत दुख की बात है कि वह व्यक्ति जिसकी पकड़, तजुर्बे में आने वाली हर सच्चाई पर इतनी मज़बूत थी, जिसकी सृजनशीलता इतनी ज़्यादा सिलसिलेवार थी, बिखरा तो ऐसा कि ख़ुद को समेटने की हिम्मत भी हार बैठा।

(दिसम्बर १९८४)

आग का दरिया से गुज़रते हुए

क़ुर्रतुलऐन हैदर

आग का दरिया से गुज़रते हुए

कुन्देरा को अपने बारे में गुफ़्तगू करना सख़्त नापसन्द है। वो सहाफ़ी[१] जो उसकी ज़िन्दगी का हाल बयान करने के शाइक़[२] में, लामुहाला[३] चन्द जाने-पहचाने हक़ाएक़ दोहराने पर इक्तिफ़ा[४] करते हैं...अपने बारे में गुफ़्तगू से एतराज़ की ख़्वाहिश बेशतर[५] नक़्क़ादों के उस रुझान के ख़िलाफ़ एक जिब्बिली[६] रद्दे अमल मालूम होती है जिसमें वो लिखने वाले की तसानीफ़[७] का, उनकी सियासत का, उसकी निजी ज़िन्दगी का मुताला[८] करने बैठ जाते हैं। कुन्देरा ने एक बार 'नुवेल ओब्ज़ेर्वेटर' को बयान देते हुए कहा। अपने बारे में गुफ़्तगू करने के ख़िलाफ़ नफ़रत ही वो शै[९] है जो नॉविली टैलेंट को ग़िनाई टैलेंट से मुम्ताज़ करती है।

अपने बारे में गुफ़्तगू करने से इनकार, चुनांचे चीज़ों और हैयतों को तवज्जो के ठीक मर्कज़ में रख देने का एक तरीक़ा है, और ख़ुद नॉविल पर हल्क़ए नज़र[१०] सब्त[११] करने का भी।

क्रिस्टियाँ सालमों

(अनुवाद : मुहम्मद उमर मैमन, आज, कराची, १९८७)

(१)

ऐवाने-उर्दू 'देहली' जून २००३ में 'क़ुर्रतुलऐन हैदर' के शीर्षक से, उन्हीं से सम्बन्धित एक साहित्यिक जलसे का कार्यवृत्त प्रकाशित हुआ है।

१. पत्रकार २. इच्छुक ३. जानबूझकर ४. सन्तोष करना ५. ज़्यादातर ६. स्वाभाविक ७. रचनाएँ ८. अध्ययन ९. वस्तु १०. निगाह का दायरा ११. अंकित करना

इसकी कुछ शुरुआती पंक्तियाँ निम्नलिखित हैं :

> जनाब मुल्कराज आनन्द, जनाब सदर, माज़रिज़ ख़वातीनो-हज़रात! आप लोगों ने मेरे लिए जो बातें की हैं, ये आपकी ज़र्रानवाज़ी है। अब मैं क्या अर्ज़ कर सकती हूँ। मुझे अपने मुतअल्लिक़ कुछ कहना हमेशा बहुत अजीब लगता है। अभी मैंने एक नॉविल लिखा है जिसका उन्वान है 'गर्दिश रंगे चमन' इसमें एक ख़ातून का कैरेक्टर है, जिन्होंने ४५ नॉविल लिखे हैं और उनके छियालीसवें नॉविल की रस्मे इजरा[१] अदा होने वाली है। उसके दावतनामे छपे हैं उसमें उन्होंने एक तक़रीर की 'मैं और मेरा फ़न' और उसके बाद मुख़्तलिफ़ और प्रोग्राम हुए और हार फूल पहनाए गये वग़ैरह-वग़ैरह। तो 'मैं और मेरा फ़न' क़िस्म की बात तो मैंने कभी आज तक की ही नहीं। मुझे ये चीज़ बड़ी फ़नी लगती है। भई, बड़ी आसान सी बात है। लिखते हैं। लिखने का शौक़ है। शुरू से लिख रहे हैं सबको मालूम है। अच्छा भी लिखा है थोड़ा सा। कुछ मामूली भी लिखा है। बुरा भी लिखा है...
>
> —क़ुर्रतुलऐन हैदर

(२)

अपने बारे में बातचीत से एक समझे-बूझे बचाव और अपनी रचनाओं के सिलसिले में हर तरह की बाहरी शर्तों से स्वतन्त्र दृष्टिकोण ने क़ुर्रतुलऐन हैदर के मामले में किसी भी लिखने वाले के लिए ख़ासी आसानी और इसी के साथ-साथ मुश्किल भी पैदा कर दी है। आसानी इस हिसाब से कि उनकी किसी भी रचना की समीक्षा करते समय लिखने वाला ऊपर से किसी हठ, हिदायत और दृष्टिकोण का पाबन्द नहीं होता। सच्चाई की पूरी-पूरी खोज अपने तौर पर करता है। क़ुर्रतुलऐन हैदर के वैचारिक और भावनात्मक स्रोत का पता बिना किसी शर्त के लगा सकता है। लेकिन मुश्किल यह है कि क़ुर्रतुलऐन हैदर पर लिखते समय उसके सामने एक ऐसी मुहिम उपस्थित होती है जिसकी एक साथ कई दिशाएँ और बहुत से दायरे हैं। क़ुर्रतुलऐन हैदर की हर रचना, मिलान कुन्देरा की बनाई हुई

---

१. शुरुआत

प्रणाली के हिसाब से, एक 'महान बौद्धिक मिश्रण' होती है। इतिहास, सामाजिकशास्त्र, एन्थ्रोपोलोजी, पुरातत्त्व, कला, दर्शन, संस्कृति, पूरब और पश्चिम की साहित्य परम्परा के अध्ययन के अलावा क़ुर्रतुलऐन हैदर के अपने अनुभवों और विचारों की दुनिया भी ख़ासी फैली हुई, जटिल और रंगा-रंग रही है। उनकी हर लिखाई संगीत के एक टुकड़े की तरह इकट्ठा होती है जिसमें एक मुख्य विषय के साथ-साथ उसके अन्तर्गत कई और सन्दर्भ भी हिस्सेदार होते हैं। यह एक विस्तृत और विलम्बित खोज, एक बहुरूपी एकता की बनावट है जिसकी बुनियादों तक पहुँचने के लिए, उनके पाठक को एक ही साथ कई रास्तों से गुज़रना पड़ता है। उनके सभी उपन्यास एक असाधारण ज्ञान की खोज और छानबीन के बारे में बताते हैं और साहित्य परम्परा में इसे एक नयी सृजनात्मक पद्धति, एक नये नियम और एक नयी कलात्मकता का निर्माण कहा जा सकता है। क़ुर्रतुलऐन हैदर उपन्यास इस तरह लिखती हैं जैसे किसी शहर को रूप दे रही हों। बड़े पैमाने पर एक पूरी बस्ती का ख़ाका बना रही हों और उस बस्ती को बनाने के उद्‌देश्य, नियम और पैमाने भी उन पर किसी जमात, समूह या दृष्टिकोण की तरफ़ से लागू नहीं होते।

यह एक गहरी वजूदी और निजी गतिविधि की सतह होती है जिसकी परम्परा नज़ीर अहमद, अब्दुल हलीम शरर और सरशार से लेकर मुंशी प्रेमचन्द तक उर्दू साहित्य में लगभग कभी नहीं रही है। अपने मार्गदर्शकों में क़ुर्रतुलऐन हैदर की दिलचस्पी सबसे ज़्यादा शायद सरशार में है और उसकी एक ख़ास वजह है। सरशार क़िस्से की सच्चाई पर कभी भी अपने स्वभाव, किसी सामूहिक उद्‌देश्य, समाज सुधारकों और निर्माताओं के दृष्टिकोणों का बोझ नहीं डालते। वे जहाँ तक चाहते हैं संजीदा रहते हैं और जब चाहते हैं हँसोड़ बन जाते हैं। अपने किरदारों की तलाश में किसी एक स्वभाव के अधीन नहीं होते। किसी एक वर्ग के जीवन तक उनकी उड़ान सीमित नहीं रहती। उनके यहाँ एक विद्वान की गम्भीरता और इतिहासकार की खोज से ज़्यादा एक मुहिमपसन्द यात्री की ख़ुशमिज़ाजी, सैर और तमाशे की एक अनन्त चाह के रंगों के शामिल होने की वजह से, हमेशा एक खुली हुई फ़िज़ा का एहसास होता है। क़ुर्रतुलऐन हैदर के यहाँ ज्ञान की जिज्ञासा और तमाशा देखने के तत्त्व आपस में मिल गये हैं, इस हद तक कि उनके संजीदा सरोकारों से उनकी ज़िन्दादिली और विट

को अलग करना आसान नहीं है। यह एक विचित्र मिश्रण है, जिसकी तह से निकलने वाली दुनिया सिर्फ़ पराजयों और उदासियों की दुनिया नहीं है।

यहाँ ज़िन्दादिली, खिलावट और व्यंग्य की अभिव्यक्ति की सूरतें भी बार-बार सामने आती हैं। एक गम्भीर मानवीय स्थिति की तरफ़ यह व्यंग्यात्मक रवैया, क़ुर्रतुलऐन हैदर के बोध का लाज़िमी हिस्सा है।

(३)

अभी ज़रा देर पहले एक साहित्यिक जलसे में क़ुर्रतुलऐन हैदर की जिस बातचीत का सन्दर्भ दिया गया था, वहीं उन्होंने यह भी कहा था :

> मेरे सामने जो मसाइल हैं वो महज़ मुसलमानों से मख़्सूस नहीं हैं...सारी दुनिया में जो कुछ हो रहा है, उससे मैं बहुत फ़िक्रमन्द हूँ...जो तशद्दुद[१] है...वायलेंस जो हमारे साइकी में आ गया है, जो यहाँ भी मौजूद है...कल मैंने टी.वी. पर देखा...आयरलैण्ड में मारामारी हुई...बम फेंके गये... हमारे यहाँ भी हो रहा है...मतलब ये कि पूरी दुनिया में वायलेंस का कल्ट बन गया है और लोगों ने इसको क़ुबूल कर लिया है। यानी इसके बारे में लोग परेशान नहीं हैं। इसको ऐक्सेप्ट कर लिया गया है...जनाब ये हर जगह तो हो ही रहा है। क्या करें।
>
> अब ये जो रवैया हो गया है अदबियों का भी कि हम क्या कर सकते हैं... लेकिन कोई हमारे क़रीब में बम फेंक दे तो क्या कर सकते हैं। उसके लिए कुछ लिख तो सकते हैं। कुछ पब्लिक ओपिनियन तो बना सकते हैं उसके बारे में..।
>
> (ऐवाने-उर्दू, जून, २००३)
>
> (तशद्दुद) इस वक़्त हमारे यहाँ की एक हक़ीक़त है...पूरे हिन्दुस्तान की और पूरी दुनिया में (इस वक़्त यही) हो रहा है। अब मुसीबत ये है, इस क़दर लोग अल्फ़ाज़ से उलझ जाते हैं और उनके पीछे पड़े रहते हैं कि साहब आप कमिटिड राइटर हैं...कमिटिड राइटर नहीं हैं...आपका कमिटमेंट क्या है। आपकी क्या कोई आइडियोलोजी नहीं है...एक क्लिशे

---

१. अत्याचार

बन गया है...लेकिन एक चीज़ होती है ह्यूमनिज़्म। अगर आप बुनियादी तौर पर इसको मान जायें कि सब इनसान जो हैं उनको ज़िन्दा रहना चाहिए। ज़िन्दा रहने का उन्हें हक़ है। मारामारी नहीं करनी चाहिए और आपका कल्चर है, आइडियोलोजी है, जो आपके क़ौमी नज़रियात हैं, वो सब अपने करते रहिये, लेकिन इस तरह कीजिये कि दूसरे को नुक़सान ना पहुँचे। आप बाक़ी दुनिया को भी हक़ दीजिये कि वो अपने तरीक़े से सोच सके और उसके बाद आप अपनी हद तक अपनी तरक़्क़ी के लिए सोचें..।

(सन्दर्भ: उपरोक्त)

वजूदी इनसान दोस्ती का यह रंग क़ुर्रतुलऐन हैदर की बुनियादी पहचान की हैसियत रखता है और इस सतह पर उनका रवैया वही है जिसे आज की दुनिया के सभी अहम लिखने वालों का रवैया कहा जा सकता है। धर्म और राजनीति से असन्तुलित सम्बन्ध, और निजी और क़ौमी फ़ायदों में बेतहाशा दिलचस्पी ने हमारे चारों तरफ़ आतंक और संकुचित दृष्टि का जो वातावरण पैदा किया है, उससे अलग-थलग रहकर हम अपने साहित्य और अपनी सृजनात्मकता तो क्या, अपनी इनसानियत को भी बचा नहीं सकते। सलमान रुश्दी ने कहा था कि, "अगर साहित्यकार दुनिया की अक्कासी[1] का कारोबार सियासतदानों के हवाले कर देंगे तो ये तारीख़ की बेहद हौलनाक और ज़लीलतरीन दस्तबरदारियों[2] में से होगा.." ज़ाहिर है कि दुनिया साम्प्रदायिक ताक़तों, धार्मिक कट्टरपन्थियों और राजनीतिज्ञों को सौंपी नहीं जा सकती और ना ही किसी निश्चित विचारधारा और कार्य-प्रणाली की मदद से उसकी समस्याओं का हल ढूँढ़ा जा सकता है। क़ुर्रतुलऐन हैदर पर बातचीत में ज़हन इस तरफ़ इसलिए जाता है कि (पाकिस्तान के) कुछ प्रसिद्ध लेखकों ने उनके सृजनात्मक विचारों और विषयों के सांस्कृतिक सन्दर्भों और सामूहिक चेतना को एक बँधे-टिके और निश्चित तरह के क़ौमी विचारों के हिसाब से समझने-समझाने की कोशिश की है। यह बात 'आग का दरिया' के बाद प्रकाशित हुई कहानियों और उपन्यासों पर विशेष रूप से सटीक बैठती है।

मिसाल के तौर पर फ़तह मुहम्मद मलिक का यह कहना तो समझ में आता है कि, "क़ुर्रतुलऐन हैदर ने हमारे फ़िक्शन को गहरे अन्दाज़ से

---

१४. अक्स उतारना १५. विरक्ति

सोचना सिखाया," लेकिन उनका क़ुर्रतुलऐन हैदर के यहाँ याददाश्त के अमल को इक़बाल की सामूहिक चेतना के सन्दर्भ में 'आतिशे रफ़्ता के सुराग़'[1] का पर्याय बता देना क़ुर्रतुलऐन हैदर के बुनियादी दृष्टिकोण को ही अस्वीकारना है। इसमें कोई सन्देह नहीं कि क़ुर्रतुलऐन हैदर की कहानियों और उपन्यासों का एक अहम तत्त्व ज़िन्दगी के शोर-शराबे और बेचैनी के माहौल में गुमशुदा वक़्त की खोज से निर्मित है। यह तलाश हमें इन्तिज़ार हुसैन के यहाँ भी दिखायी देती है लेकिन ज़िन्दगी को इसके रंगा-रंग तरीक़ों, सतहों और फ़सलों के साथ स्वीकार करने वाले किसी भी ज़िम्मेदार लिखने वाले के यहाँ सामूहिक चेतना साम्प्रदायिक, सैद्धान्तिक, स्थानिक और स्थानीय बुनियादों से मज़बूत नहीं होती। जाने-पहचाने और ख़ास सन्दर्भों और एक विशिष्ट संस्कृति में पैर जमाये रहने का मतलब यह तो बिल्कुल नहीं होता कि लिखने वालों ने जीवन के विस्तार और विविधता की तरफ़ से आँखें फेर ली हैं और उनके एहसासों का झरोखा अपने आसपास से आगे की रिवायत पर खुलता ही नहीं। जो वक़्त किसी कहानी या उपन्यास में क़िस्से की बुनियाद बनता है वह ना तो सिर्फ़ निजी होता है, ना सिर्फ़ सामूहिक। ऐतिहासिक घटनाएँ, परम्पराएँ, गाथाएँ, सांस्कृतिक परिदृश्य और रस्में मिलजुल कर वक़्त का एक उत्कृष्ट कथानक गढ़ते हैं और इस क़िस्से को एक मंच देते हैं। क़ुर्रतुलऐन की सृजन शैली वैसे भी मिली-जुली है। उर्दू साहित्य के इतिहास में क़ुर्रतुलऐन हैदर के उपन्यासों सा फैलाव, बहाव और पहुँच कहीं और जो नहीं मिलता तो उसका कारण भी यही है कि पुराने कथावाचकों की तरह वे बात से बात निकालती जाती हैं और ज़िन्दगी के देखने में एक-दूसरे से अलग और बेसिलसिलेवार तमाशों को एक माला में पिरोती जाती हैं। इस विचार शक्ति की जड़ें इनसानी ज्ञान और अनुभवों की विभिन्न ज़मीनों पर फैली हुई हैं। इतिहास और उसके आगे तक, हक़ीक़त से ख़्वाब तक और घटना से देवमाला तक पहुँचने का यह ढंग कम से कम उर्दू साहित्य के सन्दर्भ में, सिर्फ़ क़ुर्रतुलऐन हैदर की विशेषता है। इस सतह पर उनका कोई सानी नहीं है। शायद इसीलिए, क़ुर्रतुलऐन हैदर के प्रभाव से उनके बाद का कोई भी उल्लेखनीय लिखने वाला मुश्किल से ही बच सका है। उनका यह असर दो सतहों पर देखा जा सकता है।

---

१. एक लुप्त हो चुकी उष्णता की खोज

एक तो जीवनी या फ़िल्मी सागा के तौर पर उपन्यास लिखने का चलन, जो पिछले कुछ बरसों में, ख़ास तौर पर 'कारे जहाँ दराज़ है' के छपने के बाद से अच्छा-ख़ासा लोकप्रिय हुआ है और ग़ैर-साहित्यिक उपन्यास की एक अच्छी-बुरी रिवायत उर्दू में भी क़ायम हो चुकी है। दूसरा असर है, क़ुर्रतुलऐन हैदर की शैलियों के अनुकरण का चलन, ज़्यादातर सतही क़िस्म की समानता पैदा करने की कोशिश के तौर पर।

इस सिलसिले में दिलचस्प बात यह है कि क़ुर्रतुलऐन हैदर के सृजनात्मक सफ़र की रफ़्तार, उनका अनुकरण करने वालों से हमेशा बहुत तेज़ रही है। इसलिए, 'सितारों से आगे' और 'शीशे के घर' की लाक्षणिक और प्रतीकात्मक शैली और इन संग्रहों में शामिल कहानियों की संगीतात्मक और कुछ-कुछ काव्यात्मक ध्वनि हमारे यहाँ इन संग्रहों के सबसे पहले संस्करण (सन् १९४७–१९५४) के बहुत दिनों बाद एक नयी संवेदना के निर्माण और आधुनिकता के रुझानों की लोकप्रियता के दौर में आम हुई।

'सितारों से आगे' और 'शीशे के घर' को उर्दू की नयी कहानी का आदर्श इसीलिए कहा गया है कि इन कहानियों में, महमूद अयाज़ के हिसाब से इनसानी रूह की तन्हाई और दुख को समकालीन ज़माने के वैचारिक और भावनात्मक सच्चाइयों के सन्दर्भ में पहली बार एक सार्वजनिक त्रासदी और उथल-पुथल के तौर पर पेश किया गया है।

इनसानी रूह की तन्हाई, दुख की सार्वकालिक सच्चाई, वक़्त का भारी बोझ और घेराव, बिखराव और मृत्यु का अनिवार्य तमाशा जिन्हें हर जीवन की पृष्ठभूमि और हर इनसानी जद्दो-जहद का फल कहा जा सकता है, कला और साहित्य की आम परम्परा की मनोग्रस्ति नहीं हैं। उन्हें इनसानी हस्ती का केन्द्र कहना चाहिए क्योंकि ज़िन्दगी का हर मंज़रनामा इसी दुख से भरे हुए दायरे के पास इकट्ठा होता है। शोपनहावर का कहना था कि यदि मृत्यु नहीं होती तो ना दर्शन अस्तित्व में आता ना कविता ही। मानव का निजी और सार्वजनिक अस्तित्व इस पृष्ठभूमि के साथ अपने कई रंगों की नुमाइश करता है। पहले महायुद्ध के बाद, बीसवीं सदी की दूसरी और तीसरी दहाइयों के साहित्यिक रुझान इसी सच्चाई के माध्यम से पहचाने जाते हैं। एलीयट की 'दि वेस्ट लैण्ड' जेम्स जॉयस की 'यूलीसिस' इस पूरे दौर की पहचान अगर कहे गये तो इसीलिए कि इतिहास और समय

के एक नये बोध का निर्माण इसी पृष्ठभूमि में हुआ था। इस दौर के एक साहित्यिक इतिहासकार फ्रेडरिक जे. हौफ़मन के शब्दों में, "साहित्य अगर इतिहास के लिए अहमियत का हामिल समझा जाता है तो इसलिए नहीं कि इसकी हैसियत एक समाजी दस्तावेज़ या सियासी और वैचारिक तारीख़ के फ़ुटनोट की है, बल्कि इसलिए कि साहित्य अपने ज़माने के बुनियादी समस्याओं और सवालों की पहचान, समझ और व्याख्या का एक भरोसेमन्द ज़रिया भी है।" क़ुर्रतुलऐन हैदर पर एक आपत्ति अक्सर लगायी जाती है कि उनके यहाँ (ख़ास तौर पर उपन्यासों में) इतिहास का साया ज़रूरत से ज़्यादा विशाल है और उसका हस्तक्षेप बहुत साफ़ है। एक लेख (ऐवाने-उर्दू, देहली, अक्तूबर १९९१) में ख़ुद क़ुर्रतुलऐन हैदर ने तारीख़ की तरफ़ अपने रवैये के बारे में यह सफ़ाई दी थी कि :

> ...जिस क़िस्म के नॉविल मैं लिखती हूँ, उनके लिए तो रिसर्च ज़ाहिर है कि बेहद ज़रूरी है। अलावा अज़ें मुसव्वरी[१], आर्ट, हिस्ट्री, आर्कियोलोजी और मौसिक़ी से मेरी गहरी दिलचस्पी इस छान-फटक में मुआविन[२] साबित होती है, ये कौन सी अनोखी बात है!

(४)

ज़ाहिर है कि क़ुर्रतुलऐन हैदर से पहले, उर्दू उपन्यास की परम्परा में इस रवैये के निशान लगभग नहीं हैं। लेकिन पश्चिमी दुनिया, जहाँ एक शैली के तौर पर उपन्यास के पाँव जमे, वहाँ लगभग हर बड़ी भाषा के साहित्य ने सामूहिक अनुभवों, परम्पराओं, इतिहास और घटनाओं से उपन्यास के लिए बुनियादी सामग्री ली है। इंग्लिस्तान की औद्योगिक क्रान्ति, फ्रांसीसी क्रान्ति, रूसी क्रान्ति, इतालवी रेनेसाँ के बाद यूरोप में प्रकट होने वाले वैचारिक और भावनात्मक परिवर्तन, जंगें और क्रान्तियाँ, आधुनिक यूरोप की सृजनात्मक और साहित्यिक परम्परा से उन सबका सम्बन्ध, बहुत चिरस्थायी है। औपनिवेशिक काल की प्राथमिकताएँ और पक्षपात के सिलसिले में हमारा दृष्टिकोण जो भी हो, यह बात सर्वमान्य है कि हमारे समय की साहित्यिक परम्परा पर पूरब और पश्चिम की विशेषताओं के

---

१. चित्रकला २. सहायक

अलावा, उर्दू रचना संसार में हमारे अपने प्राचीन युग और सामूहिक पहचान की श्रेष्ठता पर ज़ोर के बावजूद, पश्चिमी ज़मीनों से पैदा होने वाले साहित्यिक विचारों और मूल्यों ने बहुत जल्द एक विश्वव्यापी सच्चाई की हैसियत अपना ली। समकालीन साहित्य और साहित्यकारों के एक बहुत बड़े हिस्से पर पश्चिमी सोच और विचारधारा, वहाँ की कलात्मक शैलियों और अनुभवों के प्रभावों से इनकार सम्भव नहीं है। पश्चिमीकरण और विदेशी रवैयों से बिना शर्त दिलचस्पी निस्सन्देह अच्छी नहीं है। लेकिन जातीयता और देश प्रेम की भावना से पैदा होने वाली ख़ुशगुमानियों का मौक़ा-बेमौक़ा इज़हार भी, एक तरह का मानसिक रोग है। बीसवीं सदी, अपनी उथल-पुथल के बावजूद बहरहाल पश्चिम की सदी है। एक नये पुरबिया बोध और सोच की बनावट और पहचान के बहुत से साधन भी हम तक पश्चिम ही के माध्यम से पहुँचे। क़ुर्रतुलऐन हैदर का 'पुरबियापन' और उनके सामूहिक अतीत उनके एहसासों के पास किसी तरह का घेरा नहीं खींचते। इसलिए उनका विवेक पूरब-पश्चिम की सीमित कल्पनाओं की पकड़ से हैरतअंगेज़ हद तक आज़ाद है।

उनकी अन्तर्दृष्टि एक सी आज़ादी के साथ पूरब और पश्चिम, दोनों ही संसारों की यात्रा करती है। उनके सोचने के और उनके अभिव्यक्ति के तरीक़े ना तो सिर्फ़ पूर्वी हैं ना केवल पश्चिमी ही। उर्दू साहित्य की परम्परा में क़ुर्रतुलऐन हैदर से पहले और उनके बाद भी विचारों और एहसासों का यह विस्तार कहीं और दिखायी नहीं देता। क़ुर्रतुलऐन हैदर ने एक सी सहजता से पूरब और पश्चिम दोनों ही की साहित्यिक परम्परा से लाभ उठाया है।

मेरा ख़याल है कि उर्दू साहित्य के सबसे बड़े प्रतिनिधियों में भी पुराने और आधुनिक पश्चिमी साहित्य, वैचारिक और सृजनात्मक परम्पराओं से क़ुर्रतुलऐन हैदर जैसी बाख़बरी शायद किसी और लिखने वाले के हिस्से में नहीं आई।

(५)

क़ुर्रतुलऐन हैदर के पहले उपन्यास 'मेरे भी सनमख़ाने' का प्रकाशन उनकी कहानियों की किताब 'सितारों से आगे' (सन् १९४७ में प्रकाशित)

के ठीक दो बरस बाद (सन् १९४९) हुआ था। यानी उनकी सृजन यात्रा की कहानी लगभग उसी अवधि पर फैली हुई है जिसे आज़ाद हिन्दुस्तान की तारीख़ का नाम दिया जाता है। इस पूरे अर्से के सांस्कृतिक और सृजनात्मक वातावरण पर इतिहास का बोझ बहुत हावी रहा है। एक ख़ास तरह की औपनिवेशिक मानसिकता का दायरा, फिर उस दायरे से निजात की एक समझी हुई कोशिश, आज़ादी और बँटवारे से पहले का साझा इतिहास और सभ्यता, फिर दंगे, हिजरतें, वैचारिक और भावनात्मक निर्वासन और दरबदरी का एहसास, तन्हाई और गुमशुदगी के साये में नये सिरे से अपनी जड़ों की तलाश, एक नये तकनीकी युग की अफ़रा-तफ़री, पश्चिम और पूरब के बनते-बिगड़ते रिश्तों के सन्दर्भ में अपनी पहचान की तलाश और फिर एक नयी पहचान की कल्पना, राष्ट्रीयता और अन्तर्राष्ट्रीयता, जातीयता और निजी और सार्वजनिक सतह पर एक विश्वव्यापी इनसानी सूरते हाल की कशमकश। यानी एक अच्छी-ख़ासी भरी-पूरी पृष्ठभूमि है जिसके सन्दर्भ उस समय के साहित्य में, शायरी में और ललित कलाओं में बिखरे हुए हैं। क़ुर्रतुलऐन हैदर के सृजनात्मक जीवन के कुछ अहम निशान हैं : 'आग का दरिया' (१९५९), 'आख़िरी शब के हमसफ़र' (१९७१), 'गर्दिशे रंग चमन' (१९८८), 'चाँदनी बेगम' (१९८९), और 'कारे जहाँ दराज़ है (१९९०)। इन उपन्यासों के साथ-साथ उनके कहानी-संग्रह 'पतझड़ की आवाज़' (१९६७), रौशनी की रफ़्तार (१९७६), लम्बी कहानियाँ या लघु-उपन्यास 'दिलरुबा', 'सीता हरण', 'चाय के बाग़', 'अगले जनम मोहे बिटिया ना कीजो' (सभी सन् १९७९ में प्रकाशित) और उनके सफ़रनामों, रिपोर्ताज, अनुवादों, समीक्षाओं से लेकर उनकी हालिया किताबों (दामान बाग़बान) (पत्र), दास्ताने अहद गुल (लेख), कफ़े गुलफ़िरोश (तस्वीरों का एलबम) जो प्रकाशन के आख़िरी पड़ाव में है और जिसे जीवन-वृत्तान्त रूपी उपन्यास 'कारे जहाँ दराज़ है' के सिलसिले का एक हिस्सा समझना चाहिये, इस पूरी पूँजी पर नज़र डाली जाय तो एक निहायत मसरूफ़, सरगर्म और नतीजाख़ेज़ सृजनात्मक ज़िन्दगी का ख़ाका बनता है। एक पूर्णकालिक साहित्यकार के जीवन का परिदृश्य, एक जटिल और विशाल यात्रा। लेकिन इस सिलसिले में सबसे ख़ास बात यह है कि क़ुर्रतुलऐन हैदर का यह सारा सफ़र ना तो सीधा-सादा सिलसिलेवार रहा है, ना ही किसी निश्चित, नियत मंज़िल

की तरफ़। रास्ते भी पेचीदा और मंज़िल भी धुन्धली और अधूरी। यह एक दायरे का सफ़र है इसलिए किसी आम लिखने वाले की वैचारिक प्रगति की क़िस्म का नाम इस पर चिपकाया नहीं जा सकता।

हमारे समय के साहित्य लिखने वालों में क़ुर्रतुलऐन हैदर के बाद दूसरी एकलौती मिसाल इन्तिज़ार हुसैन की है जो लगभग इसी तरह के बेनाम, अन्तर्विरोधों से भरे हुए, कुछ-कुछ अँधेरे रास्तों से गुज़रने के बाद अपने मौजूदा सृजनात्मक क्षेत्र तक पहुँचे हैं और यह क्षेत्र भी हर तरह के अड़ियलपन और सम्पूर्ण होने के तत्त्व से मुक्त है। सृजनात्मक आज़ादी, जिसे सृजनात्मक तन्हाई की ही एक शक्ल समझना चाहिये और सिर्फ़ अपने आसाबो-एहसासों की मुँडेर पर रौशन चिराग़ों की मदद से अपने आपको और अपनी दुनिया को देखने की ईमानदार कोशिश जिसका दायरा हमारी पूरी सामूहिक तारीख़ के आसपास फैला हुआ हो, क़ुर्रतुलऐन हैदर और इन्तिज़ार हुसैन की रचनाओं में सबसे ज़्यादा प्रत्यक्ष और बड़े अक्षरों में दिखाया जा सकता है। भारतीय उपमहाद्वीप के बँटवारे से लेकर अब तक की सामूहिक ज़िन्दगी की अस्त-व्यस्तता जिस तरह इन दोनों के यहाँ उजागर हुई है, इसने उनके बाद के लेखकों के लिए एक आदर्श की हैसियत अपना ली है। ये दो विचारधाराएँ हैं, नयी संवेदनशीलता के निर्माण और प्रसार में सक्रिय और बहुत से लिखने वालों के लिए उनसे सहमति और विरोध के विवेकशील संघर्ष के बग़ैर किसी नयी तस्वीर को बनाना कठिन है। शायद कोई भी नया लिखने वाला उन्हें नज़रन्दाज़ करके आगे नहीं जा सकता। उन दोनों पर अतीत में रहने और 'नौस्टाल्जिआ' का इल्ज़ाम अक्सर लगाया जाता है। लेकिन दोनों के बारे में यह हक़ीक़त भुला दी जाती है कि किसी भी ज़िम्मेदार और संजीदा लिखने वाले का अतीत सिर्फ़ उसका अतीत नहीं होता। सामूहिक इतिहास की हैसियत, दोनों के यहाँ एक केन्द्र बिन्दु की है। इसलिए जब भी कोई नया लिखने वाला इतिहास के परिप्रेक्ष्य में अपने अनुभव का वृत्तान्त बयान करने के लिए उठेगा उसकी नज़र अपने आप उनकी तरफ़ जायेगी।

इनमें क़ुर्रतुलऐन हैदर का कैनवस ज़्यादा विस्तृत और जटिल है। इन्तिज़ार हुसैन लघु चित्र बनाते हैं। क़ुर्रतुलऐन हैदर 'म्यूरल्ज़' पेंट करती हैं। बड़ी कूची के साथ और बहुआयामी ब्लूप्रिन्ट के हिसाब से। इस खुले फ़र्क़ के बावजूद दोनों के यहाँ विवरण की संक्षिप्तता, सांकेतिक भाषा और

कलात्मक घेराव की ख़ूबियाँ एक जैसी कही जा सकती हैं। इन्तिज़ार हुसैन के उपन्यासों 'बस्ती', 'तज़्किरा' और 'आगे समन्दर है' की सामूहिक फ़िज़ा बहुत केन्द्रित और उनकी कहानियों से मिलती-जुलती है। इसके विपरीत क़ुर्रतुलऐन हैदर की कहानियों में भी उनकी सृजनात्मक शैली और सोच का बेहतर प्रतिनिधित्व उन कहानियों से होता है जो लम्बी हैं और लोगों के बजाय सभ्यताओं को अपना विषय बनाती हैं, संस्कृति पर केन्द्रित हैं और एक तरह के रोमांचक सफ़र की निशानदेही करती हैं। 'आईना फ़रोशे शहरे कोराँ', 'दरीं गर्द सवारे बाशद', 'सीता हरण', 'हाउसिंग सोसायटी', 'क़ैदख़ाने में तलातुम है कि हिन्द आती है' और 'मल्फ़ूज़ाते हाजी बाबा बेग ताशी', पात्रों से ज़्यादा इतिहास के किसी ख़ास पड़ाव में सामूहिक इनसानी सूरते हाल, सभ्यताओं और सांस्कृतिक भूदृश्य पर आधारित कहानियाँ हैं। यहूदी, हिन्दू, बौद्ध, मसीही, पारसी, इस्लामी और सूफ़ी परम्पराएँ, रस्में, देवमालाएँ, मूल्य और आस्थाएँ, क़ुर्रतुलऐन हैदर के यहाँ एक रहस्यमयी रासायनिक प्रक्रिया से गुज़रने के बाद गम्भीर और शक्तिशाली मानवीय अनुभवों की तस्वीर बन जाती हैं।

(६)

वहीद अख़्तर ने क़ुर्रतुलऐन हैदर से सम्बन्धित अपने लेख ('आग का दरिया' पर 'वजूदियत के असरात', उर्दू फ़िक्शन, सम्पादक : आले अहमद सरूर) में लिखा था :

> ...(ये) पहला उर्दू नॉविल है जो मौजूदा अहद के इनसान और उसके मसाइले-वजूद पर भरपूर रौशनी डालता है...ये 'उदास नस्लें' से क़िब्ल[१] शाए हुआ था। इस नॉविल की एक ख़ुसूसियत ये है कि क़ुर्रतुलऐन हैदर ने हज़ारों बरस के वसीअ पस मंज़र को नॉविल के कैनवस पर फैला दिया है। इस तरह हिन्दुस्तान की कई हज़ार सालाना तारीख़, कल्चर, फ़लसफ़े और रस्मोरिवाज इस दरिया की मौजों में सिमट आते हैं। इस लिहाज़ से शायद ये दुनिया के अदब में अपनी तर्ज़ की पहली और मुंफ़रिद[२] कोशिश है।

१. पहले

यानी जिस तरह 'सितारों से आगे' और 'शीशे के घर' की कहानियों से उर्दू कहानी में लाक्षणिक और प्रतीकात्मक अभिव्यक्ति की शुरुआत हुई और उर्दू कहानी के इतिहास में पारम्परिक कथानक से आगे एक नयी रीति प्रचलित हुई, उसी तरह 'आग का दरिया' का प्रकाशन, उपन्यास की आकृति और स्वभाव में एक क्रान्तिकारी परिवर्तन का कारण बना। यहाँ से उपन्यास की एक नयी पहचान और एक नयी तारीफ़ निश्चित हुई, एक नये क़ानून का जन्म हुआ। 'आग का दरिया' के माध्यम से हमें इस क़तार को और इस ज़माने को देखने का एक नया कोण प्राप्त हुआ। उर्दू के आम पाठक अब इस सच्चाई तक पहुँच गया :

> वक़्त और तारीख़ के हुज़ूर[२] कोई आदमी ग़ैर मामूली नहीं...सब इसके हाथ में कल्दार खिलौने हैं। सम्राट चन्द्रगुप्त या कौटिल्य, हुसैन शाह शरक़ी और शेरशाह और अकबर, सिद्धार्थ हों या शंकराचार्य, इब्ने रुश्द हों या फ़ाराबी और इब्ने ख़लदून...ये सब वक़्त के धारे में बह चुके हैं।
>
> (वहीद अख़्तर, सन्दर्भ : उपरोक्त)

यानी यह एक कहानी की माला में जाने-पहचाने किरदारों के साथ एक शक्तिशाली और सक्रिय, देखने में ख़ामोश और अदृश्य किरदार भी पिरोया हुआ है। और कहानी जिस हद तक दिखती है, यह किरदार उतना ही गुप्त है। यह अदृश्य किरदार 'मेरे भी सनमख़ाने से' 'चाँदनी बेगम' तक हर जगह अपने होने का पता देता है, हालाँकि वक़्त गुज़रने के साथ-साथ इनसानी वजूद और सूरते हाल की वजह से क़ुर्रतुलऐन हैदर के दृष्टिकोण में भी बदलाव आया है और इनसानी अनुभवों की तह में इतिहास के कोने से ज़्यादा अब वे (चाँदनी बेगम में) अनपेक्षित घटनाओं, अनहोनियों और संयोगों की क़ायल दिखायी देती हैं। इस तरह उनके उपन्यासों का आन्तरिक परिदृश्य भी बदला है और उनकी आकृति, संवेदनशीलता और बाहरी रूप भी वैसा नहीं रहा जिसके आधार पर कृष्ण चन्दर और इस्मत चुग़ताई ने उन्हें अपराधी ठहराया था। 'चाय के बाग़', 'दिलरुबा', 'अगले जनम में मोहे बिटिया ना कीजो', 'आख़िरी शब के हमसफ़र', 'चाँदनी बेगम' के किरदारों के वर्गों के नक़्शे और सन्दर्भ बिल्कुल अलग हैं। वे कुलीन और सुरुचिपूर्ण रवैये जिनसे क़ुर्रतुलऐन

१. अनूठी २. सामने

हैदर की शुरुआती कृतियाँ साफ़ पहचानी जाती थीं, उनकी जगह अब एक लोकतान्त्रिक दृष्टिकोण और बनावट या जटिलता से मुक्त शैली ने ले ली है। समकालीन काल के नैतिक पतन, सांस्कृतिक फूहड़पन, उपभोक्तावाद, हिंसा, साम्प्रदायिकता और अमानवीकरण की एक सतत प्रक्रिया के फलस्वरूप हर दिन बढ़ती हुई संगदिली और आक्रामकता, बदमज़ाक़ी और कुरूपता अब क़ुर्रतुलऐन हैदर के नये इनसानी सरोकार और तवज्जो के केन्द्र बन गये हैं। निचले तबक़ों की औरतें और मर्द, दिहाड़ी पर काम करने वाली घरेलू लड़कियाँ, गाने-बजाने वाले मज़दूर और कारीगर (अमानवीकरण) उनकी रचनाओं में एक बिल्कुल ही अलग परिदृश्य बनाते हैं। अपनी स्मृति का उपयोग क़ुर्रतुलऐन हैदर कभी नयी सच्चाइयों की पैमाइश के माध्यम के तौर पर करती हैं, कभी वर्तमान युग की दुर्दशा और फूहड़पन के ख़िलाफ़ एक प्रतिरोध के तौर पर। अतीत को भूल जाना अपने आप को खो देने के समान है। जिस तरह इतिहास एक जीवित अभिव्यक्ति है, उसी तरह अतीत की भी एक जीती-जागती हक़ीक़त होती है। इराक़ पर अमरीकी आक्रमण के हालिया घटनाक्रम के सन्दर्भ में अपने एक लेख का अन्त भास्कर घोष ने मिलान कुन्देरा के इस उद्धरण पर किया है कि, "इस इक़्तदार[२२] के ख़िलाफ़ अवाम की जद्दो-जहद दरअस्ल फ़रामोशकारी के ख़िलाफ़ हाफ़िज़े की जद्दो-जहद कही जा सकती है।" बीते वक़्त को याद करना असल में वर्तमान से अपनी असन्तुष्टी जताना है। इसीलिए 'हाल मस्त' और 'खाल मस्त' लोग अतीत को जीवित रखने की हर कोशिश में अपने विनाश के आसार देखते हैं। यह भ्रम कि सिर्फ़ वर्तमान सच्चाई है या मौजूदा हक़ीक़त के सिवा, किसी और हक़ीक़त का वजूद नहीं, एक तरह की सांस्कृतिक राजनीति और मानसिक विकार है। अतीत की अनुभूति, लायनल ट्रिलिंग के अनुसार, बड़े लिखने वालों को एक नैतिक दृष्टिकोण भी प्रदान करता है, इसीलिए दुनिया भर के साहित्य में 'गुमशुदा वक़्त की तलाश' को एक अटल सृजनशैली की हैसियत से भी देखा गया है। 'अतीत की अनुभूति' ख़तरनाक सूरत भी अपना लेती है, लेकिन सिर्फ़ उस वक़्त जब यह अनुभूति सियासत की गिरफ़्त में आ जाती है और सियासतदाँ उसे अपने हित और आवश्यकतानुसार एक ख़ास शक्ल में देखना चाहते हैं। तारीख़

---

२२. सत्ता

को बार-बार निशाना बनाने की कोशिश जो सत्ता की राजनीति का एक बुनियादी एजेंडा भी कही जा सकती है, सिर्फ़ इसलिए की जाती है कि अतीत और इतिहास हमारे विवेक के क्षितिज से कभी ओझल नहीं होते। सियासतदाँ अतीत को इसलिए बदलना चाहता है क्योंकि वह भविष्य को बदलना चाहता है। तारीख़ के घाव उसे परेशान करते हैं, उत्तेजित करते हैं, उसे शर्मिन्दा और निष्क्रिय करते हैं। इसलिए वह इतिहास को बिगाड़ कर उसे एक मनमाने रूप में देखना और दिखाना चाहता है। 'सृजनात्मक बोध' का हिस्सा बनने के बाद अतीत की अनुभूति और इतिहास, वर्तमान के बन्धनों से बचाव का एक साधन एक प्रतिरोध का ज़रिया, एक नैतिक मूल्य और आसपास के कोलाहल में एक पनाहगाह भी बन जाते हैं। क़ुर्रतुलऐन हैदर ने अपनी कहानियों और उपन्यासों में अपनी स्मृति और इतिहास से जितनी गहरी और जटिल सतह पर यह काम लिया है, उसे समझे बग़ैर ना तो उनके सृजनात्मक दृष्टिकोण को समझना सम्भव है ना ही उनके अनुपम कथानक के ताने-बाने को समझा जा सकता है।

(७)

अब यहाँ क़ुर्रतुलऐन हैदर की अलग-अलग रचनाओं से ये तीन अंश भी देखते चलें। एक बातचीत के दौरान उन्होंने कहा था :

> मैंने तो ये मोनोलौग, 'दरूने ज़ात का इनाकास', शऊर की रौ[१] और तजरीदी ख़याल आराई वग़ैरह से उन दिनों इस्तफ़ादा[२] किया था जब १९४० में मेरी कम उम्र का ज़माना था। 'सितारों के आगे' में मेरी कहानियाँ इसी नयेपन का अक्स पेश करती हैं। उनमें ऐसे तमाम ख़यालात मिलते हैं जो उर्दू में दूसरी नस्ल का मौज़ू बने। मेरे लिये तो अब ये सब कुछ क़िस्सा-ए-पारीना[३] है।
>
> एक मशहूर नक़्क़ाद ने मुझसे एतराज़न कहा था कि 'आख़िरी शब के हमसफ़र' प्योर नॉविल नहीं है। 'आग का दरिया' को टोटल नॉविल नहीं कहा गया क्योंकि ये इस्तलाह[१] उस वक़्त यहाँ ग़ालिबन नहीं पहुँची थी, 'कारे जहाँ दराज़ है' भी मग़रिबी तनक़ीद के बहुत से नज़रियों की

१. लहर २. उधार लेना ३. पुराना क़िस्सा

> कसौटी पर कसा गया। पूरा ना उतरा। कहीं फ़िट ना बैठा। उस वक़्त तक नॉन-फ़िक्शन नॉविल भी शायद किसी ने नहीं सुना था। बिलाख़िर फ़ैसला ये किया गया कि उसे 'रूट्स' ने इंस्पायर किया है। हालाँकि वो 'रूट्स' की इशाअत से पहले लिखा गया था। उस कहानी की दाग़ बेल मैंने यल्दरम की वफ़ात के चन्द रोज़ बाद ही डाल दी थी और मुद्दतों बाद उस पर बाक़ायदा काम शुरू किया। ये मेरी वालिदा की अदबी रिवायत थी जिन्होंने १९४५ में अपने हालाते ज़िन्दगी बड़े दिलचस्प अन्दाज़ बतौर रोज़नामचा लिखने शुरू किये थे...

और निम्नलिखित उद्धरण उनके एक लेख से लिया गया है (ऐवाने-उर्दू, अक्तूबर १९९१ में प्रकाशित):

> मेरे लिए फ़्यूडल तबक़े की नौहा ख़्वानी का जो लेबल यही हज़रात पिछले दौर में लगा गये...वो नक़्क़ादों की हर पीढ़ी और हर मदरसा-ए-फ़िक्र को मुंतक़िल[२] होता गया। चुनांचे 'चाँदनी बेगम' की ख़ालिस अस्री मसाइल[३] की कहानी भी उनको माज़ी की नौहा ख़्वानी मालूम हुई क्योंकि वो माज़ी को हाल से मरबूत[४] देखना नहीं चाहती।
>
> *(सन्दर्भ, क़ुर्रतुलऐन हैदर, एक मुताला, एजुकेशन पब्लिशिंग हाउस, देहली, १९९२)*

वाक़िआ यह है कि क़ुर्रतुलऐन हैदर की रचनाओं के वैचारिक और भावनात्मक स्रोत की तरह, उनके ढाँचे और उनकी कलात्मक नीतियों के अन्दाज़ और शैलियाँ भी पाठक पर यह शर्त लागू करते हैं कि वह ख़ुद क़ुर्रतुलऐन हैदर की स्थापित की हुई शर्तों पर उन कृतियों के भाव और अर्थ तक पहुँचे। हमारे यहाँ साहित्य की आलोचना अक्सर बहुत बँधे-टिके नियमों की पाबन्द रही है। उसका आम कारण यही रहा है कि उन्नीसवीं सदी में नज़ीर अहमद से रुसवा तक उपन्यास की जो परम्परा स्थापित हुई थी, बीसवीं सदी में प्रेमचन्द, अज़ीज़ अहमद और सन् १९३६ के इंक़लाबी रुझानों के साथ सुसज्जित होने वाली तरक़्क़ीपसन्द साहित्यकारों की नुमाइन्दा पंक्ति के कारनामों के बावजूद उसमें कुछ ख़ास फ़र्क़ नहीं आया। वारिस अलवी की यह शिकायत कि उर्दू साहित्य का दामन बड़े उपन्यास से वंचित है, बड़ी हद तक दुरुस्त है। यूरोप के आधुनिक दौर के साहित्य से हटकर भी ख़ुद हिन्दुस्तान की भाषाओं में

---

१. परिभाषा २. परिवर्तित ३. समकालीन विषय ४. जुड़ा हुआ

उपन्यास की जो पूँजी सामने आई, उसमें वैचारिक गहराई और सृजनशील रंगा-रंगी के निशान उर्दू की अपेक्षा कहीं ज़्यादा रौशन और मूल्यवान हैं। हमारे यहाँ प्रेमचन्द, मण्टो, बेदी, इस्मत, कृष्ण चन्दर, अज़ीज़ अहमद, ग़ुलाम अब्बास, अहमद नईम क़ासमी, अली अब्बास हुसैनी, हयातुल्लाह अंसारी ने अफ़साने की सतह बेशक बहुत बुलन्द की और ऐसी कई कहानियाँ वजूद में आयीं जो वैश्विक स्तर की कहानियों के साथ रखी जा सकती हैं। लेकिन यही बात क़ुर्रतुलऐन हैदर या उनसे पहले लिखे जाने वाले उपन्यासों के बारे में नहीं कही जा सकती (उमराव जान अदा और गोदान इनमें अपवाद हैं)। हमारे मशहूर उपन्यासों की दुनिया उस दुनिया की अपेक्षा बहुत सीमित और साधारण दिखायी देती है जिसका निर्माण फ्रांसीसी, जर्मन, रूसी और अँग्रेज़ी उपन्यास के नामवरों ने किया था। उसकी एक वजह तो यह हो सकती है कि क़ुर्रतुलऐन हैदर से पहले हमारे ज़्यादातर उपन्यासकार पश्चिमी उपन्यास की सतह और पैमाने के रहस्यों से अच्छी तरह वाक़िफ़ नहीं थे। दूसरी यह कि बड़ा उपन्यास लिखने के लिए जिस तरह के संकल्प, व्यवस्था और अभ्यास की ज़रूरत होती है उसका बोझ उठाने की सकत उनमें नहीं थी। ग़ज़ल के शेर का जादू दो-चार सृजनात्मक चिंगारियों की मदद से भी जगाया जा सकता है और इक्का-दुक्का अच्छे शेर मामूली सृजनशील हौसला रखने वालों पर भी उतर सकते हैं। लेकिन हर शायर रज़्मिया[३०] और लम्बी नज़्म तो नहीं लिख सकता। शायद इसीलिए मुख़्तसर अफ़साने की एक रिवायत तो हमारे बाकमालों ने क़ायम कर दी और दूसरी क़तार के अफ़साना निगारों ने भी उसका सिलसिला बरक़रार रखा, लेकिन उपन्यास के मामले में शौक़ का यह सफ़र आसान नहीं था। क़ुर्रतुलऐन हैदर ने उर्दू उपन्यास की तारीख़ में जो परिवर्तनात्मक भूमिका निभायी है, उसकी कई दिशाएँ हैं और वे मुश्किल भी हैं। इसीलिए संजीदगी के साथ उनका अनुसरण करने वालों में भी जमीला हाशमी के 'दश्त सूस', निसार अज़ीज़ बट के 'कारवाने वजूद' (और ख़दीजा मस्तूर के 'आँगन' के सिवा), किसी और उपन्यास का चिराग़ नहीं जला। वैसे तो कुछ कम पढ़ी-लिखी लेखिकाओं, यहाँ तक कि कुछ नये साहित्यकारों ने भी क़ुर्रतुलऐन हैदर की कच्ची-पक्की नक़्ल इस तरह उतारने की कोशिश की कि अँग्रेज़ी के कुछ ग़लत-सलत

---

३०. महाकाव्य

शब्द और मुहावरे अपने वाक्यों में टाँक दिये और कुछ पार्टियों वग़ैरह का ज़िक्र कर दिया। ख़ास तौर पर 'आग का दरिया' के अनुकरण का मैदान नये लिखने वालों के यहाँ भी देखा जा सकता है। यह अनुकरण उर्दू से आगे हिन्दी में भी नज़र आया जहाँ उर्दू की अपेक्षा उपन्यास ने पिछले कुछ बरसों में ज़्यादा उन्नति की है और कुछ बहुत अच्छे उपन्यास लिखे गये हैं। तो भी, यह संयोग उर्दू उपन्यास के इतिहास की दृष्टि से विशेष महत्त्व रखता है कि हमारे ज़माने के सबसे ज़्यादा प्रसिद्ध उपन्यास (उदास नस्लें, लहू के फूल, बस्ती, तज़्किरा, बहाव, अलीपुर का ईली) 'आग का दरिया' के छपने के बाद लिखे गये और यह क़ुर्रतुलऐन हैदर के परोक्ष प्रभाव से आज़ाद नहीं हैं। आज भी उर्दू के अधिकांश उपन्यासकार, चौधरी मुहम्मद नईम के अनुसार 'तारीख़, हाफ़िज़े, अफ़साना और हक़ीक़त के उसी दायरे' में घूमते हुए नज़र आते हैं जो क़ुर्रतुलऐन हैदर से सम्बन्धित है। अनुसरण और पैरवी का यह रवैया उपन्यास से ज़्यादा कहानी में फला-फूला। अनवर ग़ालिब की कृतियाँ अपनी कुछ विशिष्टताओं के बावजूद बहुत कम प्रसिद्ध हुईं। लेकिन निखत हसन और ख़ालिदा हुसैन की कहानियों में जो चेतना को झकझोरने वाला आन्तरिक चित्रण, प्रत्यक्ष और अदृश्य को मिलाने की जो कामयाब कोशिश और भाषा और वर्णन पर जो सृजनात्मक पकड़ दिखायी देती है, उससे यह उम्मीद बाँधी जा सकती थी कि उन्होंने अगर उपन्यास भी लिखे होते तो क़ुर्रतुलऐन हैदर की रिवायत के कुछ नये आयाम रौशन हो सकते थे। क़ुर्रतुलऐन हैदर साहित्य में 'लेडीज़ कम्पार्टमेंट' की क़ायल नहीं हैं। उर्दू साहित्यिक परम्परा में उनसे पहले हिजाब इम्तियाज़ अली और इस्मत चुग़ताई ने और उनके बाद हाजिरा मसरूर, फ़हमीदा रियाज़, ज़ाहिदा हिना, जीलानी बानो, ज़किया मशहदी और इन सबसे अलग ख़ालिदा हुसैन ने अनूठी ख़ूबियों से मालामाल विवरण की जिस शैली का निर्माण किया है, उस पर नारीवाद का एक ख़ामोश रंग हावी है। नारीवादी संवेदनशीलता बयान के तरीक़े से एक स्वाभाविक तालमेल रखती है, इसलिए कुछ, लगभग गुमनाम महिलाओं (जैसे सक़ीना जिलवाना) ने भी बहुत ही स्वाभाविक बहाव के साथ अपने विचार कहानी के रूप में इकट्ठे किये हैं (सह्रा की शहज़ादी) और कहानी लिखने की किसी प्रत्यक्ष कोशिश के बग़ैर अच्छी कहानियाँ लिखी हैं। कहानियाँ और क़ौमी तहज़ीबें, अक्सर एक

प्रतीकात्मक रिश्ते में पिरोयी हुई होती हैं और जैसा कि मीनाक्षी मुखर्जी ने हिन्दुस्तानी उपन्यास के एक जायज़े के दौरान कहा था, सभी वर्णनों को इसीलिए एक ख़ास ज़माने और सांस्कृतिक पृष्ठभूमि के सन्दर्भ में पढ़ा जाना चाहिये। इस पृष्ठभूमि का निर्माण होता है हमारे दैनिक जीवन को बनाने वाली वस्तुओं और नामों से, जिन पर नारीवादी संवेदनशीलता और विवेक की पकड़ अपेक्षाकृत ज़्यादा सशक्त होती है। ख़ैर, यह तो एक गौण संकेत था। लेकिन इसी सिलसिले में एक बात अक्सर भुला दी जाती है कि किसी भी कथानक की बनावट भले ही एक ख़ास संस्कृति की पृष्ठभूमि में हो, मगर उसका निर्माण और उसके अर्थ के निर्धारण में वह कथानक भी बहरहाल सहायक होता है। इस लिहाज़ से क़ुर्रतुलऐन हैदर की कहानियों और उपन्यासों की भूमिका बहुत प्रभावी रही है। फ़तह मुहम्मद मलिक का यह कथन कि, "एक मुद्दत के बाद क़ुर्रतुलऐन हैदर हमारा इज्तिमाई हाफ़िज़ बनकर नमूदार हुई हैं," इसी हक़ीक़त के अधूरे बोध पर आधारित है। अधूरा इसलिए कि 'अपने इज्तिमाई हाफ़िज़े' की हदबन्दी वे एक तरह के कुछ-कुछ राजनैतिक और अलगाववादी रवैये की रहनुमाई में करते हैं जबकि क़ुर्रतुलऐन हैदर अपनी अन्तर्दृष्टि में प्रगति और परिवर्तन के कुछ अनिवार्य संकेतों के बावजूद अपने सांस्कृतिक परिप्रेक्ष्य को ना तो सीमित करती हैं ना उस व्यापक और साझे दृष्टिकोण से विरक्त होती हैं जो 'मेरे भी सनमख़ाने' से लेकर 'शाह राहे हरीर' तक उनकी सभी रचनाओं में देखा जा सकता है।

(८)

आज राष्ट्रीय और अन्तर्राष्ट्रीय, दोनों सतहों पर हम जिस इनसानी सूरते हाल से दो-चार हैं, उसके सामने मौजूदा माहौल के तापमान को नज़रन्दाज़ करके, साहित्यकार होना तो दूर रहा, अपनी आम इनसानी हैसियत के साथ भी हम इंसाफ़ नहीं कर सकते। मलयालम साहित्यकार अयप्पा पनिक्कर ने समकालीन शायरी और सामाजिक जीवन के सम्बन्धों का जायज़ा लेते हुए कहा था कि, "साहित्य का हाल एक थर्मामीटर जैसा है जो तापमान के उतार-चढ़ाव को रिकॉर्ड करता है।" क़ुर्रतुलऐन हैदर की कृतियों में

हम एक ही साथ इनसानी बोध की दो सतहों से परिचित होते हैं। पहली तो यह कि एक व्यक्ति के रूप में हमारे अस्तित्व की सच्चाई क्या है। दूसरी यह कि दृश्यों का यह सारा सिलसिला जो हमारे चारों तरफ़ फैला हुआ है, उसके माध्यम से हम अपने ज़माने की किन सच्चाइयों तक पहुँच सकते हैं। इस तरह किसी भी अपने समय की पहचान करने वाली कलाकृति की तरह, क़ुर्रतुलऐन हैदर की रचनाओं के आईने में भी, हमें एक साथ दो परछाइयाँ नज़र आती हैं, एक तो मौजूदा दुनिया की परछाईं, दूसरी ख़ुद उस व्यक्ति की परछाईं जो दुनिया को देख रहा है। किसी ने कहा है कि जब हम किसी वस्तु या किसी दृश्य को देख रहे होते हैं तो वह वस्तु और वह दृश्य भी हमें देख रहा होता है। इस तरह देखना, दिखाया जाना भी है। उर्दू के समकालीन साहित्य में, इन दोनों सतहों पर भी क़ुर्रतुलऐन हैदर के बोध की तुलना इक्का-दुक्का लिखने वालों से कर सकते हैं। क़ुर्रतुलऐन हैदर ने कभी किसी ख़ास तकनीक को अपनी पहचान नहीं बनाया। विवेक के बहाव और विचारों की आज़ाद संगति की तरकीबें भी पता नहीं किन कारणों से उनकी अभिव्यक्ति की शैली से जोड़ी गयी हैं। वे ना तो किसी ख़ास तकनीक की पाबन्द हैं, ना लिखाई के किसी निश्चित उसूल को सामने रखकर किसी ख़ास सिद्धान्त के मुताबिक़ लिखती हैं। इस बारीकी की सफ़ाई देते हुए उनका निम्नलिखित बयान हमारे सामने है :

> लिखना एक माबादत्तबीआती[१] फ़ेल[२] है। इस तरह लिखना जैसे सफ़हे पर बारिश हो रही हो। इदराक[३], इक्तिसाब[४], तज्ज़िया[५], तशरीह[६], तर्जुमानी, इत्तला, ख़बरसानी[७]। ये सब एक अमल में शामिल है। कोई एक मामूली सा वाक़िआ, फूलों की शाख़, गली में अकेला खड़ा हुआ बच्चा, रात के वक़्त सुनसान सड़क पर से गुज़रती हुई रोशन बस, ख़िज़ाँ की हवाएँ, दूर की मौसिक़ी, दोपहर के सन्नाटे में कमरे का सुनहरा रंग और आप एक नये सफ़र पर रवाना हो जाते हैं और सारी दुनिया, सारी कायनात का तज्ज़िया तो कोई भी नहीं कर सकता, मगर तलाश किसी एक नुक्ते से तो शुरू की जा सकती है।"

(दास्तान अहद गुल पृष्ठ १०१–१०२)

याद कीजिये, सन् १९६० के बाद प्रतीकात्मक और निराकार कहानी के

---

१. आध्यात्मिक २. काम ३. अगोचर वस्तुओं का बोध ४. फ़ायदा उठाना ५. विश्लेषण ६. व्याख्या ७. जानकारी पहुँचाना

नियोजित उत्थान के शुरुआती दौर में नये ढब की उन कहानियों के वास्ते से यह दावा पेश किया जा सकता था कि यह दौर कविता और गद्य की हदबन्दियों के तोड़ने और देखने में दो बिल्कुल विभिन्न शैलियों के मेल का है। कुछ अतिवादी साहित्यकारों ने नयेपन के जोश में शायरी को भी पीछे छोड़ दिया और नयी कहानी को ना तो कहानी रहने दिया, ना शायरी ही। सृजनात्मक स्वतन्त्रता से यह अर्थ निकालना कि लेखक किसी नियम का पाबन्द ही नहीं एक तरह की सृजनात्मक अराजकता और आवारागर्दी को राह देना है। इस रवैये ने नयी कहानी को अलोकप्रिय और हास्यास्पद बनाने में जो ख़िदमत की है वह सबके सामने है। सार्त्र ने वाबस्तगी के साहित्य की तारीफ़ करते हुए साहित्य और शायरी के बीच अन्तर की जो लक़ीर खींची थी, उससे मतभेद रखते हुए भी हम उस हक़ीक़त से इनकार नहीं कर सकते कि अनुभव के तरीक़ों के अध्ययन में भी किसी ना किसी हद को स्वीकार करना पड़ता है। इसलिए ऐसा साहित्य, जिसमें अभिव्यक्ति की पद्धति को बेहिसाब छूट दे दी गयी हो, आख़िरकार ख़ुद ही अपनी ख़राबी का कारण बना और नतीजा यह हुआ कि नया साहित्य पढ़ने वालों का हल्क़ा सिमटते-सिमटते लगभग ग़ायब हो गया। अनवर सज्जाद और मैनरा ने (अनवर सज्जाद का लेख 'आज', बलराज मैनरा का अफ़्सानवी सिलसिला 'कम्पोज़ीशन सीरीज़') गद्य की शैली में शायरी के माध्यम से जो मदद ली थी उसकी सम्भावनाएँ बहरहाल सीमित थीं और कहीं ना कहीं उनकी एक हद निश्चित होनी ही थी। अब यह सारी पूँजी हमारी परम्परा से ज़्यादा हमारे अतीत की विरासत बनकर रह गयी। क़ुर्रतुलऐन हैदर की शुरुआती कहानियों ('सितारों से आगे', 'शीशे के घर') से लेकर उनकी हालिया कहानियों और ('कारे जहाँ दराज़ है' की तीसरी जिल्द) 'शाह राहे हरीर' के अलग-अलग अध्यायों तक हमें एक ही सिलसिले का सुराग़ मिलता है। यानी विवरण की एक ऐसी शैली जो एक ही साथ गद्य और कविता दोनों के प्रसार माध्यमों पर हावी हो, जो देखने में शायराना होते हुए भी गद्य बल्कि तथाकथित गद्य की आवश्यकताओं से आँख फेर लेने की दोषी नहीं समझी जाये, जिसमें संक्षिप्तता और संकेत तो हो लेकिन, आम इनसानी सूरते हाल की ज़मीन पर जिसकी बुनियादें जमी हुई हों ताकि अपने पढ़ने वाले के लिए वह सांचारिक समस्या पैदा नहीं होने दे। क़ुर्रतुलऐन हैदर की सृजनात्मक जीवन की पूरी यात्रा को

यदि देखा जाये तो अन्दाज़ा होता है कि वे कभी भी किसी बयान के किसी ख़ास ढंग, तकनीक और किसी एक ही ढाँचे की पाबन्द नहीं रहीं। उनकी शुरुआती कहानियों में और कुछ जगहों पर उनके उपन्यासों में शायराना ज़बान और बयान की मिसालें बेशक मिलती हैं लेकिन उन्होंने कथानक के किरदार को भी बिगड़ने नहीं दिया और कविता के तत्त्वों से कभी-कभी अपने गद्य को सजाने के बावजूद, कविता और गद्य के अन्तर को बाक़ी रखा है। मिसाल के तौर पर 'कारे जहाँ दराज़ है' की शुरुआत इस तरह होती है कि :

मैं दश्ते लूत के किनारे खड़ा हूँ
किस तरफ़ जाऊँ?
मौत कहीं भी किसी रास्ते से आ सकती है!
रेत पर लिखे हुए नाम बहुत जल्द मिटा दिये गये होंगे
या पानी की मौजें
उन्हें खा गयी होंगी...।

यह किसी घटना, वर्तमान स्थिति या आन्तरिक अनुभव के वर्णन की एक ग़ैर-पारम्परिक शक्ल है, लेकिन यह शायरी नहीं है। उनका यह कहना कि "कोई भी तख़्लीक़ी अदीब थ्योरीज़ अपने सामने रखकर नहीं लिखता", इस सच्चाई को चिन्हित करता है कि हर अनुभव का वर्णन अपनी शैली को निर्धारित करने में लेखक के स्वतन्त्र चलन का पाबन्द होता है और उसकी शैली की बनावट उसकी सृजनात्मक आवश्यकता की रौशनी में होती है। कुछ शैलियाँ बहुत चक्कर में डालने वाली होती हैं और उनकी सच्ची बुनियादों तक पहुँच या उनकी पहचान आसान नहीं होती।

इस ज़माने के लिखने वालों में क़ुर्रतुलऐन हैदर और इन्तिज़ार हुसैन के अलावा मुहम्मद ख़ालिद अख़्तर, नय्यर मसूद, असद मुहम्मद ख़ाँ, मसूद अशअर, हसन मंज़र और इकरामुल्लाह के यहाँ भी सांकेतिक भाषा और संक्षिप्तता का पहलू बहुत अहम है। ये कभी भी अपनी बात का ढिंढोरा नहीं पीटते। ऐसा माहौल बनाते हैं और किसी ख़ास इनसानी सूरते हाल का नक़्शा कुछ इस तरह खींचते हैं कि उसके बाहरी और भीतरी आयाम अपने आप ही रौशन होते जाते हैं। हिमखण्ड की तरह उनकी कहानियों में पानी की सतह के ऊपर जितना कुछ नज़र आता है उससे बहुत ज़्यादा पानी के अन्दर छिपा हुआ होता है।

'जब खेत जागे' (कृष्ण चन्दर) की भूमिका में सरदार जाफ़री ने लिखा था कि कृष्ण चन्दर एक 'बेईमान शायर' है जो कहानीकार का रूप बदलकर सामने आता है और गद्य में ऐसे शेर कहता जाता है कि हम जैसे शायर उसका मुँह देखते रह जाते हैं। कृष्ण चन्दर के गद्य में शायरी के माध्यम का इस्तेमाल अक्सर एक साफ़ और खुली-डली सतह पर होता था, इसीलिए उनकी सजावट कभी-कभी कहानी के माहौल में हस्तक्षेप भी करती है। क़ुर्रतुलऐन हैदर की शैली में शब्द की धुन्धली और गुप्त दिशाओं की मौजूदगी का एहसास हमें इस तरह होता है जैसे कि शायरी में, इन्तिज़ार हुसैन इसी तरह दास्तानी, देवमालाई और औपदेशिक ध्वनि से काम लेते हैं, सच्चे और वास्तविक विषयों और अनुभवों के बयान में, लेकिन इन दोनों बाकमालों के यहाँ भाषा और शैली अपना भेद धीरे-धीरे खोलते हैं, शोर नहीं मचाते, पूरी तरह सामने नहीं आते और उनकी पकड़ में आने वाला हर अनुभव कुछ कहा, कुछ अनकहा रह जाता है।

(९)

प्रगतिशील आन्दोलन की उन्नति के दौरान (१९४६), क़ुर्रतुलऐन हैदर ने रूमान और हक़ीक़त की बहसों का जायज़ा लेते हुए कहा था, "रूमान को फ़रारी अदब मानने से मुझे इनकार है। अफ़्कार[१] का कैनवस क़ौमी जंग और सुर्ख़ सवेरा की हदों से ज़्यादा वसीअ होता है!" मुहम्मद हसन अस्करी ने अपने बेमिसाल लेख 'फ़न बराए फ़न' में भी इसी बारीकी को स्पष्ट किया था कि जीवन और कला के सम्बन्धों का विषय इतना सहज नहीं कि किसी क्लीषे की मदद से हल कर लिया जाये। क़ुर्रतुलऐन हैदर के इस कथन की पुष्टि के आसार, हमें उस तथाकथित (रूमानवी?). आन्दोलन से जुड़े हुए साहित्यकारों के यहाँ भी दिखायी देते हैं (सुल्तान हैदर जोश, सज्जाद हैदर यल्दरम, नियाज़, मजनूँ, लाम अहमद अकबराबादी, मेहदी अफ़ादी, सज्जाद अंसारी वग़ैरह), जिन पर एक ज़माने में रूमानियत का और हक़ीक़त से भागने का लांछन लगाया गया, लेकिन जो अपनी वैचारिक हौसलामन्दी, अपने बेचैनी से भरे हुए

१. विचारों

बोध, अपने इनसानी सरोकार और सामाजिक प्रतिबद्धता के हिसाब से बेहद इंक़लाबी ख़यालों के मालिक थे। अस्करी साहब ने अपने एक और लेख 'हैयत या नैरंगे नज़र' में हमें उन ख़तरों से सावधान करने की कोशिश की है जो किसी सृजनात्मक आकृति के आशयों को समझे बिना ही उसके रूप पर ज़रूरत से ज़्यादा ध्यान देने और भरोसा करने से प्रकट होते हैं। यहाँ इस घटना का ख़याल इसलिए आया कि 'सितारों से आगे' से लेकर 'शाह राहे हरीर' तक क़ुर्रतुलऐन हैदर के यहाँ एक भूमिगत लहर जिसका कम्पन उनका हर पाठक महसूस करता है, उस जटिल और रहस्यमयी रवैये से जुड़ी हुई है जिसे हम रूमानियत का नाम देते हैं और जिसकी विवेचना में उर्दू की पारम्परिक आलोचना हमेशा से ग़लतियों का शिकार होती रही है। यह एक लम्बी बहस है और इस पर सविस्तार बातचीत का यह मौक़ा नहीं है। लेकिन इस लेख के अन्त में गैब्रियल गार्सिआ मार्केज़ की कही हुई एक बात की पुनरावृत्ति शायद अनुपयुक्त नहीं होगी कि "विचार का काम सच्चाई का निर्माण है। सृजन का स्रोत अन्ततः सत्य ही है।" और यह कि "जब विषय और लेखक मिलकर एक हो जाते हैं तो उचित प्रेरणा उत्पन्न होती है। फिर दोनों एक-दूसरे को शक्ति प्रदान करते हैं। आपसी तनाव ख़त्म हो जाता है। ऐसी बातें लिखने वाले पर खुलने लगती हैं जो कभी उसके वहमो-गुमान में भी ना आयी थीं।" इसलिए जानी-पहचानी, परिचित, वैचारिक और भावनात्मक प्रेरणाओं के साथ-साथ क़ुर्रतुलऐन हैदर की रचनाओं में, हमें जहाँ-तहाँ ऐसी सच्चाइयों के निशान भी मिलते हैं, जो पारम्परिक साहित्य की तरह हमेशा प्रशंसनीय नहीं होते और उस सृजन-कौशल की तरफ़ संकेत करते हैं जिसे हम आदतन शायरी से जोड़ते हैं। क़ुर्रतुलऐन हैदर ने लिखने को एक आध्यात्मिक काम जो क़रार दिया था तो इसीलिए कि हर बड़े लिखने वाले की तरह उनके साहित्य की सतहें और दिशाएँ भी कई हैं और उन सब को अपनी पकड़ में लाने के लिए हमें साहित्य की पारम्परिक कल्पना से बहरहाल आगे जाना होगा। उर्दू साहित्य के इतिहास में, नज़ीर अहमद, और रुसवा से लेकर वर्तमान युग तक, किसी दूसरे लिखने वाले ने साहित्य को समझने-समझाने के लिए इतने दायरों, बारीकियों और आयामों से हमें परिचित नहीं कराया जितना क़ुर्रतुलऐन हैदर ने, और यह सिलसिला अभी भी जारी है। क़ुर्रतुलऐन हैदर के साहित्य को समझना एक ऐसे अपरिचित

शहर में दाख़िल होना है, जहाँ दृश्यों की बहुतायत है और तमाशों का एक हुजूम है। इतिहास और उसके आगे तक, हक़ीक़त से रूमान तक, हम कई दिशाओं से अपने आप को घिरा हुआ पाते हैं। यहाँ बहुत सी सूरतें परिचित और जानी-पहचानी हैं, और बहुत सी अपरिचित और अनजानी भी हैं जिनसे हमारा परिचय लिखने वाले के वास्ते से होता है और अन्त में उस शहर की दीवार से निकलने का रास्ता अपने सामर्थ्यानुसार हम ख़ुद तलाश करते हैं। इसलिए क़ुर्रतुलऐन हैदर का अध्ययन इतिहास, सभ्यता, संस्कृति, समाज, दर्शन, मनोविज्ञान, और तो और सूफ़ीवाद तक, विभिन्न माध्यमों से किया जा सकता है। हमारे ज़माने के किसी भी साहित्यकार के सृजनात्मक बोध में सन्दर्भों का ऐसा हुजूम दिखायी नहीं देता। क़ुर्रतुलऐन हैदर का अध्ययन किसी निश्चित सन्दर्भ का पाबन्द नहीं है।

(१०)

प्रोफ़ेसर मुज्तबी हुसैन ने 'मेरे भी सनमख़ाने' से 'आग का दरिया' तक तहज़ीबी ताक़त के एक सिलसिले की निशानदेही की थी। सभ्यता और सांस्कृतिक वातावरण से उपन्यास के सम्बन्धों के आधार पर ही फ्रेडरिक जेमसन ने इसे एक 'क़ौमी तम्सील'[१] का नाम भी दिया था। सच्चाई यह है कि कविता और गद्य की हर अहम शैली की बनावट में उसे पृष्ठभूमि प्रदान करने वाली संस्कृति का कुछ ना कुछ हस्तक्षेप ज़रूर होता है। इस सन्दर्भ में कोई परम सत्य तो बनाया नहीं जा सकता। तो भी, इतना ज़रूर कहा जा सकता है कि मीर, ग़ालिब, अनीस, इक़बाल से लेकर रुसवा, प्रेमचन्द और क़ुर्रतुलऐन हैदर तक, उनकी सृजनशीलता का सांस्कृतिक सन्दर्भ उनके विवेक के निर्माण में एक सक्रिय और छुपे हुए माध्यम की हैसियत भी रखता है। साहित्य में स्थानीय से वैश्विक तक का सफ़र इसी माध्यम और इसी प्रेरणा-स्रोत की मदद से तय होता है। क़ुर्रतुलऐन हैदर के कमाल के रहस्य तक पहुँचने के लिए उनकी रचनाओं की वैचारिक पृष्ठभूमि बनाने वाली संस्कृति और उसके तत्त्वों पर क़ुर्रतुलऐन हैदर के विवेक की पकड़ के अलावा, दोनों के आपसी सम्बन्ध को

१. राष्ट्रीय रूपक

समझना बहरहाल ज़रूरी है। दोनों में एक सा रख-रखाव है, बन्धन है और एकरूपता की भावना। दोनों में एक सी सुरुचि है!

एक अधूरी तस्वीर

एक नये कहानीकार ने, बरसों पहले मुझे लिखा था,

> "हमारी कहानियाँ आपको उस वक़्त तक पसन्द नहीं आयेंगी जब तक आप क़ुर्रतुलऐनों और इन्तिज़ार हुसैनों के जादू से निकल ना आयें।"

पता नहीं यह बात कितनी सच है, लेकिन हो ना हो हर पढ़ने वाले के अनुभव अपने पास कुछ दायरे ज़रूर बना लेते हैं। मैं उन दायरों पर अपनी मौजूदा स्थिति के हिसाब से नज़र डालता हूँ तो और भी कई नाम उभरते हैं–नैयर मसूद, असद मुहम्मद ख़ाँ, मुहम्मद ख़ालिद अख़्तर, हसन मंज़र, इकरामुल्लाह, सुरेंद्र प्रकाश और मुहम्मद सलीमुर्रहमान। ज़ाहिर है कि यह सूची अधूरी है और इसमें कभी-कभी नयी कहानियों और नये चेहरों का इज़ाफ़ा होता रहता है और यह घटती-बढ़ती रहती है। लेकिन यह तो एक अलग बहस है। फ़िलहाल तो मैं सिर्फ़ इतना कहना चाहता हूँ कि साहित्य और कला की दुनिया से हमारे सम्बन्धों में नये-पुराने के भेद से भी ज़्यादा फ़र्क़ नहीं पड़ता। कभी-कभी जाने-अनजाने में अचानक सदियों पुराने और धुँधले शब्द जाग उठते हैं और हमारी तात्कालिक मनोदशा में अपने लिये जगह बनाने लगते हैं।

फिर इन्तिज़ार हुसैन के साथ तो मामला शुरू से ही अलग था। 'गली-कूचे' और 'कंकरी' की कहानियाँ मैंने कॉलेज के दिनों में जब पढ़ीं, तब नये साहित्य से सरोकार की बुनियादें ख़ुद मुझ पर साफ़ नहीं हुई थीं। पर 'आख़िरी आदमी' (सन् १९६७ में प्रकाशित)तक पहुँचते-पहुँचते तो कुछ

इस तरह का प्रभाव पड़ा कि लगा कि यह नयी किताब ही नहीं, एक नया अनुभव भी है। उन दिनों मैं इन्दौर में था जहाँ सैयद वक़ार हुसैन (पूर्व अँग्रेज़ी विभागाध्यक्ष और प्रोफ़ेसर, अलीगढ़ मुस्लिम विश्वविद्यालय) की अटूट संगत हासिल थी। हम दोनों ये कहानियाँ कभी-कभी एक-दूसरे को सुनाते भी थे। फिर रात गये उनके बारे में बातें होती थीं। इन्तिज़ार हुसैन से मुलाक़ात उसके कई सालों बाद (सन् १९७६ में) हुई। और पल भर के लिए भी यह ख़याल नहीं आया कि हम पहली बार मिले हैं। भेंट नयी ही सही, लेकिन इन्तिज़ार हुसैन की अन्तर्दृष्टि से रिश्ता पुराना हो चुका था। उस वक़्त तक इन्तिज़ार हुसैन की रचनाएँ बग़ैर किसी कोलाहल के हमारे अपने रसानुभव का हिस्सा बन चुकी थीं। शायद दुनिया के सबसे ज़्यादा जाने-पहचाने और ख़ास साहित्य की मिसालों में बहुतायत ऐसी ही कृतियों की होती है जो बग़ैर किसी ज़ाहिरी कोशिश के हमारे क़रीब आ जाती हैं। ये पहली नज़र में उतनी ही धीमी, रवाँ-दवाँ और सहज नज़र आती हैं जैसे किसी टहनी पर नयी कोंपलें फूट रही हों। साहित्य-सृजन में हमेशा एक सहजता झलकनी चाहिए, किसी भी तरह की कसरत से उसे अलग रहना चाहिए। बनावट और ढोंग आदमी में हो या क़िस्से-कहानी और शेर में, उसके साथ दूर तक चलना मेरे लिए दूभर हो जाता है।

इन्तिज़ार हुसैन का व्यक्तित्व भी, उनकी कहानियों की ही तरह बहुत सादा और आम दिखायी देता है। ना कोई ताम-झाम, ना किसी तरह की तड़क-भड़क। लफ़्फ़ाज़ी, भाषणबाज़ी और ऊँची आवाज़ सरीखे सजावटी पुटों से जैसे उनका व्यक्तित्व दूर है, वैसे ही उनकी लिखाई भी।

जामिया मिलिया इस्लामिया के स्टाफ़ रूम में बहुत जल्दबाज़ी में एक जलसा आयोजित हुआ। मैंने जल्दी-जल्दी अपने अनुभव एकजुट किये और अपनी बात इस मौक़े पर यहाँ से शुरू की :

> इन्तिज़ार हुसैन मेरे लिए नाम नहीं, एक तजुर्बा है। ऐसा तजुर्बा जो घड़ी की सुइयों के साथ गये दिन या बीते हुए लम्हे का वाक़िआ नहीं बन जाता। उसे सिर्फ़ अपने वजूद के हवाले से महसूस किया जा सकता है। इस तजुर्बे की नौईयत[१] क्या है? इसकी हदें क्या हैं? इस ज़िन्दगी को जो मुझे बसर कर रही है और उस जिन्दगी को जिसके तमाशे में अपने

---

१. क़िस्म

> आपको मैं घिरा हुआ पाता हूँ, उस तजुर्बे ने क्यों और किस तरह और किन जिहतों[१] से मुतअस्सिर[२] किया है, इस हक़ीक़त का ग़ैर-जज़्बाती और मारूज़ी तज्ज़िया[३] मेरे लिए मुमकिन नहीं। ये कहना भी मुश्किल है कि ये तजुर्बा मेरे लिए अच्छा है या बुरा, मुफ़ीद[४] है या मुहलिक[५]! तख़्लीक़ी लफ़्ज़ का मामला अदब पढ़ने वालों के लिए बहुत ज़ाती होता है बशर्ते कि पढ़ने वाला अदब को, एक रूहानी एहतियाज[६] के तौर पर पढ़े, सिर्फ़ किसी ज़हनी ज़रूरत या तनक़ीद नवीसी के लिए नहीं।

साहित्य के नाम पर सिद्धान्तों का पेशा करने वाले साहित्य ऐसे पढ़ते हैं जैसे माँगे-ताँगे के पुराने कोट पहन रहे हों या उतरनों के कारोबार में लगे हों। ऐसे लोगों का मुद्दा साहित्य नहीं होता। मुद्दा ख़ुद अपनी हस्ती होती है या फिर आम ज़िन्दगी के उद्देश्यों तक पहुँचने के लिए साहित्य को सहारा बनाने की प्रवृत्ति। ऐसे फूहड़पन को मैं तो नहीं झेल सकता! इन्तिज़ार हुसैन के साथ, मेरा क़िस्सा ज़ाहिर है कि बहुत अलग है। मेरे माननीय मित्र और नामवर आलोचक फ़ुज़ैल जाफ़री साहब ने, जिनके विचारों को मैं बहुत मानता हूँ, इन्तिज़ार हुसैन पर लिखे मेरे एक लेख के बारे में कहा था कि यह तो कुछ 'मन तो शुदम, तो मन शुदी[७]' वाली बात है। बेशक बात यही है और सिर्फ़ इन्तिज़ार हुसैन ही नहीं, मैंने तो दुनिया के बहुत से लेखकों की रचनाएँ आपबीती की ही तरह पढ़ी हैं। फिर उर्दू के जिन गिने-चुने लेखकों की अन्तर्दृष्टि में मुझे अपने समय के अहम सवालों और ख़ुद अपने रूहानी मसलों का सुराग़ मिलता है, उनमें भी इन्तिज़ार हुसैन का नाम बहुत साफ़ है। अपनी कहानी के बारे में इन्तिज़ार हुसैन ने लिखा था :

> अफ़साने में मेरा मसला ज़ाहिर होना नहीं है, रूपोश[८] होना है। पैग़म्बरों और लिखने वालों का एक मामला सदा से मुश्तरक[९] चला आता है। पैग़म्बरों का अपनी उम्मत से और लिखने वालों का अपने क़ारईन[१०] से रिश्ता दोस्ती का भी होता है और दुश्मनी का भी। वो इनके दरमियां भी रहना चाहते हैं और उनकी दुश्मन नज़रों से बचना भी चाहते हैं। मेरे क़ारईन मेरे दुश्मन हैं। मैं उनकी आँखों, दाँतों पर चढ़ना नहीं चाहता।
>
> सो जब अफ़साना लिखने बैठता हूँ तो अपनी ज़ात के शहर से हिजरत

---

१. दिशा २. प्रभावित ३. निष्पक्ष विश्लेषण ४. उपयोगी ५. नुक़सानदेह ६. ज़रूरत ७. मैं तू हो गया, तू मैं हो गया ८. छुपना ९. मिला-जुला १०. पाठक

करने की सोचता हूँ। अफ़साने लिखना मेरे लिए अपनी ज़ात से हिजरत का अमल है!

इन्तिज़ार हुसैन के लिए अपने आप से विरह का पल शायद सुबह-सवेरे की वे घड़ियाँ होती है जब आसपास की ज़िन्दगी भी आँखें मलती हुई जाग चुकी होती है और परिन्दे अपनी नींद पूरी करके उठ चुके होते हैं। मैंने तो लाहौर में या दिल्ली में जब भी इन्तिज़ार हुसैन को कुछ लिखते हुए देखा, इसी आलम में देखा है। इन्तिज़ार हुसैन के दिन, सांसारिक झमेलों के लिए और शामें दोस्तों के लिए होती हैं। लेकिन उनकी सुबहें, अपनी सुहावनी फ़िज़ा और अपने परिन्दों के चहचहे समेत इन्तिज़ार हुसैन की अपनी मिल्कियत हैं। ऐसा लगता है कि उस वक़्त में और इन्तिज़ार हुसैन में एक ख़ामोश समझौता सा हो जाता है और दोनों एक-दूसरे को सहारा देते हैं।

इन्तिज़ार हुसैन का निवास लाहौर की जेल रोड से निकलती हुई एक गली में स्थित एक विशाल घर है। इसके बाग़ीचे में हरसिंगार, गुड़हल और नींबू के पेड़ खड़े हैं और परकोटों पर मधुमालती की एक हरी-भरी बेल का साया है। इस घर में भी भीतरी और बाहरी दुनिया में एक आपसी सम्बन्ध का बहाना सुबह की शुरुआती घड़ियाँ ही बनती हैं। मैंने उस अवस्था में इन्तिज़ार हुसैन को जब भी देखा अपने आप में गुम कुछ सोचते या लिखते हुए देखा। हद तो यह है कि नाश्ते की मेज़ पर भी उनका ध्यान अपनी तश्तरी के साथ-साथ खिड़कियों से झाँकते हुए परिन्दों पर डोलता रहता है जो हर सुबह उनके नाश्ते में शरीक होते हैं। इन्तिज़ार हुसैन डबल-रोटी के छोटे-छोटे टुकड़ों से भरी एक तश्तरी, एक प्याली में पानी ले जाकर खिड़की की चौखट पर रख देते हैं। उसके बाद परिन्दे और इन्तिज़ार हुसैन अपने-अपने नाश्ते में जुट जाते हैं। उसके बाद दोनों के लिए दिन के फैलते उजाले और बढ़ती धूप में गुम हो जाने का पड़ाव आता है!

एक सुबह हम, दिल्ली में जामिया नगर से ओखला नहर वाली और जमना जी की तरफ़ जाने वाली सड़क पर चहलक़दमी के लिए निकले। एक हरी-भरी डाली पर फ़ाख़्ताओं की बरात दिखायी दी तो इन्तिज़ार हुसैन ने कहा, "नयी शायरी में अब फ़ाख़्ता बोलती क्यों नहीं?" यह आवाज़ नासिर की ग़ज़ल के साथ चली गयी। वह इसके बोलने और चुप रहने दोनों की ख़बर रखता था :

फ़ाख़्ता चुप है बड़ी देर से क्यों?[i]

उप-महाद्वीप के बँटवारे और अपनी हिजरत के वाक़िए से शुरू होने वाले वृत्तान्त 'चिराग़ों का धुआँ' का अन्त इन्तिज़ार हुसैन ने इस बात पर किया है कि :

> ईद-बक़रीद पर जब मैं नमाज़ पढ़ने मस्जिद में जाता हूँ, तो यह फ़र्ज़ पहरे में अदा करता हूँ।" हर बरस पहरा पिछले बरस से ज़्यादा सख़्त होता है...
>
> मुम्लिकते इस्लामिया पाकिस्तान में अब सबसे ज़्यादा ग़ैर-महफ़ूज़ मक़ाम मस्जिद है। किस पाकिस्तान में हमने सुबह की थी। किस पाकिस्तान में अब शाम करते हैं फिर भी यारों की हिम्मत है कि जोशो-ख़रोश से इक्कीसवीं सदी के इस्तक़बाल की बातें करते हैं। अल्लाह जाने इक्कीसवीं सदी हमारे लिए क्या रोकड़ा लेकर आ रही है मगर अजब हुआ कि हम इन्तिज़ार कर रहे थे इक्कीसवीं सदी की सवारी बादे बहारी का, मगर इस सदी की सवारी के पहुँचने से पहले चौदहवीं सदी आन पहुँची और अब मुझे अपनी नानी अम्माँ याद आ रही हैं। अजब बात है कि मेरी नानी अम्माँ ने चौदहवीं सदी के बारे में जो बताया था, वही महाभारत में कलियुग के ज़ैल[१] में बताया गया है। पता नहीं ये चौदहवीं सदी है या कलियुग है। ज़माना बहरहाल काला पड़ता चला जा रहा है और सर पर एक तलवार लटक रही है बल्कि मुहावरे को छोड़ो और कहो कि सरों पर एटम बम गरज रहा है। जाने कब किस मूरख की कल ऐंठ जाये और ये धम से हम पे फट पड़े। अल्क़ारिया मल्क़ारिया[२]। और तुम्हें कुछ ख़बर भी है कि ये धमाका है कैसा। तसव्वुर करो उस दिन का जब आदमी ऐसे हो जायेंगे जैसे पतंगें बिखरी पड़ी हों और पहाड़ों की ये सूरत हो जायेगी जैसे धुनकी हुई रुई। कमबख़्त ज़माना तो काला पड़ता ही चला जा रहा है। सफ़ेदी तो बस अब मुर्ग़ी के अंडे जितनी बाक़ी रह गयी है..।

पहले महायुद्ध के बाद यूरोप में भय और उपद्रव का जो माहौल था, उसके बारे में डी.एच. लारेंस ने लिखा था कि दर्द, डर और बर्बादी के ऐसे मौसम में चिड़ियाँ चहचहाना भूल जाती हैं और हमारे नर्म और नाज़ुक जज़्बे धीरे-धीरे ख़त्म होने लगते हैं। इन्तिज़ार हुसैन का सृजनात्मक

---

१. अन्तर्गत २. हरेक व्यक्ति किसी भी लिखाई को अपने हिसाब से पढ़ता है

व्यक्तित्व और उनका साहित्य भी कुछ ऐसे ही वातावरण में पनपे हैं। यह माहौल एक दूरगामी ख़राबी और बिखराव का है जब ज़िन्दगी, ज़माने और इनसानी कायनात में किसी की भी एकरूपता बाक़ी नहीं रह जाती। चीज़ें टूटने और बिखरने लगती हैं। आपसी रिश्ते कमज़ोर होते जाते हैं और प्रकृति से, इनसानों से और प्रत्यक्ष से हमारी दूरियाँ बढ़ने लगती हैं। अपने आख़िरी संग्रह 'शहरज़ाद के नाम' में 'मेरे और कहानी के बीच' के शीर्षक से इन्तिज़ार हुसैन ने एक घटना का ज़िक्र किया है :

> मैं उन दिनों 'मशरिक़' में कालम निगारी करता था। सियासी मसलों से मुँह मोड़कर बस लोगों, दरख़्तों, परिन्दों के छोटे-मोटे मामलों पर लिखा करता था। सो इस शहादत पर भी एक कालम क़लमबन्द किया। फिर हल्क़ए-अर्बाबे-ज़ौक़[१] के जलसे में जाकर दुहाई दी। उन दिनों हल्क़े के जलसों में रजअत पसन्द[२] और तरक़्क़ीपसन्द दोनों क़िस्म के अदीब मिल-बैठ कर अदबी मसलों पर बहसें किया करते थे। रजअतपसंद अदीबों की समझ में ये बात नहीं आयी कि एक दरख़्त के कटने को एक इनसानी वारदात और एक अदबी मसला बनाकर क्यों पेश किया जा रहा है। उधर तरक़्क़ीपसन्द दोस्तों ने मेरी फ़रियाद को एक रजअतपसंद और तरक़्क़ी दुश्मनी क़रार दिया। उनका तर्क यह था कि पाकिस्तान सन्नाती[३] युग में दाख़िल हो रहा है। सो दरख़्त तो कटेंगे, इसके बग़ैर मुल्क तरक़्क़ी कैसे करेगा।
>
> बस फिर शहर में दरख़्त अन्धा-धुन्ध कटते चले गये और एक रोज़ मुझे एक अजीब फ़ोन आया। बेगम हिजाब इम्तियाज़ अली बोल रही थीं, "इन्तिज़ार साहब क्या आपको इसका पता है कि अब के बरस कोयल इस शहर में ख़ामोश है। जून शुरू हो चुका है और अभी तक किसी तरफ़ से कोयल की कूक सुनायी नहीं दी। अब बतायें, आपने कोयल की कूक सुनी है?"
>
> मैंने जिन्ना बाग़ में अपनी सुबह की सैरों को याद किया और हैरान हुआ कि कोयल के कूकने का मौसम तो शुरू है मगर अभी तक क़रीब या दूर से उसकी कूक सुनायी नहीं दी है। मगर मुझे इसका एहसास क्यों नहीं हुआ था?

---

१. प्रगतिशीलों के विरोध में बना एक साहित्यिक संगठन 2. रूढ़िवादी ३. औद्योगिक

आप बजा फ़रमाती हैं। मैंने अभी तक कोयल की कूक नहीं सुनी है।

फिर आपने इस पर कॉलम क्यों नहीं लिखा? लोगों को इस वाक़िए का इल्म होना चाहिए। इन्तिज़ार साहब, लिखिए। लोगों को बताइये कि ये बहुत परेशानी की बात है। तो आप लिखेंगे?

जी लिखूँगा!

ये वाक़िया यक़ीनन ऐसा था कि इस पर लिखना चाहिए था और ये वाक़िआ मेरी तो समझ में आता था। आख़िर पेड़ों के क़त्लेआम पर फ़ितरत के किसी कोने से तो इख़्तिलाफ़[१] होना था। हमारे यहाँ यह इख़्तिलाफ़ कोयलों की तरफ़ से हुआ और इस तरह हुआ कि उन्होंने चुप साध ली और हमें अपनी सुरीली आवाज़ से महरूम कर दिया।

मेरा मानना है कि इन्तिज़ार हुसैन को समझने के लिए इस पृष्ठभूमि को समझना ज़रूरी है। देखने में उनका ज़ोर इसी बात पर है कि वे अपने और अपनी कहानी के बीच किसी तरह के अनावश्यक सम्बन्ध को आड़ नहीं बनने देते। वे ना तो ख़ुद किसी राजनीतिक, सामाजिक या सांस्कृतिक दृष्टिकोण की पाबन्दी मानते हैं और ना अपने चारों तरफ़ प्रकट होने वाली सियासी घटनाओं को ख़ातिर में लाते हैं। इन्तिज़ार हुसैन बेशक बड़ी से बड़ी वारदात से भी अपने एहसासों को निढाल नहीं होने देते। अपना विवेक खोते नहीं और आन्तरिक सन्तुलन हर हाल में बनाये रखते हैं। कभी ऊँची आवाज़ में अपनी प्रतिक्रिया नहीं देते और एक अपनी अन्तर्दृष्टि के सिवा, किसी भी दृष्टिकोण, आस्था, विचारधारा, सलाह और दबाव को नहीं मानते। इसीलिए प्रकृति से, सृष्टि से, दुनिया से और अपने आप से उनके रिश्तों में किसी तरह की खोट नहीं आ पाती। लेकिन इन्तिज़ार हुसैन की कहानियों में एक बात जो छुपाये नहीं छुपती, वह उनकी नैतिक उदासी है। और इस उदासी के सिलसिले बहुत दूर तक फैले हुए हैं, 'डेढ़ बात अपने अफ़साने पर' करते हुए इन्तिज़ार हुसैन ने लिखा था :

लिखते हुए अपने आप को टोकता जाता हूँ कि नादान असराफ़े बेजा[२] से बाज़ आ। दौलत हाथ का मैल होती है। लफ़्ज़ हाथ का मैल नहीं हैं। उतने ख़र्च कर जितनों की ज़रूरत है।

---

१. विरोध २. फ़िज़ूलख़र्ची

...वो ज़माना तो रहा नहीं जब मशरिक़ वाले मग़रिब की हर चीज़ को आँखें बन्द करके क़ुबूल कर लिया करते थे। अब वहाँ से इस्तिफ़ादा[१] करते हुए ये ख़याल रहता है कि हमें अपनी मशरिक़ी रूह के सामने भी जवाबदेह होना है और मेरा मामला ये है कि मेरी एक बग़ल में अलिफ़-लैला है और दूसरी बग़ल में कथासरित्सागर है। अफ़साना लिखूँ या नॉविल मुझे अपने फ़िक्शन की उन दो बड़ी ताक़तों के सामने जवाब देना है।

यह पुरबिया रूह सिर्फ़ क़िस्सों और दास्तानों के तौर-तरीक़ों ही से नहीं बनी है। यह दुनिया को देखने का एक बिन्दु भी है और इसका सन्दर्भ उतना ही विशाल और बहुमुखी है जितना हमारी सभ्यता का। इस मामले में इन्तिज़ार हुसैन उर्दू के तमाम कहानीकारों से ज़्यादा संवेदनशील हैं। अपनी सांस्कृतिक और वैचारिक निश्चितता को बनाये रखने के लिए इन्तिज़ार हुसैन ने ज़ुबान और बयान, अपने सोचने की शैली, अपने विचार और भाव की अभिव्यक्ति की कुछ हदें बनायी हुई हैं। इनसे वे कभी बाहर नहीं जाते और बहुत बाहरी और भीतरी परिवर्तनों के बावजूद उनकी सृजनात्मक ज्ञप्ति एक ख़ास सतह की पाबन्द रहती है। शायद इसीलिए उनके यहाँ ख़याल और बयान के टकराव की कुछ सूरतें भी बराबर सामने आती रहती हैं। अनुभव और बोध के सन्दर्भ बदल जायें तो भी एक निरन्तरता और एकरूपता का एहसास बाक़ी रहता है। इस प्रसंग में उनके दो एतिराफ़ी[२] बयान हमारे सामने हैं। पहला उद्धरण 'कछुवे' की उस इबारत से लिया गया है जो 'नये अफ़साना निगार के नाम' इन्तिज़ार हुसैन के एक सम्बोधन का हिस्सा है। कहते हैं :

जब मैं 'कछुवे' लिख रहा था तो मुझे ख़ूब एहसास था कि मैं इससे पहले एक 'ज़र्द कुत्ता' लिख चुका हूँ। तुम पूछोगे फिर ये कहानी क्यों लिखी? पता नहीं। शायद ये वजह हो कि मुझे ये शक पैदा हो गया था कि ये आदमी की बुनियाद में ख़राबी का मामला नहीं है, बल्कि जिस तहज़ीब के सियाक़-ओ-सबाक़[३] में ये बात हुई है, उस तहज़ीब की तामीर[४] में ख़राबी की कोई सूरत मुज़्मिर[५] थी कि उसके बत्न[६] से 'ज़र्द कुत्ता' पैदा हो गया। उस तश्वीश[७] में सोचा, चलो किसी दूसरी तहज़ीब में चलकर देखते हैं कि वहाँ क्या होता है तो मैं पीछे चला और ये देखना शुरू किया

---

१. फ़ायदा उठाना २. अपराध स्वीकृति ३. सन्दर्भ ४. निर्माण ५. गुप्त ६. गर्भ ७. बेचैनी

कि जब मैं बुद्ध देव जी के संघ में था तो उनकी आँख बन्द होने के बाद मैं क्या कर रहा था। अगर ख़ुदा मुझे तौफ़ीक़[१] दे तो मैं दूसरी तहज़ीबों में लम्बे सफ़र करूँ और देखूँ कि तहज़ीबें बोरिया से क़ालीन तक का सफ़र कैसे तय करती हैं? कब किस मोड़ पर 'ज़र्द कुत्ता' नमूदार होता है और कैसे बुलन्दियों में उड़ते-उड़ते डण्डी दाँतों से सरकने लगती है।

दूसरा बयान 'शहरे अफ़सोस' के आवरण पर छपी इबारत से है।

मैं भी अपने वक़्त में मुक़य्यद[२] हूँ और अपनी वारदात का असीर[३] हूँ। मैं कहानी क्या लिखता हूँ अपनी बिखरी मिट्टी से ज़र्रे[४] चुनता हूँ मगर मिट्टी बहुत बिखर गयी है और मैं मुजतहिद[५] नहीं, कहानी लिखने वाला हूँ। मिट्टी जमा करना और कहानी लिखना अब एक लाहासिल अमल है। बिखरी मिट्टी से ज़र्रे चुनना और कहानियाँ लिखना, जितने ज़र्रे चुन सकता हूँ उन्हें ग़नीमत जानता हूँ।

अपनी ज़िन्दगी से और अपने समय और स्थान से सम्बन्धों की यह शक्ल एक सृजनात्मक मजबूरी और नियति भी हो सकती है। इन्तिज़ार हुसैन ने इसे जो स्वीकारा तो इसलिए कि इस घेरे को तोड़ना उनकी हुकूमत से बाहर था। यह बेदिल के कथन, 'ज़िन्दगी दर गर्दनम अफ़गंद[६]' वाली बात है। इन्तिज़ार हुसैन यहाँ भी साहित्यकार की समाजी ज़िम्मेदारी और ओहदों के फेर में पड़े बग़ैर अपने ज़माने और सार्वजनिक ज़िन्दगी के हक़्क़ों को अदा करने के जतन करते हैं। शाद बायद ज़ीस्तन, नाशाद बायद ज़ीस्तन[७]। एक गम्भीर लिखने वाले की ज़िम्मेदारी का एहसास उनके विवेक में उसी तरह घुल-मिल गया है जैसे हवा में ख़ुशबू की एक लहर...!

इसीलिए इन्तिज़ार हुसैन अपने बोध के बहुमुखी होने का कभी दावा नहीं करते। लेखों में अदबदाकर ऐसी बातें करते हैं जिनसे उनके साहित्यिक दृष्टिकोणों के बारे में ग़लतफ़हमियाँ आम हों। अतिवाद और साहित्य के इंक़लाबी किरदार की हँसी भी उड़ाते हैं। प्रगतिशीलों से एक तरफ़, आधुनिकता के नाम पर ज़बान और बयान और रूप पर न्योछावर लोगों से दूसरी तरफ़, उनकी छेड़-छाड़ भी जारी रहती है। उन्होंने लिखा था :

---

१. ईश्वर कृपा करे २. क़ैद ३. बन्दी ४. कण ५. परिश्रमी ६. ज़िन्दगी एक ज़ेवर है जो बेड़ी की तरह गर्दन में पड़ गयी है ७. ख़ुशी से ज़िन्दगी गुज़ारो, या परेशानी से गुज़ारो

> बड़ा अदब किसी भी इक़्लीम[1] में दर्राना[2] दाख़िल हो सकता है। इस सैलाब पर किसी तकनीक का बन्द नहीं बाँधा जा सकता। तकनीक का तिनका तो अदब में डूबतों को सहारा है...
>
> अफ़साने का रब्त इज्तिमाई तहज़ीब और उसके सरचशमों से टूट जाये तो वो अपनी नयी तकनीकों के साथ नट का तमाशा होता है या फिर इश्तहार होता है...

तरक़्क़ीपसन्दों ने एक निश्चित ख़ाके से स्थायी सम्बन्ध बनाने पर ज़ोर दिया था। नये साहित्यकारों ने अपने-अपने सृजन-सामर्थ्य और नयी तकनीकों के गुमान में (प्रतीकात्मक, निराकार) कहानी को जिस हाल तक पहुँचाया, वह सब हमारे सामने है। इन्तिज़ार हुसैन रूढ़िवादी हैं, कि प्रगतिशील, कि आधुनिक, यह उलझन बहुतों को आज भी हैरान करती है। एक चेहरे में इतने चेहरे हैं कि दृश्यों की बहुतायत से इन्तिज़ार हुसैन के बहुत से आलोचक परेशान हो गये। भावनात्मक अतिवाद के उस दौर को छोड़कर, जो विभाजन के बाद हिजरत के दुःख भरे अनुभवों में पनपी रचनाओं के रूप में सामने आया था, इन्तिज़ार हुसैन का सृजनात्मक परिप्रेक्ष्य उनके पहले संग्रह 'गली-कूचे' (१९५२) से उनके आख़िरी संग्रह 'शहरज़ाद के नाम (२००२) तक बहुत विशाल, तहदार और पेचीदा रहा है। उनकी शैली बहुत चक्कर में डालने वाली है और उसकी सादगी में बहुत से राज़ छुपे हुए हैं। यही स्थिति उन अनुभवों की है जो उन तक पहुँचते हैं। इन्तिज़ार हुसैन जाने-पहचाने रास्तों का पीछा नहीं करते और अक्सर किसी दिखावटी संघर्ष के बग़ैर उनका विवेक ऐसी मंज़िलें हासिल कर लेता है जो आम लिखने वालों की निगाह से ओझल रहती हैं। मिसाल के तौर पर इन्तिज़ार हुसैन की लिखाई में नॉस्टैल्जिआ के भाव का बहुत ज़िक्र होता है। सफ़दर मीर तो इस भाव की व्याख्या इन्तिज़ार हुसैन की रचनाओं को गतिमान बनाने वाली ऊर्जा से करते हैं और उनके नॉस्टैल्जिआ को बीते हुए समय के एहसास या किसी व्यापक सांस्कृतिक परिदृश्य से अलग कर के उसे हिन्दुस्तान के उत्तर प्रदेश में सिर्फ़ उस जगह तक सीमित कर देते हैं जहाँ इन्तिज़ार हुसैन पैदा हुए थे। यह हक़ीक़त भुला दी जाती है कि असल में इन्तिज़ार हुसैन के 'नॉस्टैल्जिआ' से ही आने वाले समय का वह तत्त्व भी प्रकट होता है जो उनकी सृजनशैली को अतीत के बजाय वर्तमान की वस्तु

१. इलाक़ा २. पूरी ताक़त के साथ

बना देता है। इन्तिज़ार हुसैन इनसान की मौजूदा स्थिति को एक सीमित दृश्य के तौर पर नहीं देखते। यह तो एक सिलसिला है, गुमशुदा ज़मानों से आने वाले ज़मानों तक फैला हुआ, और हम जो इस उथल-पुथल की गर्मी से आस्थाओं, परम्पराओं, मूल्यों के बहुत से साँचे पिघलते देख रहे हैं तो इसलिए कि हमारे दिल में आज से भी ज़्यादा आने वाले कल के ख़तरों का डर समाया हुआ है। ज़ाहिर है कि इन्तिज़ार हुसैन ने सिर्फ़ बुलन्दशहर, हापुड़, डिबाई, मेरठ और दिल्ली की कहानियाँ नहीं लिखी हैं और यह सारा क़िस्सा सिर्फ़ एक उनकी अपनी याददाश्त और स्मृतियों का नहीं है। पहले से निर्धारित सन्दर्भों के साथ लिखी जाने वाली कोई भी कहानी सिर्फ़ एक बीते हुए अनुभव के बयान पर टिकी हो तो वह कहानी नहीं रह जाती। असल में तो देखना यह होता है कि उस कल के अर्थ आज क्या हैं और आने वाले समय में क्या होंगे? और इतिहास के सन्दर्भ में लिखने वाले के लिए तो विषय और भी कठिन हो जाता है। इन दिनों अविभाजित हिन्दुस्तान, बँटवारे और हिजरत की पृष्ठभूमि में उर्दू के अलावा हमारी कई और क्षेत्रीय भाषाओं में भी लिखने का चलन आम है। इण्डो-इंग्लिशियन फ़िक्शन के एक थोड़े से हिस्से में भी इस विषय को बुनियाद बनाया गया है। इन्तिज़ार हुसैन इतिहास के बन्धन को महसूस तो करते हैं लेकिन उसे अपनी अन्तदृष्टि पर हावी नहीं होने देते। उनकी कहानियों जैसे 'गली कूचे' (१९५२), कंकरी (१९५१), आख़िरी आदमी (१९६७), शहरे अफ़सोस (१९७२), कछुवे (१९८१), ख़ेमे से दूर (१९८६), ख़ाली पिंजरा (१९९३), शहरज़ाद के नाम (२००२) और उपन्यासों चाँद गहन (१९५३), दिन और दास्तान (१९६२), बस्ती (१९८०), तज़्किरा (१९८७), आगे समन्दर है (१९९५) के आधे से ज़्यादा हिस्से में साझे हिन्दुस्तान के बँटवारे के बाद से अब तक के इतिहास को हम उनके बुनियादी सरोकार से समझ सकते हैं। लेकिन कहानियों और उपन्यासों के अलावा इन्तिज़ार हुसैन के अख़बारी कॉलम (ज़र्रे, मुलाक़ातें, बूँद-बूँद) और सफ़रनामों (ख़ासतौर पर, ज़मीं और, फ़लक और) पर एक सरसरी नज़र भी डाली जाये तो साफ़ पता चलता है कि सन् १८५७ के बाद से अब तक की हमारी सामूहिक ज़िन्दगी ने इन्तिज़ार हुसैन के एहसास और विचारों की पृष्ठभूमि बनायी है। उनकी संवेदनशीलता पर इस पृष्ठभूमि की छाँव बहुत गहरी है। लेकिन इस सिलसिले में अहम बात यह है कि इन्तिज़ार हुसैन इतिहास और जीती-जागती घटनाओं को एक देवमाला में जोड़ने का हुनर रखते हैं। तारीख़ के इस पूरे सिलसिले को इन्तिज़ार हुसैन कभी एक

ख़्वाब की तरह देखते हैं, कभी एक मिसाल के तौर पर। इसीलिए वे तारीख़ में कभी बहते नहीं। निश्चित और परिचित घटनाओं और उनसे सम्बन्धित स्वाभाविक हवालों और तारीख़ों और किरदारों को अपने सामने रखने के बजाय पीठ पीछे डाल देते हैं। इस पूरे तमाशे को इनसानी सूरतेहाल की अपनी सृजनात्मक समझ के सन्दर्भ में देखते हैं। इस रवैये की निशानदेही ख़ुद उनके एक बयान (१९६४) से भी होती है जिसमें उन्होंने कहा था :

> काफ़्का सामने की चीज़ें ठोस सूरत में पेश करता है मगर पेश करने का अजब तौर है कि हर सामने की चीज़ एक रम्ज़ बन जाती है। उसके उपन्यास और कहानियाँ एक नयी तर्ज़ की 'तिलिस्मे होशरुबा' हैं मगर हमारी अफ़सानवी रिवायत एक 'तिलिस्मे होशरुबा' पहले ही तख़्लीक़ कर चुकी है। अब तो हम अपने अहद की 'तिलिस्मे होशरुबा', इसी सूरत लिख सकते हैं कि पुरानी 'तिलिस्मे होशरुबा' और नयी 'तिलिस्मे होशरुबा' दोनों से रिश्ता जोड़ें।

इन्तिज़ार हुसैन को जानने और समझने के बाद यह अन्दाज़ा लगाना कठिन नहीं कि यथार्थवादी कहानी लिखने के लिए जिस शैली की आवश्यकता है, वह बहुत अलग है और इन्तिज़ार हुसैन के स्वभाव से मेल नहीं खाती। इसलिए उनकी कृतियाँ अपने निहायत पुख़्ता सांस्कृतिक सन्दर्भों और अपने स्थायित्व और ज़मीनी जुड़ाव के बावजूद तारीख़ी दस्तावेज़ जैसी नहीं लगती। उन्हें हम इस तरह नहीं पढ़ सकते जिस तरह 'उमराव जान अदा' 'गोदान' और 'आग का दरिया' को पढ़ते हैं। इन्तिज़ार हुसैन के पचास बरस की यादों पर आधारित किताब 'चिराग़ों का धुआँ' लगभग चार बरस पहले (सन् १९९९) सामने आयी थी। सब का सब, देखी भाली बातों का लेखा-जोखा। मगर इस वृत्तान्त में भी एक नये 'तिलिस्मे होशरुबा' की महक शामिल थी। अपने अनुभव में आने वाले जिन किरदारों का हाल, इन्तिज़ार हुसैन ने इस किताब में बिना भावुक हुए, शान्त स्वभाव के साथ बहुत ठहर-ठहर कर बयान किया है, वे सच्चे होने के बाद भी एक हद तक कल्पित हस्तियों का सा असर छोड़ते हैं। इन किरदारों की मौजूदगी से हमारी सामूहिक ज़िन्दगी कैसी भरी-पूरी बारौनक़ थी। कितनी रौशन और रंगारंग थी, और इनके चले जाने से यह सारा दृश्य कितना फीका, ख़ाली-ख़ाली सा, ग़ैर-दिलचस्प और उदास हो गया, इसका पूरा नक़्शा आँखों में घूम जाता है। वैसे इन्तिज़ार हुसैन ना कोई नैतिक आदेश देते हैं, ना किसी

तरह का कोई बयान या व्याख्या करते हैं। लेकिन इनसानी सूरते-हाल की धूप-छाँव और हमारी बिगड़ती-बिखरती हुई दुनिया के अँधेरे-उजाले का एक तिलिस्म अपने आप ही इस तरह फैलता चला जाता है कि हम चोर आँखों से अपने आप को भी देखने लगते हैं और अपनी दुनिया और ज़माने को भी। इन्तिज़ार हुसैन की रचनाएँ जिस गहरी और स्थिर सतह पर अपने पढ़ने वाले में शर्मिन्दगी, उदासी, तकलीफ़ और डर का एहसास जगाती हैं, उस सतह पर हमारे ज़माने के बस इने-गिने लिखने वाले ही पहुँच पाये हैं। हम जिस दुनिया में रह रहे हैं उसके सृजनात्मक विश्लेषण का बोझ सिर्फ़ ऐसे लिखने वाले सँभाल सकते हैं जिनकी रूहें बेचैनी और तकलीफ़ में पनपी हों और निढाल और ख़राब हाल होने के बावजूद ज़िन्दा रहने की उस प्रवृत्ति और उन तरीक़ों पर निर्भर नहीं हों जिनके कारण पतन और फूहड़पन का माहौल चारों तरफ़ फैला हुआ है।

इन्तिज़ार हुसैन अपनी धुन में रहते हैं और अपने सिद्धान्तों और स्वभाव के हिसाब से ज़िन्दगी गुज़ारते हैं। उनकी आसपास की ज़िन्दगी का सैलाब उनके अपने घर तक पहुँचते-पहुँचते थम जाता है। यही हाल इन्तिज़ार हुसैन की आम शख़्सियत का है। एक हद तक संवृत और रहस्यमयी, जिसके भेद आसानी से नहीं खुलते और जो अपनी अभिव्यक्ति के साथ-साथ अपनी गोपनीयता का ज्ञान भी रखती है। उनकी कहानियाँ इसीलिए ज़मींदोज़ कहानियाँ हैं, ऊपर से ख़ामोश, ठण्डी, शान्त मगर अन्दर से बहुत पुरशोर, हलचल से भरी हुईं और तूफ़ानी।

सन्दर्भ

i. नासिर क़ाजमी की एक ग़ज़ल

हुस्न को दिल में छुपा कर देखा ध्यान की शमाँ जलाकर देखो,
क्या ख़बर कोई दफ़ीना* मिल जाए कोई दीवार गिरा कर देखो।
फ़ाख़्ता चुप है बड़ी देर से क्यों सर्व की शाख़ हिलाकर देखो,
क्यों चमन छोड़ दिया ख़ुशबू ने फूल के पास तो जाकर देखो।
नहर क्यों सो गयी चलते-चलते कोई पत्थर ही गिराकर देखो,
दिल में बेताब हैं क्या-क्या मंज़र कभी इस शहर में आकर देखो।
इन अँधेरों में किरण है कोई शबज़दों** आँख उठाकर देखो।

---

*गड़ा हुआ ख़जाना, **रात के मारो

फ़ना हुए तो कुछ ऐसे कि जैसे थे ही नहीं

देवेन्द्र इस्सर

फ़ना हुए तो कुछ ऐसे कि जैसे थे ही नहीं

> बीसवीं सदी बीत गयी। लेकिन मुस्तक़बिल के चेहरे पर कुछ ऐसे मसाइल की छाप छोड़ गयी कि जब तक हम उनसे नबर्दआज़मा[१] नहीं होते हम मुस्तक़बिल का असली चेहरा नहीं देख सकते...कोई भी मुआशिरा, कल्चर, अदब, फ़न और फ़लसफ़ा माज़ी की ज़िन्दा रिवायत को नज़रन्दाज़ करके मुस्तक़बिल की मुमकिना तख़्लीक़ नहीं कर सकता। लेकिन हमें इस उम्र को भी फ़रामोश नहीं करना चाहिए कि महज़ माज़ी की बुनियाद पर ही मुस्तक़बिल की तामीरे नौ[२] नहीं हो सकती। इसके लिए 'फ्यूचरिस्टिक' फ़िक्र का होना लाज़िमी है जो कि अब बाक़ायदा साइंस और इल्म का दर्जा हासिल कर चुकी है। इसके लिए रिवायत का पास[३] और जिद्दत[४] का जज़्बा दोनों दरकार है।
>
> (नयी सदी और अदब, पृष्ठ ७, २०००)

इस्सर साहब की बातचीत अपने बीते हुए ज़माने से भी है और आने वाले समय से भी। और यह अमल लगभग पिछले साठ सालों से जारी हैं। साहित्य, मनोविज्ञान और जनसंचार उनकी वैचारिक और सृजनात्मक गतिविधियों के तीन ख़ास दायरे हैं। उन्होंने औपचारिक रूप से तालीम अर्थशास्त्र में हासिल की। लेकिन उन्होंने जीवन को समझने के लिए अपने आप को किसी एक इलाक़े तक सीमित नहीं रखा। उनका रवैया इस मामले में बहुआयामी है। साहित्य, कला, सामाजिक अध्ययन और विज्ञान के विभिन्न विषयों के साथ-साथ दर्शन और मनोविज्ञान, लोक-ज्ञान और

---

१. टकराव २. नव निर्माण ३. लिहाज़ ४. नयापन

इतिहास, मार्क्सवाद और एंथ्रोपोलोजी, परम्परा और सूचना प्रौद्योगिकी– इन सभी के साथ वे लगभग एक सा नाता रखते हैं। साहित्यिक पत्रिकाओं और अख़बारों का अध्ययन एक से मनोयोग से करते हैं। महानगर की बेचेहरा भीड़ से हताश नहीं होते, लेकिन अकेले रहते हैं और अपने साथ ज़िन्दा रहने का गुर जानते हैं।

इस्सर साहब का जन्म १४ अगस्त, १९२८ को कैम्बलपुर (पश्चिमी पंजाब, अब पाकिस्तान) में हुआ। मिर्ज़ा हामिद बेग ने अटक में अपने पड़ाव के दौरान एक दस्तावेज़ी हैसियत रखने वाला अख़बार शुरू किया था और उसमें इस्सर साहब के लिए एक ख़ास कोना रखा था। पर बँटवारे के बाद इस्सर साहब हिन्दुस्तान चले आये। विश्वविद्यालय की तालीम के लिए उन्होंने इलाहाबाद को चुना जो कई मायनों में सारे भारतीय उपमहाद्वीप ही नहीं, पूरे पूरब में ख़ास था। एक समय यहाँ विश्व-प्रसिद्ध शिक्षक और गुणीजन पाये जाते थे। इनमें स्वीडिश अकादमी के कुछ कर्मचारी भी थे। ऐसा सुना गया है कि यहूदियों पर नाज़ी अत्याचार के दौर में एक बार आइंस्टाइन ने भी इलाहाबाद विश्वविद्यालय के भौतिकी विभाग को अपनी अनुसंधानिक गतिविधियों का केन्द्र बनाने का इरादा किया था। पता नहीं क्यों, यह तो सम्भव नहीं हुआ। लेकिन इसी विश्वविख्यात विभाग से हमारे ज़माने में राष्ट्रीय स्वयंसेवक संघ के सरसंघचालक प्रोफ़ेसर राजेन्द्र सिंह और बाबरी मस्जिद विध्वंस की त्रासदी से जुड़े राष्ट्रीय जनतान्त्रिक गठबन्धन सरकार के मन्त्री डॉ. मुरली मनोहर जोशी जैसे नामी लोग भी निकले।

अजीब विरोधाभासों से भरा हुआ माहौल था इलाहाबाद शहर और विश्वविद्यालय दोनों का। एक तरफ़ जनसंघ और मुस्लिम लीगी स्वभाव रखने वाले लोग थे जिनका हल्क़ा कभी फैल नहीं सका। दूसरी तरफ़ खुले विचारों के मालिक, रौशन ख़याल और तरक़्क़ीपसन्द दानिशमन्द। उच्च न्यायालय के कई न्यायमूर्ति, वकील, पत्रकार, साहित्यकार, विश्वविद्यालय के छात्र और शिक्षक, सामाजिक कार्यकर्ता, विश्वविद्यालय और शहर के माहौल पर छाये हुए थे। इस्सर साहब के बोध ने इसी माहौल में साँस ली। अर्थशास्त्र का विभाग, जिससे वे विद्यार्थी के तौर पर जुड़े, इलाहाबाद विश्वविद्यालय के सबसे अच्छे विभागों में था। प्रोफ़ेसर जी. के. मेहता और प्रोफ़ेसर पी. सी. जैन की प्रसिद्धि दूर-दूर तक थी। मेहता साहब अपने अत्यन्त मृदु स्वभाव और सुन्दर चेहरे-मोहरे, लम्बी क़द-काठी और

अपने पीले से गालों की वजह से बहुत ही असाधारण, ज़हीन और भावुक दिखायी देते थे। मालूम नहीं कौन सा दिल का दर्द उन्होंने खींचा था कि जब भी देखा शान्त और उदास नज़र आये। हमेशा पश्चिमी लिबास में, लेकिन एक अजीब क़लन्दरी शान और फ़क़ीरी उनके वजूद का हिस्सा थी। इस बेमिसाल विश्वविद्यालय और शहरे ख़ूबी से हमारा ताल्लुक़ इस्सर साहब के वहाँ से निकलने के लगभग पन्द्रह बरस बाद क़ायम हुआ। मगर वह रौशनी और बेचैनी जिससे इस्सर साहब इलाहाबाद में अपने पड़ाव के दौरान दो-चार हुए थे, उसके आसार हमने भी देखे हैं। नयी ऋतुओं में भी पुराने पत्तों की महक बाक़ी थी।

इलाहाबाद विश्वविद्यालय और इलाहाबाद शहर, दोनों की ख़ास बात उनकी रवादारी और खुलापन थी। अलग-अलग विभागों और संकायों के लोग आपस में मिलते रहते थे। बौद्धिक और वैचारिक दुनिया किसी के लिए एकतरफ़ी, बँधी-टिकी और सीमित नहीं थी। साहित्यिक बैठकों और जलसों में सामाजिक विषयों, क़ानून और विज्ञान के गुणीजन भी हिस्सा लिया करते थे। नेहरू ख़ानदान का पुश्तैनी घर आनन्द भवन, विश्वविद्यालय से लगा हुआ ही था। उसी परिसर में स्वराज भवन। विश्वविद्यालय में अँग्रेज़ी के शिक्षक प्रोफ़ेसर सतीश चन्द्र देव (जिनके नाम मुहम्मद हसन अस्करी साहब ने अपनी किताब 'जज़ीरे' समर्पित की है) दस्तूर साहब, फ़िराक़ साहब, प्रोफ़ेसर प्रकाशचन्द्र गुप्त (हिन्दी के प्रसिद्ध आलोचक और साहित्यकार जो कभी सेंट जॉन्स कॉलेज, आगरा में सुरूर साहब के गुरु भी रहे थे), उर्दू में डॉक्टर एजाज़ हुसैन और डॉक्टर हफ़ीज़ सईद, हिन्दी में प्रोफ़ेसर रामकुमार वर्मा और संस्कृत में प्रोफ़ेसर धीरेन्द्र वर्मा समेत फ़ारसी, अरबी, क़ानून, इतिहास, सियासत, गणित, अनुप्रयुक्त भौतिकी, रसायनशास्त्र और भूगोल में कई नामवर गुणीजन मौजूद थे।

शहर की रौनक़ हिन्दी-उर्दू के कई ख़ास साहित्यकारों, गुणीजनों और पत्रकारों के दम-क़दम से थी—महाकवि निराला, सुमित्रानन्दन पन्त, हरिवंशराय बच्चन, महादेवी वर्मा, श्रीकृष्ण दास, इलाचन्द जोशी, रामचन्द्र टण्डन, डॉक्टर अब्दुल सत्तार सिद्दीक़ी, उपेन्द्रनाथ अश्क, बलवन्त सिंह (जो 'फ़साना' निकाल रहे थे), महमूद अहमद हुनर ('शाहकार' के सम्पादक की हैसियत से प्रसिद्ध), भैरव प्रसाद गुप्त, ('कहानी' के

सम्पादक और विख्यात हिन्दी कहानीकार), इनके अलावा मुंशी प्रेमचन्द की विरासत के उत्तराधिकारी, उनके बेटे श्रीपत राय और अमृत राय जो बनारस से 'हंस' निकाल रहे थे मगर बराबर इलाहाबाद आते रहते थे। यानी एक जगमग-जगमग करती कहकशाँ थी। 'लीडर' और 'अमृत बाज़ार पत्रिका' की वजह से इलाहाबाद को इस दौर में अँग्रेज़ी पत्रकारिता के एक प्रमुख केन्द्र की भी हैसियत हासिल थी। हिन्दी-उर्दू के मशहूर प्रकाशकों में 'किताबिस्तान', 'इण्डियन प्रेस', 'हिन्दुस्तानी अकैडमी', 'माया प्रकाशन' और 'लोक भारती' थे। 'नया साहित्य' के प्रतिनिधि नरोत्तम नागर थे, पहाड़ी थे, त्रिलोचन शास्त्री थे, धर्मवीर भारती और अज्ञेय थे। फिर हिन्दी कथाकारों के एक समूह—'प्रेमल ग्रुप' जिसे हिन्दी का 'हल्क़ए-अर्बाबे-ज़ौक़' कहना चाहिए, और दूसरी तरफ़ एजाज़ साहब के नेतृत्व में उनकी कोठी 'नशेमन' पर 'थर्स्डे क्लब' के साप्ताहिक जलसों जिनमें मुम्ताज़ हुसैन, बलवंत सिंह, रज़िया सज्जाद ज़हीर, (डॉक्टर) नूरुल हसन, सज्जाद ज़हीर और बाहर से आने वालों में वामिक़, राही, मसूद अख़्तर जमाल की वजह से ख़ासी चहल-पहल रहती थी।

यह क़िस्सा उस दौर का है जब समय आज की जैसी तेज़ी से गुज़रता नहीं था। इस्सर साहब के लिए यह दौर एक भरा-पूरा अनुभव था। हमारे हिस्से में इसकी आख़िरी बहार आयी। लेकिन हम दोनों में साझा बात वह रुचि और स्वभाव है जिसे असल में इसी वातावरण ने एक रंगारंग और विशाल पृष्ठभूमि दी थी। इस्सर साहब जब कभी उस गुज़रे हुए मौसम की बातें दोहराते हैं तो हमारे लिए भी भूली-बिसरी यादों की एक खिड़की खुल जाती है और एक महकता-चहकता, हरा-भरा मनोहर दृश्य सामने आ जाता है। वे गुणीजन और शिक्षक जिनकी हम दोनों पर कृपा हुई, बैठकों, बहसों, जलसों, सिलसिला दर सिलसिला फैली हुई बातों के ताने-बाने से प्रकट होने वाली वह ज़िन्दा, जोशीली और गर्म फ़िज़ा जिसमें हमने साँसें लीं; इन सबका ख़याल आता है तो ज़हन में बीते वक़्त और हाल की हाथापायी का एक अजीब तमाशा सा दिखने लगता है।

इलाहाबाद गंगा, जमना और सरस्वती के संगम पर वाक़ई है। पता नहीं यह भौगोलिक चमत्कार की कृपा है या देव मालाओं के प्रयागराज से मध्यकाल के इलाहाबाद के इतिहास का जादू कि इस शहर में सैद्धान्तिक और दृष्टिकोण-सम्बन्धित बहसों और झगड़ों के बावजूद दुनिया को और

अपने आप को ख़ानों में बाँटने की प्रवृत्ति कभी लोकप्रिय नहीं हुई। नेहरू जी ने 'डिस्कवरी ऑफ़ इण्डिया' का पूरा ढाँचा इसी देखी-अनदेखी रिवायत के साये में तैयार किया था। और इस्सर साहब की हैसियत को अपनी बुनियाद और पहचान इसी माहौल के वास्ते से मिली। विश्वविद्यालय परिसर से लगी हुई यूनिवर्सिटी रोड पर किसी ज़माने में सिर्फ़ चायख़ाने थे और दुनिया-जहान के विषयों पर किताबों की दुकानें। सिविल लाइंस में 'यूनिवर्सल बुक डिपो' जहाँ विद्यार्थी, शिक्षक, सामाजिक कार्यकर्ता, साहित्यकार, पत्रकार, वकील, नेता हर शाम एक साथ दिखायी देते थे और सामने कॉफ़ी हाउस में सभाएँ जमती थीं। ए. एच. व्हीलर के केन्द्रीय दफ़्तर और किताबों के स्टॉलों के अलावा ज़ीरो रोड के फुटपाथों पर जहाँ-तहाँ पुरानी किताबों के ढेर इस कारोबारी और उपभोक्तावादी युग में भी एक अलग और विरली दुनिया के होने की ख़बर देते थे। यूनिवर्सिटी रोड के नुक्कड़ पर 'मेयो हॉस्टल' जिसने हिन्दुस्तान को शायद सबसे बड़ी और सबसे ज़्यादा आई.ए.एस. अफ़सरों की खेप दी और उसके सामने चचा हकीमुल्लाह की वामपंथी साहित्य की दुकान थी जहाँ हमें उधार पर और कभी-कभी मुफ़्त किताबें और पत्रिकाएँ भी मिल जाती थीं।

इस्सर साहब बेतहाशा पढ़ते हैं और सिर्फ़ साहित्य ही नहीं पढ़ते। उनके ज्ञान-ध्यान का बिन्दु वह जटिल सृजनात्मक एकरूपता है जिसकी बनावट में मानवीय अनुभवों और कल्पनाओं के सभी सम्भव साधन एक साथ सक्रिय होते हैं। इस व्यापक और विभिन्न एहसासों को एक साथ आत्मसात करने के गुण से परिपूर्ण शैली ने, इस्सर साहब को पौराणिकी, इतिहास और एन्थ्रोपॉलोजी से लेकर समकालीन शास्त्रों तक अध्ययन और चिन्तन के एक बहुरूपी अनुभव का रास्ता दिखाया है। अपने अध्ययन के फैलाव और विचित्रता के लिहाज़ से इस्सर साहब का मामला उर्दू के लगभग सभी साहित्यकारों और आलोचकों से अलग है। बस ज़्यादा से ज़्यादा बाक़र मेहदी और ज़ाहिदा डार से कुछ समानताएँ ठहरायी जा सकती है। एक अन्त:विषयिक रवैया जो इस्सर साहब की किताबों, जैसे (१) 'चिन्तन और साहित्य', (२) 'साहित्य और मनोविज्ञान', (३) 'साहित्य और आधुनिक युगबोध', (४) 'चौथी साहित्य मुक्ति और संघर्ष', (५) 'भविष्य से सम्वाद', (६) 'उत्तर आधुनिकता', (७) 'नयी सदी और साहित्य', (८) 'कोई आवाज़ गुम नहीं होती', (९) 'अदब

और नफ़्सियात', (१०) 'अदब और जदीद ज़हन', (११) 'मुस्तक़बिल के रूबरू', (१२) 'अदब की आबरू', (१३) 'नयी सदी और अदब', वग़ैरह-वग़ैरह में साफ़ झलकता है, उनके इसी जीवन-चरित की देन है। इस्सर साहब उर्दू, हिन्दी, पंजाबी और अँग्रेज़ी, इन चारों ही भाषाओं में लिखते हैं। उनकी रचनाओं, सम्पादित कृतियों और अनुवादों की कुल तादाद पचास से ज़्यादा है। और यह सारा काम ख़ुद इस्सर साहब का किया हुआ है, उधार लिया हुआ या किसी और की मेहनत का फल नहीं। कभी-कभी तो वाक़ई हैरानी होती है कि इस्सर साहब लिखने-पढ़ने का इतना बोझ उठाते किस तरह हैं? उन्होंने यह तपस्या सत्रह बरस की उम्र में ही शुरू कर दी थी। इस वक़्त वे पचहत्तर के पटिये में हैं और हमेशा की तरह जिज्ञासा से भरे हुए, व्यस्त और तल्लीन। उनका छात्रों सरीखा अध्ययन का जोश अभी तक कम नहीं हुआ है।

इतने बड़े पैमाने पर बौद्धिक वार्तालाप स्थापित करने की कोशिश भी इस्सर साहब से आगे, एक बाक़र मेहदी को छोड़कर, कम से कम उर्दू की हद तक तो कहीं और नज़र नहीं आती। अपनी अब तक की सम्भवत: अन्तिम रचना 'नयी सदी और अदब' में 'मुस्तक़बिल से मुकालमे' के तहत इस्सर साहब ने लिखा है :

> (बीसवीं) सदी के ख़त्म होते हुए फ़िक्री इन्तिशार[१], तहज़ीबी पैकार[२], तख़्लीक़ी ख़ल्फ़िशार[३] और मीडिया की यलग़ार ने ऐसी सूरते हाल पैदा कर दी है कि एहसासे मर्ग[४] ने इनसानी अक़्दार[५] पर अज़ सिरे नौ[६] सोचने पर मजबूर कर दिया। अगर बात सिर्फ़ 'संवीयत[७]' पर ही ख़त्म हो जाती तो ग़नीमत था, लेकिन इसे 'बाइनरी ऑपोज़िशन्स' के नाम पर कुछ इस तरह से अमल में लाया जाने लगा कि तफ़रीक़ात, तफ़रीक़ात[८] में और शिनाख़्तें मुआनिदाना अज़्दाद[९] में मज़हर होने लगीं। लामर्कज़ीयत[१०] के बाइस[११] दुनिया और मुल्कों के मुख़्तलिफ़ ख़ित्तों, फ़िर्क़ों और एत्तक़ादों को क़रीब लाने वाला महवर[१२] टूटकर ख़ला[१३] में बिखर गया। महा बयानिया से इन्हिराफ़ ने ना सिर्फ़ तख़्लीक़कारों बल्कि क़ारईन[१४] को भी मुंक़सिम[१५] कर दिया। लेकिन हमें इस ख़तरे से भी आगाह रहने की

---

१. बेचैनी २. जंग ३. खलबली ४. मृत्यु का एहसास ५. मूल्य ६. नये सिरे से ७. द्वैतवाद ८. फूट ९. विषम १०. विकेन्द्रीकरण ११. वजह से १२. धुरी १३. शून्य १४. पाठक १५. विभाजित

ज़रूरत है कि कहीं हम इनसे ख़ाइफ़ होकर कुल्लियतपरस्ती मर्कज़ करने के नाम पर आमराना रवैये, फ़िक्री बुनियादपरस्ती और जारहीयत[१] की जानिब राग़िब[२] ना हो जायें।

इस ख़तरे से भरे भाव का अन्त इस तरह का है :

हमें दोनों तरफ़ देखना होगा। माज़ी की रिफ़्लेक्शन और मुस्तक़बिल की प्रोजेक्शन ज़माना-ए-हाल की तस्वीरकशी किसी के बग़ैर एक मस्ख़[३] और भ्रम पैदा करने वाला अमल होगा। लिहाज़ा नयी सदी में हमें इस पहलू पर ग़ौर करने की ज़रूरत है कि फ़र्द और फ़ितरत के तअम्मुल[४] और कायनाती तसव्वुर के तहत फ़िक्र और साइंस के ऐसे रवैये राइज हों जो बिलाख़िर फ़र्द के इर्तिक़ा[५] और फ़ितरत की बक़ा[६] के ज़ामिन[७] साबित हों। साइंस और टेक्नोलॉजी फ़ितरत को फ़ना करने और इनसान को अपने मक़ाम से सरका कर 'सायबोर्ग' बनाने की कोशिश के बजाय इनसान के तख़्लीक़ी इर्तिक़ा, फ़ितरत के रंगारंग, हैयातबख़्श हुस्न कायनात के असरार से पर्दा उठाने में जारी कोशिशों में 'दोस्त, फ़लसफ़ी और रहनुमा' का रोल अदा करें। इस तरह हम मुस्तक़बिल में नयी अख़्लाक़ी अक़दार और मज़हब और मुआशिरे में तक़द्दुस[८] और अदब और फ़न में हुस्न और सदाक़त[९] की बहाली कर सकते हैं, और रज़्मे-ख़ैरो-शर[१०] में शर को शिकस्त दे सकते हैं। और नयी सदी के तुलूअ[११] हुए सूरज को ख़ुशामदीद कहते हुए बा आवाज़े बुलन्द कह सकते हैं, 'नो अपौकलिप्स' आमीन!

इस्सर साहब जिस वैचारिक माहौल की पैदावार हैं, उसमें गहराई, गम्भीरता और गरिमा बहुत थी। मजाल है जो कहीं बाज़ारीपन का अंश तक पैदा हो। उस दौर के आम उदारवादी नौजवानों की तरह इस्सर साहब ने भी साम्यवादी आन्दोलन से नाता जोड़ा। दो बार गिरफ़्तार हुए, एक बार इलाहाबाद में दूसरी बार कानपुर में। प्रगतिशील लेखक संघ के सचिव रहे। हिन्दुस्तान की विभिन्न भाषाओं का एक सांस्कृतिक मंच बनाया। छात्र आन्दोलनों में शामिल रहे और जी भर के ख़्वाब देखे। उसके अर्थ कुछ और निकले तो अपना हिसाब-किताब किया और मुहिम से तौबा कर ली। कॉर्नेल विश्वविद्यालय अमेरिका से 'प्रोफ़ेशनल स्टडीज़ इन कम्युनिकेशन'

---

१. आक्रामकता २. आकर्षित ३. बिगाड़ना ४. सोच-विचार ५. प्रगति ६. जीवन ७. ज़मानत करने वाला ८. पवित्रता ९. सच्चाई १०. अच्छाई और बुराई की लड़ाई ११. उदय

में स्नातकोत्तर किया और सरकारी नौकरी कर ली। लेकिन आरामपसन्दी से उकताहट और अवज्ञा का एक आन्तरिक तत्त्व उनमें ऐसा था कि इस्सर साहब कहीं भी चैन से बैठ नहीं पाये। ना घर में, ना बाहर। कभी नौकरी की, कभी छोड़ दी। 'फ्रीलांसिंग' के अनिश्चित और थका देने वाले पड़ाव उनके लिए उतने ही सहज और स्वाभाविक थे, जितने कि नियमित और सुरक्षित ज़िन्दगी के तौर-तरीक़े। इसलिए इस्सर साहब ने इसी तरीक़े के साथ ज़िन्दगी गुज़ार दी और आज भी इसी गिले-शिकवे से परे और बिना किसी शोर और हंगामें के अपने आप में मगन हैं। दिल्ली शहर के भाँति-भाँति के छोटे-छोटे फ़ायदों में उलझे, निरुद्देश्य और मैले साहित्य जगत से इस्सर साहब का सम्बन्ध अगर कुछ है तो केवल अलगाव का।

इस्सर साहब अकेले रहते हैं। निजी तौर पर कुछ पढ़ने-पढ़ाने का काम, वरना अपने आप में मगन रहना और बस। नौकरी से निवृत्त हो चुके हैं। सम्बन्ध एक दुनिया से है और अलग-अलग भाषाओं के साहित्य और साहित्यकारों से, वह भी सिर्फ़ वैचारिक सतह और वार्तालाप की हद तक। साहित्यिक सभाओं, समूहों और हल्क़ों, जलसे-जुलूस से हमेशा अलग और दूर।

अकेले चलने की इस चाह ने इस्सर साहब को कितने दुख दिये और कितनी आज़माइशों से गुज़ारा, इसके बारे में मुझे कुछ पता नहीं। शायद उनके क़रीबी दोस्तों को भी पता नहीं होगा। तो भी, इस बात का अन्दाज़ा इस्सर साहब को दूर से देखकर भी लगाया जा सकता है कि ज़िन्दगी के बारे में, दुनिया के बारे में और आज के भयानक फूहड़पन और बदसूरत इनसानी सूरतेहाल के बारे में गम्भीर और गहरे सोच-विचार की आदत इस्सर साहब को कुछ अपने अकेलेपन के कारण भी पड़ी। आलोचनात्मक और वैचारिक लेखों के अलावा इस्सर साहब की साहित्यिक रचनाओं में उनके कहानी-संग्रह—'गीत और अंगारे' (1952), 'शैतानों का मसीहा' (1955), 'कैनवस का सेहरा' (1988), 'परिन्दे अब क्यों नहीं उड़ते (1992) और उपन्यास 'ख़ुशबू बन के लौटेंगे'[ii] (1988) प्रमुख है। इन सबके अध्ययन से भी अपनी जानकारी और दुनिया जानने के बावजूद इस्सर साहब के सृजनात्मक एकाकीपन और स्वतन्त्रता का अन्दाज़ा लगाया जा सकता है। रूमानियत की हल्की सी धुन्ध उनके एहसासों पर छायी हुई है। ऊपरी सच्चाइयों के निरीक्षण से उनकी अन्तर्दृष्टि सन्तुष्ट नहीं होती और वे अपने वातावरण के अलावा अपने किरदारों के आन्तरिक

परिदृश्य तक पहुँचने के जतन भी करते रहते हैं। इस्सर साहब ने अपनी रचनाओं में बहुत बेचैन और ख़ासे तूफ़ानी तजुर्बों की छाप छोड़ी है। लेकिन उनकी आम शख़्सियत की तरह उनकी कहानियों और लेखों में भी एक ख़ास निजी ढंग का लिहाज़ नुमायाँ है। इस्सर साहब की आवाज़ गहरी, गुँजीली और भारी है, लेकिन उनका लहजा हमेशा धीमा रहता है। वे कभी ऊँचे सुरों में ना लिखते हैं, ना बात करते हैं, ना ज़िन्दगी गुज़ारते हैं। एक ठहराव, एक बन्धन का एहसास, एक झिझक और तकलीफ़ का भाव अक्सर उनके बोलने के अन्दाज़ और लिखाई के पीछे रहता है। देवेन्द्र सत्यार्थी पर अपने लेख 'देव गंधार से नाग देव की आख़िरी मुलाक़ात' का अन्त इस्सर साहब ने उम्बर्तो एको के एक उद्धरण पर किया है :

> बहुत देर हो चुकी है। आज सुबह मैं पेरिस से निकल गया। पीछे कई सुराग़ छोड़ दिये। उनके पास मेरे ठिकाने का पता लगाने का समय होगा। थोड़ी ही देर में वे यहाँ पहुँच जायेंगे। मेरा मन तो आज अपने सभी विचारों को लिख डालने का था। पर यदि उन्हें इन विचारों को पढ़ना पड़ता तो उसमें वे कुछ गूढ़ सिद्धान्त निकाल लेते और फिर मेरी लिखाई में छुपे रहस्य को समझने में एक अनन्त काल खपा देते। यह असम्भव है।[iii]

यह उद्धरण इससे आगे भी जाता है। मगर बात शायद पूरी हो चुकी है!

अक्तूबर २००३

सन्दर्भ

i. पहली कहानी सन् १९४६, लाहौर से प्रकाशित।
ii. इस उपन्यास का अँग्रेज़ी अनुवाद आधुनिक शायर और वास्तुकार रियाज़ लतीफ़ ने किया है।
iii. It's very late. I left Paris this morning. I left many clues. They've had time to guess where I am. In a little while, they'll be here. I would have liked to write down everything I though today. But it they were to read it, they would only derive another dark theory and spend another eternity trying to decipher the secret message hidden behind my words. It's impossible.

हैं ख़्वाब में हुनूज़ जो जागे हैं ख़्वाब में

ख़ालिदा हुसैन

हैं ख़्वाब में हुनूज़[१] जो जागे हैं ख़्वाब में

मुझे ख़ालिदा हुसैन की कहानियाँ बहुत पसन्द हैं। ये कहानियाँ कई सतहों पर उर्दू के कथा साहित्य में अपनी एक ख़ास पहचान रखती हैं। नयी कहानी के निर्माण में क़ुर्रतुलऐन हैदर के साथ, दो और महिलाओं के नाम सबसे पहले याद आते हैं। एक तो स्वर्गीय मुम्ताज़ शीरीं जिन्होंने साहित्य की आलोचना को एक नयी दिशा दी और पहले से कहीं अधिक विस्तृत दृष्टिकोण से कहानी के अलग-अलग पहलुओं और रहस्यों का जायज़ा लिया। वे एक हुनरमन्द क़िस्सागो भी थीं। लेकिन इतना तय है कि उन्हें कहानी लिखने से ज़्यादा उसके रहस्य को समझने की कला आती थी। इस फ़न के बेहतरीन आलोचकों में उनकी गिनती की जा सकती है। ख़ालिदा हुसैन ने कहानी के रहस्यों पर बहस बहुत कम की है, वह भी ग़ैर रस्मी अन्दाज़ में। लेकिन अपनी गिनती की शुरुआती कहानियों के साथ ही उन्होंने नयी कहानी के क्षितिज पर एक रहस्यमयी, अनूठी, असाधारण और बिल्कुल अलग तरह की संवेदनशीलता के प्रकट होने का ऐलान चुपचाप कर दिया था। ख़ालिदा हुसैन की संवेदनशीलता उनके ज़्यादातर समकालीनों से अलग इस तरह थी कि उन्होंने साहित्य की चिरस्थायी परम्पराओं और उर्दू साहित्य की शैलियों से ज़्यादा अध्ययन पश्चिमी कथा साहित्य का किया था। नयी कहानी के साथ साहित्य की जिस परम्परा को हमारे यहाँ बढ़ोतरी मिली, वह उर्दू, हिन्दी या हमारी क्षेत्रीय भाषाओं के साहित्य की परम्परा नहीं है। यह तो सिर्फ़

१. अभी

इन्तिज़ार हुसैन का कारनामा है कि उनकी रचनाओं से उर्दू के नये साहित्य पर होने वाली बात में दास्तान, क़िस्से, प्रवचनों, वचन माला और कथा के सन्दर्भ आम हुए। नये साहित्य के आशय पर उनसे पहले अलिफ़ लैला, जातक, कथासरित्सागर और पंचतन्त्र के सन्दर्भ में सोच-विचार का चलन लगभग नहीं ही था।

प्रेमचन्द से लेकर मण्टो और बेदी तक, हमारे यहाँ कहानी की बहस में साहित्य से जुड़े हुए जो नाम लिये जाते थे उनका ताल्लुक़ अक्सर अँग्रेज़ी, फ्रांसीसी, रूसी, जर्मन, इतालवी, स्पैनिश या चीनी साहित्य से हुआ करता था। सबसे ज़्यादा ज़िक्र ओ. हेनरी, मोपासाँ, गोगोल, चेख़व, गोर्की, टॉलस्टॉय, लूहसून का होता था। यल्दरम के माध्यम से तुर्की कहानियाँ भी सामने आती थीं। और इस तरह कुछ घूम-फिरकर यूरोपीय शैली की छत्रछाया में पनपने वाले कुछ तरीक़ों और अरबी साहित्य के कुछ अनुवादों की चर्चा जिनमें ज़्यादातर ख़लील जिब्रान और मंफ़्लूती की अनूदित रचनाएँ थीं, कभी-कभी सुनायी देती थी। मगर मुम्ताज़ शीरीं से पहले फ्रांसीसी, रूसी या अँग्रेज़ी कहानी के भेदों पर हमारे यहाँ कम ही नज़र गयी थी। इसी तरह साहित्य में तरक़्क़ीपसन्द विचारधारा और हल्क़ए-अर्बाबे-ज़ौक़ के प्रभाव में पनपने वाले रुझानों के कारण इक्का-दुक्का पश्चिमी साहित्य के प्रतिनिधियों पर, या फ्रॉयड और मनोविश्लेषण पर बातचीत तो चल निकली थी, लेकिन क़ुर्रतुलऐन हैदर और ख़ालिदा असग़र (हुसैन) से पहले साहित्य की पश्चिमी परम्परा और तौर-तरीक़ों की समझ ज़्यादा आम नहीं थी। ख़ालिदा हुसैन ने उर्दू की नयी कहानी को एक नयी सतह पर सोचना सिखाया।

२

यह साहित्य की एक नयी, मुलायम और मोहिनी आवाज़ थी। पिछली सभी आवाज़ों से अलग, अनूठी और सूक्ष्म अन्तर्दृष्टियों से परिपूर्ण। ख़ालिदा हुसैन के यहाँ नये साहित्य की समझ ने एक विचित्र निजी और उसी के साथ-साथ व्यापक संवेदनशील और वैचारिक जगत से अपना रिश्ता बना लिया था। बीसवीं सदी के सातवें दशक के दौरान ख़ालिदा

असग़र (हुसैन) की कुछ कहानियाँ पत्रिकाओं में छपीं और इसके साथ ही नये साहित्य के संजीदा पाठकों के लिए यह नाम ध्यान का केन्द्र-बिन्दु बन गया। अल्ताफ़ फ़ातिमा, निखत हसन, रज़िया फ़सीह अहमद के नाम भी इसी दौर में उभरे, मगर ख़ालिदा असग़र की कहानियों का प्रभाव अपेक्षाकृत ज़्यादा गहरा, रौशन और स्थायी था। क़ुर्रतुलऐन हैदर की तरह, ख़ालिदा असग़र की शैली भी बहुत नयी और आकर्षक थी। गम्भीर पाठकों के साथ-साथ उनके समकालीन लेखक भी उनसे प्रभावित हुए, इस हद तक कि उनकी बाक़ायदा नक़्ल की जाने लगी। ख़ालिदा असग़र की कहानी 'सवारी' तो इस हद तक मशहूर हुई कि क़ुर्रतुलऐन हैदर ने 'दि वैगन' के नाम से उसका अँग्रेज़ी अनुवाद 'इलस्ट्रेटड वीकली ऑफ़ इण्डिया' में छाप दिया। कुछ समय बाद ग़यास अहमद गद्दी ने अपनी प्रसिद्ध कहानी 'परिन्दा पकड़ने वाली गाड़ी' इस अन्दाज़ से लिखी कि उसे पढ़ते हुए ख़ालिदा असग़र और 'सवारी' का ख़याल आ ही जाता था।

उर्दू की साहित्यिक परम्परा में बीसवीं सदी के सातवें दशक का दौर मार्क्स, एंगल्ज़, फ्रॉयड के ख़यालों से आगे, एक नये बोध और नयी संवेदनशीलता की बनावट का दौर था। सामाजिक सच्चाइयों पर लिखाई और मनोविश्लेषण, दोनों का प्रभावमण्डल धीरे-धीरे सिमटने लगा था। शायरी में राशिद, फ़ैज़ और मीरा जी से आगे, साहित्य में मण्टो, बेदी, ग़ुलाम अब्बास, मुम्ताज़ मुफ़्ती से आगे, सृजनात्मक अनुभूति और अनुभव की नयी, अनोखी दुनिया का सुराग़ पाने और नयी इनसानी सूरते हाल को समझने-समझाने की प्रवृत्ति चल निकली थी। इन्तिज़ार हुसैन के अलावा, नयी कहानी की महफ़िल में, अब जो नये नाम सबसे आगे और रौशन दिखायी दिये, वे ख़ालिदा असग़र, अनवर सज्जाद, सुरेन्द्र प्रकाश और बलराज मैनरा के थे। इस दौरान कुछ बहुत अच्छी कहानियाँ ज़मीरुद्दीन अहमद, अब्दुल्लाह हुसैन और हिन्दुस्तान-पाकिस्तान के कुछ और नये अफ़साना निगारों (जैसे मसूद अशआर, मुहम्मद मुंशायाद, हसन मंज़र, असद मुहम्मद ख़ाँ, इकरामुल्लाह, रशीद अमजद, मज़हरुल इस्लाम, मुहम्मद सलीमुर्रहमान और ज़रा देर से मिर्ज़ा हामिद बेग और नैयर मसूद) ने भी लिखीं, लेकिन उनका असर बाद में हुआ।

यही ज़माना था जब प्रतीकात्मक और निराकार कहानी 'अकहानी' या

'एंटी स्टोरी' के जो नुस्ख़े मण्टो की कहानी 'फुँदने' की तह से निकले थे, देखते ही देखते पौधों की शक्ल में लहलहाने लगे। नयी कहानी के सौन्दर्य को परखने वालों में इक्का-दुक्का आवाज़ें ये भी सुनायी दीं कि अब शायरी और अफ़साने का फ़र्क़ मिट चुका है। बेशक, कोई साफ़ और निश्चित हद पहले भी गद्य और कविता के उन प्रकारों में अन्तर स्थापित नहीं कर सकी थी। इस सिलसिले में किसी बेलोच उसूल पर ज़ोर देना मुश्किल है। लेकिन इससे यह समझ लेना कि कविता और कहानी का फ़र्क़ मिटा देना चाहिए, एक तरह की ग़ैर-जिम्मेदारी को राह देना था। इस रवैये का अंजाम नयी कहानी की लोकप्रियता के सिमटते हुए दायरे की शक्ल में हमारे सामने है। ठोस छवि उत्पन्न नहीं कर सकने की विवशता का सिर्फ़ निराकार रूप में सामने आना, हमेशा सफल या सार्थक नहीं हो सकता था। प्रतीकात्मक कहानियाँ इस दौर में इन्तिज़ार हुसैन से लेकर सुरेन्द्र प्रकाश, अनवर सज्जाद और बलराज मैनरा तक लगभग सभी नामवर कहानीकारों ने लिखीं। मण्टो की 'फुँदने' साहित्य के कथानक का बहुत रहस्यमयी, अर्थपूर्ण और सृजनात्मक विस्तार था। इससे प्रत्यक्ष या परोक्ष रूप से लाभ बाद के कई कहानीकारों ने लिया। इनमें अनवर सज्जाद, बलराज मैनरा से लेकर समीअ आहूजा तक बहुतों के नाम लिये जा सकते हैं। लेकिन ना तो सबकी कोशिशें एक से तौर पर कामयाब हुईं, ना उनमें से हर एक की साख एक-सी सतह पर स्थापित हो सकी।

3

ख़ालिदा असग़र (हुसैन) इस सारे झगड़े से बेपरवाह, अपनी कहानी लिखती रहीं। नयी कहानी से सम्बन्धित किसी वैचारिक बहस में उन्होंने हिस्सा नहीं लिया। नयी कहानी के पटल पर अपना साफ़ नक़्शा अंकित करने के बावजूद, वे एक परिचित अजनबी की तरह नयी कहानी लिखने वालों की बज़्म में शामिल भी रहीं और उससे अलग भी रहीं। लेकिन मुश्किल से दर्जनभर कहानियाँ लिखकर, उर्दू के नये अफ़साने की बुनियादें मज़बूत करने वालों में उनका गिना जाना, एक बहुत बड़ी सृजनात्मक घटना थी। जिस असाधारण लेकिन ख़ामोश ताक़त के साथ ख़ालिदा

असग़र का नाम नयी कहानी के क्षितिज पर प्रकट हुआ था, उसी अनहोने तरीक़े से अचानक वह ओझल भी हो गया। उनकी चर्चा नयी कहानी के वर्तमान के बजाय उसके अतीत के सन्दर्भ से की जाने लगी। लेकिन उनकी रचनाओं का जादू चिरस्थायी था और उसके असर से उर्दू की नयी कहानी निकल नहीं सकती थी। इसलिए, ख़ालिदा असग़र, उसका एक अटल मगर गुमशुदा हवाला बन गयीं।

बलराज मैनर ने 'शऊर' से पहले (शाहिद माहिली के सहयोग से) 'मेयार' का प्रकाशन शुरू किया था। इस सन्दर्भ में उन्हें अपने ज़माने की सृजनात्मक व्याख्या करने वालों में सबसे पहले जो नाम याद आये उनमें एक नाम ख़ालिदा असग़र का भी था। 'सवेरा' और कुछ दूसरी पत्रिकाओं की धूल-भरी फ़ाइल से उन्होंने ख़ालिदा असग़र की कहानियों की कतरनें जमा कीं। उनमें से ज़्यादातर कहानियाँ मेरी पढ़ी हुई थीं। लेकिन अब जो बलराज मैनरा के कहने पर उन्हें एक बार फिर से और एक साथ पढ़ने का मौक़ा मिला तो दिमाग़ के किसी कोने में यह एहसास भी जागा कि ख़ालिदा असग़र की अनपेक्षित चुप्पी ने उर्दू की नयी कहानी की कितनी बड़ी और उज्ज्वल सम्भावना का दरवाज़ा अचानक बन्द कर दिया है। यह तो ऐसा ही है जैसे हवा का एक तीव्र और अधीर झोंका बिना किसी वजह के सहसा ठहर जाये। इस घटना के कुछ अरसे बाद ख़ालिदा असग़र ने ख़ालिदा हुसैन के नाम से दोबारा अभिव्यक्ति की दुनिया में क़दम रखा और उनसे जब दिल्ली में मुलाक़ात हुई तो उन्होंने बताया कि अब वे एक लम्बी (और रहस्यमयी) चुप्पी के बाद फिर से लिखने लगी हैं। तो क्या वे अपने बोध का सिरा खो बैठी थीं और अब उसे उन्होंने फिर से पा लिया था? मालूम नहीं। मगर इतना तय है कि ख़ालिदा हुसैन की सृजनात्मक संवेदनशीलता के सम्बन्ध उनके समय और स्थान से उनकी चुप्पी और अभिव्यक्तियों के इलाक़ों में समान रूप से स्थिर रहे। अपने वक़्त से यह एक मज़बूत रिश्ते की पहचान है।

ख़ालिदा हुसैन की शुरुआती (पुरानी) कहानियों के माध्यम से मनुष्य की वर्तमान स्थिति और इनसानी नियति के जो तमाशे सामने आये थे, उसके एक ख़ास आयाम की तरफ़ संकेत ज़रूरी है। हमारे ज़्यादातर लिखने वाले उन दिनों 'नये मुआशरे[१] के तन्हा आदमी' की चर्चा निरन्तर किये

१. समाज

जा रहे थे। नयी संवेदना की एक बँधी-टिकी भाषा, कुछ निश्चित प्रतीक, अभिव्यक्ति के कुछ ख़ास साँचे, पहले से तय विषयों और अनुभवों की कई बार दोहराई गयी दुनिया हमारे सामने थी। प्रगतिशील कहानी के मुक़ाबले में अपनी अलग हस्ती क़ायम करने की एक बनावटी जद्दो-जहद का नतीजा यह हुआ था कि अब नया कहानीकार सार्वजनिक जीवन में सिर्फ़ अमानवीकरण और विखण्डन के बोध तक सीमित होकर रह गया था। नयापन और अनोखापन बहुत जल्द रिवायत और रस्म बन गये। नयी कविता और नये साहित्य दोनों में एक तरह की नक़्ल का दौर शुरू हो गया। फिर इने-गिने लिखने वालों के सिवा, जिनकी अद्वितीयता अपनी पहचान अंकित करने में कामयाब हुई, अधिकांश लेखक बेचेहरा होते गये। क़ुर्रतुलऐन हैदर, इन्तिज़ार हुसैन, बलराज मैनरा, अनवर सज्जाद, सुरेन्द्र प्रकाश, ख़ालिदा हुसैन से नैयर मसूद तक बस गिनती के कुछ लिखने वाले हैं जिनके हवाले से उर्दू की नयी कहानी पर बातचीत की जा सकती है। इस छोटी सी सूची में सबसे नुमायाँ नाम असद मुहम्मद ख़ाँ, मसूद अशआर और हसन मंज़र के होंगे।

यहाँ ख़ालिदा हुसैन के दो ख़ास पहलुओं पर चर्चा ज़रूरी है। एक तो यह कि उन्होंने नये कहानीकारों में शायद सबसे ज़्यादा स्वाभाविक, बनावटी तत्त्वों से आज़ाद और सरल भाषा लिखी है। वे कोशिश और इरादा करके आसान ज़ुबान नहीं लिखतीं। वह ख़ुद ही उनकी संवेदनशीलता की परिक्रमा करती है। जैसे ग़ालिब का कहना है, "शेर ख़ुद ख़्वाहिश आँ कर्द के दफ़न मा[१]।" इसीलिए, उनकी कोई भी कहानी किसी अनहोनी, असामान्य और अनोखी घटना का असर पैदा नहीं करती। उनकी कहानी में वही कुछ होता है जो हमेशा से होता चला आया है। इस फ़र्क़ के साथ कि वक़्त ने उसके स्थानिक हवाले बदल दिये हैं। दूसरी अहम बात यह है कि ख़ालिदा हुसैन के पात्र 'नये मुआशरे' के रिवायती 'तन्हा आदमी' की जगह उस आदमी का चेहरा सामने लाते हैं जो अपने आप में तन्हा है। समाज और माहौल बिखरा हुआ, टूटा हुआ, अलग-थलग हो तो हो, वह ख़ुद भी अपने आप में अकेला है।

१. शेर ने कामना की कि वह मेरे चारों तरफ़ घूमने लगे

4

ख़ालिदा हुसैन की जो किताबें सामने आयी हैं उनसे हमारे बेचैन समय की एक बेहद संगठित और संवेदनशील लेखिका की तस्वीर उभरती है। उनकी दुनिया ख़्वाब और हक़ीक़त के मिले-जुले तत्त्वों की दुनिया है और उसका ताना-बाना सिर्फ़ आसपास के माहौल की बाहरी परत का पाबन्द नहीं है। इतिहास से तो कोई भी अपने आपको अलग नहीं कर सकता और दूर-पास प्रकट होने वाली घटनाएँ हम सबके एहसासों का पीछा करती हैं। लेकिन अनुभवों और अनुभव की हुई घटनाओं को तारीख़ की पकड़ से रिहा करने की जिम्मेदारी भी सृजन करने वालों पर ही लागू होती है। ख़ालिदा हुसैन की कहानियों की दूसरी किताब 'दरवाज़ा' की भूमिका में डॉक्टर मुहम्मद अजमल ने लिखा है कि ख़ालिदा हुसैन के अफ़साने 'सहर'[१] की एक चिरस्थायी भाव से जुड़े रहते हैं :

> यह तिलिस्मी भी है और दिलावेज़[२] भी। इस फ़िज़ा में इनसान की ज़ात का तिलिस्म ऐसा जाला बुनता है कि उसमें से निकलना मुश्किल हो जाता है। उन्होंने हमारे यहाँ दाख़िली ख़ारजियत के उस्लूब की तरह डाली है। उनके हर अफ़साने में अलामतें फैली हुई हैं। इन्हीं अलामतों की बदौलत उनके अफ़सानों पर एक मुस्तक़िल जज़्बा-ए-हैरत तारी रहता है, और यही जज़्बा-ए-हैरत उनके लिए तहरीक का मौजिब[३] बनता है। इस जज़्बा-ए-हैरत की ख़ुसूसियत यह है कि यह ज़िन्दगी की मामूली बातों पर पैदा होता है और मामूली बातों से इसका ताल्लुक़ इसकी शिद्दत को कम नहीं करता। ज़िन्दगी की मामूली बातों से दिलचस्पी ज़िन्दगी की असास है।

ख़ालिदा हुसैन के कहानियों में इस भावपूर्ण बारीकी की खोज उनके सृजनात्मक स्वभाव की एक बुनियादी ख़ूबी की तरफ़ इशारा करती है। ज़िन्दगी के मामूल और मामूली चीज़ों के बोध से एक भरी-पूरी प्रतीकात्मक प्रणाली के निर्माण की कोशिश, एक जटिल और सीधी सृजनात्मक गतिविधि को चिन्हित करती है। ख़ालिदा हुसैन की कहानियाँ, इसीलिए, देखने में जितनी सादा और सहज दिखायी देती हैं, उतनी सादा और सहज नहीं हैं। वे छोटे-बड़े स्वाभाविक वाक्यों, सामने की बातों और

१. जादू २. सुन्दर ३. कारण

परिचित वस्तुओं और लोगों से सम्बन्धित विवरणों के सहारे एक विचित्र नक़्शा बना देती हैं। एक साथ हमारी कई इन्द्रियों को एक दिशा देती हैं और असली भाव की बेहद रहस्यमयी सतहों तक पहुँचने में हमारी मदद करती हैं। कमाल की बात यह है कि इस धुन्ध का प्रभाव बिखरे बग़ैर वे हमारे आसपास और आन्तरिक दुनिया के नक़्शों और निशानों में किसी तरह की उलझन पैदा नहीं होने देतीं। इसी वजह से उनके द्वारा उत्पन्न किये गये प्रतीक कभी भी उस सच्चाई को नहीं छुपाते जिनसे पर्दा हटाना ही उनका उद्देश्य है। उनकी कहानियों से, उदाहरण के तौर पर, ये अंश देखते हैं :

> अचानक मेरी नज़र सामने आने वाली एक अजीबो-ग़रीब सवारी पर जा रुकी। वह एक बहुत बड़ा गुड्डा था जिसे दो सफ़ेद बैल खींच रहे थे। बैलों की आँखों पर स्याह खोपे चढ़े थे और नाकों में मोटे-मोटे रस्से। और सफ़ेद जल्द तले उनकी पसलियाँ और कूल्हों की हड्डियाँ साँस लेती थीं और रस्सों जड़े नथुनों से साँस की गर्म भाप उठती थी। गुड्डे के चारों तरफ़ लकड़ी का जँगला-सा बना था और उसके अन्दर स्याह पर्दे तने थे। दरअसल वो पर्दे भी ना थे। जैसे हिलती लहरें खाती अँधेरे की दीवारें। सामने से थोड़ी सी जगह ख़ाली थी और स्याह पर्दे से बाहर दो गाड़ीबान बैठे हड्डियों भरे अन्धे बैलों को हाँकते थे। उन गाड़ीबानों की शक्लें अँधेरे की वजह से मैं ना देख सका। और फिर स्याह कपड़ों पर उन्होंने मिलगुजी चादरों की बक्कलें भी मार रखी थीं कि उनके आधे-आधे चेहरे छुप गये थे। उनके सर झुके हुए थे जैसे लम्बे मसाफ़त[७] के बाद नींद का ग़ल्बा[८] हो।
>
> (सवारी)

> तब उसको ख़याल आता—चीज़ें, बेशुमार चीज़ें, उसका घर और शहर और तमाम दुनिया बेशुमार चीज़ों से अटी पड़ी है। चीज़ें जो इनसान ने ख़ुद बनायीं। चीज़ें जो वक़्त का पैमाना बनती हैं बल्कि वक़्त उनमें मुंजमिद[९] होता है। दरअसल चीज़ें दुनिया को, आदमी को, ज़िन्दगी और वजूद को ठोस बनाती हैं वरना तो ख़ुद महज़ एक तसव्वुर है।
>
> (तिलिस्मे होशरुबा)

---

७. यात्रा ८. नींद छाने लगी हो ९. जमा हुआ

यह बयान ख़्वाब का है कि हक़ीक़त का और यह दरियाफ़्त तजुर्बे की है कि हवास की, इस सवाल का जवाब ना तो ख़ालिदा हुसैन दे सकती हैं ना उनके पाठक। अनोखा गुण है ख़ालिदा हुसैन की कहानी का, जो लिखी तो गयी सच्चाइयों के सन्दर्भ में, लेकिन अपने तौर पर भी अपना एक अलग सन्दर्भ ढूँढ़ निकालती है और आसपास की दुनिया के हाल को एक व्यक्ति के हाल से जोड़ देती है। इस तरह ख़ालिदा हुसैन की लगभग सभी कहानियाँ एक सिलसिले से बँधी होती हैं, किसी एक निश्चित और मालूम घटना से नहीं। स्वर्गीय क़मर जमील ने उनकी एक कहानी 'ग्वालन' के हवाले से एक ख़त में उन्हें लिखा था :

> कहानी ख़ूब है। कुछ फ़ैंटेसी, कुछ हक़ीक़त, कुछ संजीदगी, कुछ तंज़, अजीब धूप-छाँव का आलम है। 'मेक बिलीव' और 'डिसबिलीव' का भी संगम है। मुख़्तसर-सी कहानी में आपने कुछ दास्तान का रंग और कुछ हिकायत[१] का अन्दाज़ पसे मंज़र के तौर पर इस्तेमाल किया है। भई, यह आप ही का हक़ है। यह ऐसा रास्ता है कि लिखने वाले के होश गुम हो जायें। उन सब बातों से अलग मुझे 'ग्वालन' की पीतल की गगरी बड़ी अच्छी लगी। बहरहाल यह सब कुछ ऐसा लगता है कि मैं आईने के अन्दर देख रहा हूँ कि सच भी है और झूठ भी।

(दुनियाज़ाद, कराची, शुमारा १४)

ख़्वाब और हक़ीक़त के एक समान बोध पर टिके हुए इस पहलू से नज़र हटाकर, एक और दिशा जो ख़ालिदा हुसैन की कहानियों के माध्यम से पढ़ने वाले को फ़ौरन आकर्षित करती है, वह है व्यक्तिगत अस्तित्व से उनकी प्रतिबद्धता। हज़ार-दो हज़ार लोगों की भीड़ उनके लिए हज़ार-दो हज़ार लोग या व्यक्तिगत हस्तियों की एक जगह से बनी है। इसीलिए उनकी 'निगाह तेज़' हुजूम से गुज़रती हुई, आख़िरकार व्यक्ति के भीतर जा पहुँचती है और उसे कभी भी साधारण तौर पर नहीं देखती। शायद इसीलिए, ख़ालिदा हुसैन की सृजनशैली में एक रचे हुए दार्शनिक झुकाव, एक तरह के सुथरेपन और कुलीनता का एहसास भी होता है। उनकी कुछ कहानियों में यह आवाज़ कुछ ज़्यादा ऊँची हो गयी है। लेकिन, अक्सर, वे किसी तरह का ढब अपनाने से, कोई नयी बात पैदा करने की बनावटी कोशिश से, अपनी कहानियों को बचाए रखती हैं। अपने एक हालिया

१. वचनमाला

लेख में उन्होंने 'बदलती दुनिया में अदब के किरदार' से बहस करते हुए, बहुत दो टूक अन्दाज़ में यह कहा था कि :

> अदीब ना तो वाइज़[१] है ना सोशल वर्कर, ना ही सियासी कारकुन, वो सहाफ़त और सहाफ़ती अदब से भी मुम्ताज़ है। मगर इसका असर सबसे ज़्यादा वसीअ[२] और देरपा है कि वो बराहे रास्त[३] लोगों के दिलों से मुख़ातिब होता है। उनकी छोटी-बड़ी ख़ुशियों और ग़मों, उम्मीदों और आर्ज़ुओं का हमराज़ और मौसमों, परिन्दों और हवाओं और ख़ुशबुओं का अदा शिनास होता है और जानता है कि सिर्फ़ ख़ारिजी दुनिया की तस्ख़ीर[४] इनसान का वाहिद नस्बुलैन[५] नहीं, उसे तो अपने बातिन के लामहदूद सहराओं को उबूर करना है। पसे फ़न का बुनियादी मंसब इस तारीकी को मुनव्वर करना और बातिन के इस वसीअ जंगल में रास्ते बताना है ताकि ज़िन्दगी के झमेलों में हम कहीं ये ना भूल बैठें कि हमारा असल मक़सद इस दुनिया को एक बेहतर इनसानी मस्कन बनाना है।
>
> (दुनियाज़ाद, कराची, शुमारा १५)

5

ख़ालिदा हुसैन की संवेदनशीलता का एक नुमायाँ पहलू, जो उनकी कहानियों और उनके उपन्यासों पर सीधे तौर पर प्रभाव छोड़ता है, ज़ुबान और बयान की सतह के साथ-साथ कहानी और उपन्यास की आकृति का बहुत साफ़ बोध है। इस बोध की सबसे महत्त्वपूर्ण दिशा उनकी कहानी या उपन्यास में घेरने वाले निजी या सामूहिक अनुभव की बुनत और बनावट से जुड़ी है। ख़ालिदा हुसैन के यहाँ किरदारों के भीतर और उनके अमल की बाहरी सतह का क़िस्सा साथ-साथ चलता है। वे कभी अनावश्यक विस्तृत वर्णन में नहीं उलझतीं। कम से कम शब्दों में अपनी बात कहती हैं, इस हक़ीक़त के बावजूद उन्हें रूपकों के उचित या अनुचित इस्तेमाल से कोई दिलचस्पी नहीं है। तो भी, उनकी कहानी अपना एक ख़ास लाक्षणिक तन्त्र रखती है। इसीलिए, उनकी हर कहानी के माध्यम से हम एक व्यापक और सामूहिक इनसानी सूरते हाल की सतह तक पहुँचते हैं।

---

१. उपदेशक २. फैला हुआ ३. सीधे तौर पर ४. जीत लेना ५. उद्देश्य

अपने एक लेख में ख़ालिदा हुसैन ने कहानी का क़िस्सा बयान करते हुए, कुछ बुनियादी सवाल उठाये हैं और बहुत सार्थक मामलों को चिन्हित किया है। मिसाल के तौर पर, वे लिखती हैं कि :

> अब से पहले मेरे ज़हन में कहानी, अफ़साने, फ़िक्शन के बारे में कोई इबहाम और ज़्यादा सहीह लफ़्ज़ों में तज़बज़ुब[१] ना था। इसको आप मेरी कम इल्मी या कम फ़हमी समझ लें। कहानी मुझे अपने आप और इस दुनिया से अल्हैदा चीज़ नज़र ही नहीं आयी, जिसमें हम साँस लेते हैं।
>
> ज़रा दम भर को आँखें बन्द कर महसूस करें तो वजूद, हस्त या मौजूदगी है क्या? बस कुछ मुकालमा, कुछ गुफ़्तगू, आवाज़ें और फिर अमल या हरकात, दिन भर हमारा इसी तरह गुज़रता है। हम बात करते हैं, कुछ अमल और हरकत और कुछ आवाज़ें—और हाँ, ये सब कुछ एक वक़्त में वुक़ूअ पिज़ीर होता है। यानी उनके साथ वक़्त कटता-गुज़रता चला जाता है। मगर यह सब कुछ लख़्त-लख़्त है। उनको एक्जा या एक तसल्सुल में कौन पिरोता है? ये हमारे अन्दर सदा जारी रहने वाला बयानिया जो ख़ारिजी मज़ाहिर को एक मरबूत सूरत में देखता और रखता है।
>
> हम तो क़िस्सा-कहानी के हिसार[२] से बाहर निकल ही नहीं सकते। मेरी कमज़ोरी ये है कि अगर कोई महज़ इतना ही बयान कर दे कि उसके इर्द-गिर्द क्या हो रहा है तो मुझे ये भी कहानी लगता है, क्योंकि ये किसी दूसरे की दीद है इसलिए उसमें वही तिलिस्माती कैफ़ियत नज़र आती है जो एक नयी दुनिया के दरवाज़े खोल देती है।
>
> कहानी का आग़ाज़ तो सामे[३] की संगत में हुआ। यानी एक सुनाने वाला और दूसरा सुनने वाला मौजूद था। मगर ये क्या कि जनाब शम्सुर्रहमान फ़ारूक़ी ने ज़बानी क़िस्सा और कहानी यानी दास्तान को फ़िक्शन के दायरे ही से निकाल बाहर किया। हर क़िस्म की ज़बानी क़िस्सा तराज़ी ख़्वाह वो बाद में ज़ब्ते तहरीर ही में क्यों ना आ गयी, फ़िक्शन के दरबारे आलिया में बार नहीं पा सकती। यही नहीं, तमाम क़िस्से, तम्सीलें, पैराबल, एलेगोरी, फ़ोकलोर, और ख़ुदा भला करे, रिवायतें फ़िक्शन नहीं हैं तो ये तो बड़ी परेशानी की बात है। पूरा दास्तानी लिटरेचर और वो बेहदो-हिसाब क़िस्से जो हमने अपने बड़ों से सुने और फिर अपने छोटों को सुनाये अगर फ़िक्शन नहीं है तो ये सिंफ़ कैसी तही दामन रह जाती है।

---

१. असमंजस २. घेरा ३. श्रोता

मेरा अपना अहसास ये कहता है कि सुनना तो क्या, कहानी तो पाँचों हवास की दास्तान है। और जितने ज़्यादा हवास इसमें शामिल हों, उतनी ही बड़ी वो कहानी होगी। यानी लिखी हुई कहानी भी हम देखते हैं, सुनते हैं, सूँघते हैं, चखते हैं और छूते हैं।

'हाथोरन' कही गयी कहानियों को दोबारा लिखता है तो वो आज की कहानियाँ बन जाती हैं–मिलान कुन्देरा कहता है कि मुआशिरे की फ़लाँ फ़ोकलोर में तलाश करो। तो फिर फ़र्दावदी तफ़र्क़ा[1] यक बार मिट गया।

कहानी तो एक मुसल्सल बहाव है जिसमें लातादाद छोटे-छोटे जज़ीरे बिखरे पड़े हैं। बहते-बहाते कोई कहीं जाकर पनाह पकड़ता है, किसी को कोई सरज़मीं भाती है, किसी को कोई।

मण्टो जैसे कहानी निगार की सारी अज़मत उसके मौज़ूआत पर महमूल कर दी गयी और इसका चर्चा ही ना हुआ कि वो कैसा कमाल का नस्र निगार था। इसी तरह हमारे और बड़े-बड़े लिखने वाले हैं। क्या 'गड़रिया' की सारी क़द्रो-क़ीमत और बड़ाई और तख़्लीक़ी इंफ़िरादियत महज़ उसके बेमिसाल किरदार दाऊजी में है। देखा जाये तो दाऊजी को हयाते जावेद[2] इस बयान और ज़ुबान ने बख़्शी है जिसमें उसने इज़हार पाया है। इसके अजीबो-ग़रीब मुकालमे और लफ़्ज़ियात।

तजुर्बा छोटा और बड़ा नहीं होता, उसका बयान और वो सच्चाई बड़ी और छोटी होती है जो उसके इज़हार का पैराया देती है–हाँ, अगर कोई बड़ा लिखने वाला हो तो वो मौजूदा लम्हे से भी बड़ी कहानी कशीद[3] कर सकता है क्योंकि मौजूदा लम्हे की जो अहमियत है हम उसकी क़द्र नहीं पहचान पाए। हम बहुत से मौजूद लम्हों से मिलकर बने हैं बल्कि हर मौजूदा लम्हे में नये सिरे से बनते हैं और बयानिया हमें जोड़ता है।

यूलिसिस का ज़्यादातर कमाल इसके ज़बान के साथ निहायत जसारत आमेज़[4] तजुर्बे में है और इससे जिस तरह इस ज़बान के लोग लुत्फ़ अंदोज़ हो सकते हैं और कोई नहीं हो सकता। यही मुसर्रत और हैरत हमें अपनी नयी कहानी में दरकार है।

(क़िस्से-कहानी का ज़बानी रिवायत से कमाले तहरीर तक)

कहानी की आत्मा और आकृति पर इस तरह के गहरे सोच-विचार की

---

१. आज और कल का फ़र्क २. अमर जीवन ३. निचोड़ ४. हौसले से भरे हुए

परम्परा हमारे साहित्यकारों में बहुत आम नहीं है। ख़ालिदा हुसैन ने ना सिर्फ़ साहित्य की पश्चिमी और पूर्वी परम्पराओं का अध्ययन ख़ासी गहराई के साथ किया है, साहित्य की कला पर भी उनकी नज़र गहरी है। ये अंश उनके जिस लेख से लिये गये हैं, वह मार्च २००५ में इस्लामाबाद में आयोजित अन्तरराष्ट्रीय उर्दू कॉन्फ्रेंस में पढ़ा गया था। लेकिन इस लेख में उन्होंने कहानी के जिस पहलू पर सबसे ज़्यादा जोर दिया है, उसके शुरुआती निशान हमें उनके पहले कहानी संग्रह 'पहचान' (१९८१ में प्रकाशित) की भूमिका में भी नज़र आते हैं। 'नयी कहानी' के शीर्षक से इस किताब में जो छोटी सी इबारत मिलती है उसमें ख़ालिदा हुसैन के ये बिन्दु भी शामिल हैं :

१. हर एहसास और फ़िक्र का सोता ख़ुद इनसान की अपनी ज़ात से और ज़्यादा सहीह अल्फ़ाज़ में तहतुज़्ज़ात[१] से फूटता है। आप इसको इनसान का साया कह लीजिये।

२. इनसान को अपनी ज़ात के साये का एहसास ही ना हो और वह बतौर फ़ैशन तारीकी[२] बाहर से मोल ले। इस सूरत में उसकी कहानी या तख़्लीक़े अक़्लीदिस[३] का मसला बनकर पढ़ने वालों को परेशान और हैरान होने का मौक़ा ज़रूर फ़राहम करेगी।

३. उसको अपने साये का एहसास हो और वह उससे मफ़रूर[४] हो, उस सूरत में वह लफ़्ज़ों के चक्कर में उलझकर नीम रूमानी नीम शिकस्त ख़ुर्दा[५] अदब पैदा करेगा।

४. एक चौथी क़िस्म अपने साये की पहचान की यह है कि इनसान इस साये को ख़ुद अपनी ज़ात की अस्ल जानकर उसको क़ुबूल करके, उसकी तारीकियों में उतर के, मसलहतपसन्दियों से बग़ावत करके, अपने और उस साये के रिश्ते का तअय्युन करे। उसका ताल्लुक़ ज़िन्दगी के ख़ारिजी अवामिल से पुख़्ता करे। इसको अपने 'सबकॉन्शियस' की पहचान कह लीजिये। इसकी इमेजिज़ कभी ग़लत नहीं होतीं। लिखने वाले का काम इन इमेजिज़ को समझना और उनका अपनी जीती-जागती ज़िन्दगी और अमली ज़िन्दगी के साथ रिश्ता जोड़ना है।

---

१. संशय २. अंधकार ३. ज्यामिती का विषय ४. भाग हुआ ५. हारा हुआ सा

५. अच्छी कहानी से कहानी कभी रुख़्सत ही नहीं हुई। जहाँ कहानी नहीं वो कहानी कहलाने की मुस्तहक़ नहीं।

६. कहानी, लिखने वाले से तजुर्बे का ख़ुलूस[१] और जाँकाही माँगती है—महज़ इंटेलेक्चुअल और नाक़ाबिले फ़हम बनने के लिए या सिर्फ़ चन्द क़ारईन को ज़हन में रखकर लिखना बेकार और तज़ीअ औक़ात[२] है।

ख़ालिदा हुसैन के दूसरे कहानी संग्रह 'दरवाज़ा (सन् १९८४ में प्रकाशित)' में भी किताब उनके इस 'एतिराफ़'[३] से शुरू हुई है कि :

> जब मैं अपने आपको महसूस करना चाहती हूँ तो लिखती हूँ। कहानी लिखने का अमल मेरे लिए अपने वजूद का रिश्ता क़ायम रखने की कोशिश है, इन दिनों दुनियाओं के माबैन[४] जो मेरे अन्दर और बाहर बहती हैं।

उनका यह दृष्टिकोण क़ुर्रतुलऐन हैदर की इस बात की याद दिलाता है कि लेखन भी एक आध्यात्मिक काम है, जैसे पन्नों पर बारिश हो रही हो। कहानी का जो स्वभाव ख़ालिदा हुसैन की पहली किताब 'पहचान' से निश्चित हुआ था, उसी की गूँज हमें 'दरवाज़ा', 'हैं ख़्वाब में हुनूज़' (सन् १९९५ में प्रकाशित) और उपन्यास 'काग़ज़ी घाट' में भी सुनायी देती है। कहानियों का चौथा संग्रह भी 'मैं यहाँ हूँ' जहाँ तक मैं जानता हूँ, प्रकाशित हो चुका है। अभी उस तक मैं पहुँच नहीं पाया हूँ। लेकिन ख़ालिदा हुसैन की जो कहानियाँ, पत्रिकाओं में नज़र से गुज़रीं, उनसे उसी प्रभाव की पुष्टि होती है कि उनके यहाँ बाहरी दुनिया और मनुष्य के भीतरी परिदृश्य का नक़्शा कहानी में साथ-साथ बनता है। इसीलिए, उनकी कहानियाँ अपनी क़िस्म के हिसाब से, एक गहरा वजूदी आहंग रखती हैं और भाव की कई सतहों पर एक साथ गतिशील दिखायी देती हैं। इसके बावजूद, ख़ालिदा हुसैन की कोई कहानी कभी गुंजलिक नहीं होती। हम पर वाक़िए से ज़्यादा एक सूरते हाल, एक प्रभाव और अनुभूति के रूप में उपस्थित होने के बावजूद अपना एक अनूठा चेहरा, एक ख़ास पहचान रखती है। इसका कुल मिलाकर रंग उदासी, मलाल और शोक का है। लेकिन ख़ालिदा हुसैन की कहानी 'औरत' के भीतरी उथल-पुथल

---

१. सच्चाई २. मेहनत ३. समय व्यर्थ करना ४. अपराध स्वीकृति ५. बीच

को उकेरने में भी कभी पुरशोर, व्याकुलता पैदा करने वाली और रुला देने वाली नहीं होने पाती। उनका बोध अभिव्यक्ति की एक हद को कभी पार नहीं करता। कहानी जितना कुछ कहती है, उससे ज़्यादा अनकही छोड़ देती है। उनके समकालीनों ने, इस रहस्य को कि कहानी को थमना कहाँ चाहिए, उनकी जैसी बाख़बरी का सबूत बहुत कम दिया है।

6

इस पूरी बातचीत से यह अन्दाज़ा लगाया जा सकता है कि ख़ालिदा हुसैन ने अपनी कृतियों के माध्यम से उर्दू की नयी कहानी की क़द्रो-क़ीमत में बहुत अनूठी प्रगति करने के अलावा, नयी कहानी का स्वभाव तय करने में भी एक अहम किरदार अदा किया है। अपने समकालीनों में, उर्दू से नज़र हटाकर अन्य भाषाओं के संसार और वैश्विक स्तर पर भी, वे इस शैली की उन्नति और उस पर प्रभाव छोड़ने वाले तत्त्वों का गहरा बोध रखती हैं। उनके बोध की कशिश, सुरुचिपूर्ण अभिव्यक्ति और अनुभवों की व्यापकता, उन्हें अपने समकालीनों और मार्गदर्शकों में एक अलग पहचान देती है। बीसवीं सदी की तीसरी दहाई के दौरान, पश्चिम में कविता और गद्य के जो रुझान सामने आये थे और आधुनिकता से सम्बन्धित भावनात्मक रवैयों के शोर-शराबे में जिन बातों से हमारे बहुत से नये लिखने वाले दूर जा पड़े थे, उन सबकी पुनर्प्राप्ति ख़ालिदा हुसैन के यहाँ साफ़ दिखायी देती है। इसीलिए, ख़ालिदा हुसैन ने अपनी कहानी के ढाँचे के साथ किसी तरह की छेड़-छाड़ नहीं की। उनके पास सोचने और कहने के लिए जो कुछ भी था, आसपास की सामूहिक स्थिति और उस स्थिति से दो-चार, अपनी ज़मीन की तलाश में जुटे हुए, निहत्थे और अकेले लोगों के अनुभवों से सीधे तौर पर जुड़ा हुआ था। ख़ालिदा हुसैन ने ना तो कोई देवमाला गढ़ने की इच्छा रखी, ना किसी निश्चित दृष्टिकोण और मानसिक विचारधारा की रहबरी क़ुबूल की। वे किसी सामूहिक परम्परा या सामूहिक अतीत के बजाय केवल अपने और अपने किरदारों के निजी सरोकार की मदद से अपनी संवेदनशीलता के चिराग़ जलाती हैं। और जैसा कि इस जायज़े में पहले भी इशारा किया जा चुका

है, हर इनसानी समाज, भीड़ या समूह ख़ालिदा हुसैन के लिए एक साथ बहुत से लोगों के एकत्रित होने का दृश्य है। यह एक तरह के व्यक्तिगत मानवतावाद के उथल-पुथल की अभिव्यक्ति है और अभिव्यक्ति के इस दायरे में ख़ालिदा हुसैन अपने दौर के आम लिखने वालों से आगे हैं।

अब रही ख़ालिदा हुसैन के बाद की पंक्ति के ज़्यादातर लेखकों की बात, तो उनकी सबसे बड़ी त्रासदी कहानी की पूर्वी और पश्चिमी परम्पराओं की उचित समझ, कहानी की शैलियाँ, ज़बानो-बयान और ढाँचे से उनकी आम बेख़बरी है। इनमें से कुछ तो इस हद तक स्वावलम्बी हैं कि अपने बारे में ख़ुद अपनी राय को ही पैमाना समझ लेते हैं और दुनिया करे ना करे, कम से कम ख़ुद अपने लिखे हुए में ही अपनी चर्चा करके सन्तुष्ट हो जाते हैं। ख़ालिदा हुसैन ने अपने मुम्ताज़ समकालीनों की तरह, कहानियों में दुनिया जहान की बातें तो कीं, कभी अपने हुनर के विस्तृत वर्णन के फेर में नहीं पड़ीं। सृजनात्मक अभिव्यक्ति में शक्ति और ऊर्जा अपने कमाल से इसी अलगाव, और इस वक़्त जब चील-कौओं ने कोहराम मचाया हुआ हो, इसी सृजनात्मक गंभीरता और चुप्पी के माध्यम से आती है। भूल-चूक में ग़ज़ल के दो-चार अच्छे शेर या इक्का-दुक्का नज़्में तो लिखी जा सकती हैं, लेकिन अच्छी कहानी लिखने से पहले गद्य की एक सीधी-सच्ची मज़बूत और संगठित शैली की समझ तक पहुँच ज़रूरी है। ज़ाहिर है कि गद्य के पतन का यह दौर हर किसी के मामले में इस तरह की कोई ज़मानत नहीं दे सकता। अच्छी कहानी वही लिख सकता है जो अच्छे गद्य की ख़ूबियों से आगाह और सुसज्जित हो।

सितम्बर २००५

इन्हिदाम से तामीर तक

अनवर सज्जाद

इन्हिदाम[1] से तामीर[2] तक

अनवर सज्जाद ने 'मैं और मेरा फ़न' के शीर्षक से एक लेख में कहा था, "मैं कहानी लिखता हूँ और उसके लिए मुझे बहुत मेहनत करनी पड़ती है। ग़ैब[3] से मज़ामीन[4] मेरे ख़याल में नहीं आते कि ग़ैब और मेरे दरमियां इनसान मौजूद है।"

और इसी लेख में आगे उन्होंने लिखा,"मुझे तारीख़ से दिलचस्पी है तारीख़साज़ी से नहीं।"

या

"जदीद इनसान के बारे में एक बदीही[5] सच्चाई इसकी शेरी साख़्त[6] है। जदीद शेर और जदीद मुसव्वरी[7] में ग़ैर-मारूज़ियत[8] उसे क्लासिक से मुमय्यज़[9] करती है," वग़ैरह-वग़ैरह। यानी अनवर सज्जाद ने एक साथ दो अलग-अलग दिशाओं में जाने वाले रवैयों से सरोकार रखा है। एक रवैया तो वही अपनी सीमा की ओर यथार्थवाद का है जिसके बहाव से लिखने वाला किसी तरह के ग़ैर-ज़मीनी, अलौकिक और आध्यात्मिक अनुभवों की ओर ध्यान नहीं देता। उसका नाता इनसान के सामूहिक जीवन से होता है और वह इस जीवन से परे किसी सृजन या रसानुभव को पहचानने में ख़ुद को असमर्थ समझता है। दूसरा रवैया हमारे ज़माने की तजुर्बापसन्दी के रुझान से सम्बन्धित है क्योंकि इस रुझान ने कहानी

१. विध्वंस २. निर्माण ३. परलोक ४. विचार ५. साफ़ ६. काव्यात्मक बनावट ७. चित्रकारी ८. वस्तुनिष्ठता ९. छाँट कर अलग करना

से कहानीपन के तत्त्व को निकालकर सृजनात्मक गद्य और कविता के भेद को नकार दिया है।

मैं पहले रवैये के बारे में कुछ नहीं कहना चाहता क्योंकि हर लेखक की तरह अनवर सज्जाद का भी एक वैचारिक दृष्टिकोण है, अपने अनुभवों को देखने और परखने का। कहानी लिखने के लिए तारीख़साज़ी से दिलचस्पी सचमुच ज़रूरी नहीं। कहानीकार तो इतिहासकार हो सकता है मगर इतिहासकार कहानीकार नहीं। ऐसी कोई शर्त उस पर लागू नहीं होती। सो, अनवर सज्जाद भी हालाँकि तारीख़साज़ी के किसी गुमान में ग्रस्त नहीं, मगर 'कोंपल' जैसी कहानी इस प्रकार के किसी उद्‌देश्य को अस्वीकार या ग़लत साबित नहीं करती। शायद इसीलिए नये साहित्यिक विचारों से मतभेद रखने वाले इंक़िलाबपसन्दों में भी यह कहानी बहुत लोकप्रिय हुई। इस कहानी के माध्यम से अनवर सज्जाद की एक निहायत उग्र, ग़ैर-पारम्परिक और सियासी कार्यकर्ता की छवि भी सामने आयी है। यह छवि उस दूसरे रवैये से, जिसके अनुसार नयी कहानी का मूल स्वभाव उससे गद्य के तत्त्वों को हटाकर एक तरह के काव्य में तल्लीन है, ज़्यादा नहीं मिलती। तो भी अनवर सज्जाद ने अपनी कई कहानियों और अपने उपन्यासों 'ख़ुशियों का बाग़' और 'जन्म रूप' के ज़रिये यह कुछ कर दिखाया है। इसलिए वैचारिक समग्रता और साहित्य में 'प्रतिबद्धता' की अहमियत पर ज़ोर देने के साथ-साथ अनवर सज्जाद अभिव्यक्ति के मामले में कविता सी अस्पष्टता और उसके अर्थ की अनिश्चितता में विश्वास रखते हैं। उनके कलात्मक स्वभाव और कार्य क्षमता के हिसाब से यह विषय विस्तृत वर्णन के योग्य है। इस पर कभी अलग बहस होगी।

जहाँ तक अनवर सज्जाद की कहानी 'कोंपल' का सम्बन्ध है, इस कहानी में कोई धुन्धलापन नहीं। किसी तरह का काव्यरस नहीं। ना अनुभव में ना अभिव्यक्ति की शैली में ही। यह एक बहुत गठी हुई, अत्यन्त कठोर, और शक्तिशाली, और वैचारिक दृष्टि से बहुत दो टूक क़िस्म की प्रतिरोधक कहानी है। उर्दू के प्रतिरोध-सम्बन्धी साहित्य में अपने व्यापक प्रभाव और सन्देश, भाषा और बयान की ख़ूबियों और रचाओं और विस्तृत वर्णन के हिसाब से बहुत विशिष्ट स्थान रखने वाली कहानी। मेरे विचार से हमारे ज़माने के साहित्य का कोई भी चयन इस कहानी के बिना अधूरा ही रहेगा। कथानक की रस्मी बनावट और पारम्परिक सिलसिले से ख़ाली होने के

बाद भी 'कोंपल' में एक कठिन परिस्थिति का वर्णन जिस खुरदुरी सच्चाई के साथ सामने आया है उसके सामने यह कहानी प्रेमचन्द की 'कफ़न' और हयातुल्लाह अंसारी की 'शुक्रगुज़ार आँखें' की याद दिलाती है। यह एक बहुत ही डरावने और बिल्कुल ग़ैर-जज़्बाती हमदर्दी के तत्त्वों से मालामाल कहानी है जो पढ़ने वाले के हवास पर लम्बे समय तक चारों ओर से छायी रहती है और उसे बेचैन रखती है। आवाँ गार्द साहित्य में यह तत्त्व एक नयी अस्त-व्यस्तता, उग्रता और मानवीय भविष्य के सिलसिले में मौजूदा इनसानी स्थिति के सामने गहन विचारों से भरी हुई सोच की शक्ल में उभरा। प्रेमचन्द की कहानी 'कफ़न' से अनवर सज्जाद की 'कोंपल' का ताल्लुक़ इसी वास्ते पर क़ायम होता है। उर्दू के नये साहित्य में आवाँ गार्द के इस तत्त्व की तरह 'कोंपल' जैसी असामान्य कला-कौशल के साथ लिखी गयी कहानी की मिसालें भी बहुत कम याद हैं। अनवर सज्जाद के अपने बारे में लिखे गये जिस विवरणात्मक लेख के कुछ अंशों से मैंने यह बात शुरू की थी, उसमें एक वाक्य यह भी है कि :

> हर कहानी में मेरी सिर्फ़ इतनी सी कोशिश होती है कि किसी तरह मौज़ू (ख़याल) और हैयत के माबैन[१] वो अमीक़[२], नाज़ुक जदलियाती तवाज़ुन[३] क़ायम रखने में कामयाब हो जाऊँ कि जिसका एक पलड़ा भी ज़र्रा बराबर झुक जाये तो कहानी का निज़ाम दरहम-बरहम[४] हो जाता है।

तो इस कहानी 'कोंपल' में यह सन्तुलन जिस कामयाबी और सलीक़े के साथ सामने आया है उसके मुक़ाबले में अनवर सज्जाद की भी बस इक्का-दुक्का कहानियाँ ही ठहरती हैं।

देखने में 'कोंपल' का आन्तरिक रूप इस अनुभव पर आधारित है कि अन्याय सहने से इनकार और अपनी आज़ादी की अभिव्यक्ति की चाह, एक निर्मम सामाजिक व्यवस्था के सामने आने और बड़ी बेरहमी से कुचले जाने के बाद भी जीवित रहती है, एक ख़्वाब के रूप में। और यह एक विरसे के तौर पर वर्तमान पीढ़ी को आने वाली पीढ़ियों से पिरोये रखती है। इस तरह अत्याचार और उससे रिहाई की चाहत का सिलसिला चलता रहता है। यह एक कभी नहीं ख़त्म होने वाला टकराव है, सामूहिक इतिहास के व्यापक परिदृश्य का एक अटूट हिस्सा।

---

१. बीच २. गहरा ३. सन्तुलन ४. तितर-बितर

कहानी का बुनियादी सन्दर्भ अनवर सज्जाद का अपना वातावरण है—संकुचित दृष्टि, अत्याचार और अमानवीय रवैयों के घेरे में फँसा हुआ। राजनैतिक क़ैदियों और यातना प्रकोष्ठों के आसपास घूमता हुआ। यह कहानी अनवर सज्जाद के जिस संग्रह 'इस्तआरे' में शामिल है, वह सन् १९७० में प्रकाशित हुआ था। बीसवीं सदी के इस दशक को बंगाली कवियों के एक चयन में 'फ़्लेमिंग सेवेंटीज़' कहा गया है, यानी एक दहकती हुई दहाई। पूरे उप-महाद्वीप में यह दौर निरंकुश तानाशाही की हर लहर के ख़िलाफ़ विरोध, इनसानी रूह की आज़ादी को छीनने की हर कोशिश और हर सत्तावादी रवैये की भर्त्सना का दौर है। सृजनात्मक सतह पर भी एक अनोखा पथरीलापन और कष्ट सहने की क्षमता इसी दौर की कहानी और कविता में से निकले हैं। इस हिसाब से अनवर सज्जाद की यह कहानी 'कोंपल' साहित्य में एक नयी सृजनात्मक सम्भावना, एक नये सामूहिक आदर्श और एक नये बोध का आगमन कही जा सकती है।

२

कहानी में असली घटना और उसकी मौजूदा स्थिति का वर्णन, उसकी उपमा के विवरण के साथ-साथ हुआ है। यानी दो कथानक साथ-साथ चलते हैं। ये ना तो एक-दूसरे के पूरक हैं, ना ही एक-दूसरे में किसी तरह की बढ़ोतरी करते हैं, क्योंकि पाठक को इसकी ज़रूरत ही महसूस नहीं होती। हाँ, मगर इस तरह एक से दूसरे का वैचारिक विस्तार ज़रूर हुआ है और एक से दूसरे के भावनात्मक और संवेदनात्मक प्रभाव भी बढ़े हैं। अनवर सज्जाद ने पूरी घटना को एक गतिमान नज़रिये के तौर पर पेश किया है। एक 'टॉर्चर सेल' है जहाँ एक उदारवादी कवि को अभिव्यक्ति और अस्वीकृति के अधिकार की हिफ़ाज़त के जुर्म में यातना दी जाती है। उसकी पत्नी और माँ यह दृश्य देख रहे हैं और चुप हैं क्योंकि उनकी हैसियत इनसानी इतिहास के एक बेबस गवाह मात्र की है। उस कोठरी में दीवार पर फ्रेम की हुई एक तस्वीर टँगी है। उसमें एक पतंगा है, उड़ने वाला यानी अन्याय के फन्दे से मुक्ति की अभिलाषा का प्रतीक और एक छिपकली है, अत्याचार का भद्दा चेहरा। छिपकली पतंगे को हड़प कर

जाना चाहती है। कवि का ध्यान इस दशा में बार-बार अपने बेटे की तरफ़ जाता है, जिसे इनसानी ज़मीर की एक अमानत के तौर पर वह अपने पीछे छोड़ आया है। फ़्लैशबैक में बार-बार बच्चे की तस्वीर उभरती है। और बच्चे के साथ एक कोंपल की भी जिसका बीज उसे अपने पिता से मिला था और जिसे उसने घर के आँगन में बो दिया था। फ़्लैशबैक में एक तूफ़ानी रात का दृश्य भी सामने आता है, हुकूमत की परछाईं, गहरी काली और ख़ून बहाने वाली। तेज़ बारिश। अन्तरात्मा की आज़ादी के ख़िलाफ़ एक साज़िश। बच्चा हर कीमत पर तारीख़ (अपने पिता) की दी हुई उस अमानत को बचाने का जतन करता है। कहानी का आख़िरी अनुच्छेद इस प्रकार है :

> कॉर्पोरेशन लैंप पोस्ट की रोशनी से बने अँधेरे शीशे के पार देखते हुए बच्चे को एकदम तरकीब सूझती है। वो दरवाज़े से हटकर जल्दी से मुड़ता है। पल भर के लिए दूसरे बिस्तर पर तनफ़्फ़ुस[१] से उभरती डूबती रजाई की क़ब्र को देखता है। अपनी चारपायी के पास आकर जल्दी-जल्दी जूता पहनता है, अपनी पूरी क़ुव्वत से, अपने बिस्तर का लिहाफ़ उठाकर ओढ़ता है। पलटकर तेज़-तेज़ क़दम उठाता कमर से कम कमरे से बाहर निकल जाता है। सिहन[२] के ऐनवस्त[३] में पहुँचकर बैठ जाता है और उस नन्ही-मुन्नी कोंपल को अपने लिहाफ़ के दामन में ले लेता है, जो मनों मिट्टी को अपनी तेज़ कटार सी नोक से चीर के उभरी है और दरख़्त बनने पर जिसकी शाख़ों से मोहने, महकते सुर्ख़-सुर्ख़ फूल फ़ानूस की सूरत झूलेंगे।

फ़्लैशबैक में एक भविष्य की तस्वीर है, सपने संजोये हुए और मुबारक। सज्जाद अनवर ने एक सकारात्मक और रचनात्मक कहानी लिखी है जिससे लिखने वाले के इनसानी सरोकार और नैतिक दृष्टिकोण की पहचान खुलकर होती है। कहानी की भाषा बहुत छनी हुई, गर्म और दिल की तरह धड़कती हुई है। सांकेतिक भी बहुत है इसीलिए अनुभव के सविस्तार वर्णन के बाद भी पूरी कहानी में कहीं भी भाव के इकहरेपन का निशान तक नहीं है। अनदेखी वस्तुओं और अनुभवों तक को अनवर सज्जाद एक जिस्मानियत तक ले गये हैं। ये कुछ वाक्य उदाहरण के तौर पर :

> खिड़की से आती तेज़ सर्द हवा उसके जिस्म के मसामों[४] में दाखिल होकर सिर उठाती है। वह जिस्म से उठती कँपकँपी को जिस्म में दबा देता है।

---

१. साँस का आवागमन २. आँगन ३. ठीक बीच में ४. रोम

"मद्धम मद्धम कोमल सुरमई रौशनी जो तारीक[१] से तारीक रात में भी कहीं से आ जाती है, कड़कती कौंधती बर्क़[२] के सामने हर लम्हा गायब होती है। इन लम्हों के बीच के लम्हे में फिर आसमान की वुसअतों[३] में फैल जाती है। उस दरमियाँ लम्हे को वह अपने सारे वजूद में समेटकर मुस्कुराता है।

(टॉर्चर के दौरान) उसकी पीठ के तमाम रेशे मुसल्सल तनाव में है। उसकी आँखें मुसल्सल खिंची हैं, जिनके मर्कज़ से सुर्ख़ नुक़्ता उभरता, उफ़ुक़[४] उफ़ुक़ तक तन्हा ही चला जाता है।

और बयान की यह ताक़त देखिये :

प्लास वाला उसकी शहादत की उँगली का नाख़ून प्लास के दाँतों में दबाकर आहिस्ता-आहिस्ता खींचता है, हत्ता[५] कि नाख़ून जड़ से उखड़ने लगता है। दर्द की तमाम हैयात सिमटकर उसके नाखूनों में आ जाती है।

और :

ऐन उसी वक़्त आसमान से बारिश के पहले क़तरे का फ़ायर होता है। बारिश मशीनगनों से चलती गोलियों की सूरत अख़्तियार कर लेती है।

और आख़िरी उद्धरण :

इंचार्ज के इशारे पर एक स्याहपोश कोने में पड़े कोड़े तेल के कनस्तर में डुबा कोड़ा निकालता है। वो बढ़कर उसे घसीट के तारीक कोठरी के जँगले के साथ उसकी कलाइयाँ और पैर बाँध देते हैं, कुछ इस अन्दाज़ से जैसे ईसा मसीह को सूली पर बाँधा गया था।

याद कीजिये, दोस्तोएवस्की ने कहा था "सूली पर चढ़ने वाला अपराधी, ईसा मसीह प्रतीत होता है[i]"। यह छोटी सी कहानी ऐसे असामान्य, 'मारूज़ी तलाज़िमों'[ii] से भरी पड़ी है। इस कहानी के माध्यम से अनवर सज्जाद ही नहीं आवाँ गार्द साहित्य और उर्दू साहित्य में नयी संवेदना के काम पर बहुत देर तक बात की जा सकती है। फ़िलहाल यहीं तक!

---

१. अँधेरी २. बिजली ३. विस्तार ४. क्षितिज ५. जब तक

३

'कोंपल' के बाद अपनी बातचीत के इस सिलसिले को अनवर सज्जाद के जाने-माने और बहस तलब उपन्यास 'ख़ुशियों का बाग़' तक ले जाना चाहता हूँ। यह उपन्यास बलराज मैनरा ने 'शऊर' के एक विशेष अंक के तौर पर दिल्ली से उस समय छापा था जब पाकिस्तान में अभिव्यक्ति की आज़ादी पर सख़्त पहरे लागू थे। साहित्य, कला, पत्रकारिता सभी पर गहरे प्रतिबन्ध थे। ज़ुल्फ़िक़ार अली भुट्टो को फाँसी दी जा चुकी थी और जनरल ज़िया उल हक़ ने देश में इस्लामी क़ानून व्यवस्था स्थापित करने के नाम पर अत्याचार का एक नया सिलसिला शुरू किया हुआ था। मैनरा ने 'ख़ुशियों का बाग़' के प्रकाशन के साथ-साथ अन्याय और प्रतिबन्ध की इस घटना के सन्दर्भ में रामचन्द्रन की एक चित्रों की प्रदर्शनी का आयोजन भी किया था—'कठपुतलियों के रंगमंच' के नाम से। यह एक अलग कहानी है। 'ख़ुशियों का बाग़' का एक उद्धरण कुछ इस प्रकार है :

> एक चेहरा
>
> तिलिस्माती तबाहकारियों की मुज़ाहमत[१] की निशानदेही करता
>
> मुकम्मल तौर पर इनसानी चेहरा, मुमकिन इनसान, जो तबाही और बर्बादी की फ़िज़ा में
>
> मुदाफ़अत[२] का निशान बन जाता है...।

यह कहानी पढ़ते वक़्त एक चेहरा लगातार हमारे हवास का पीछा करता है। पल भर के लिए अगर उस चेहरे को एक सर्रियलिस्ट सतह पर परखा जाये तो महसूस होगा कि इसकी आँखें दो रौशन चिराग़ों की मिसाल हैं। उनका दायरा एक ऐसी धुन्ध पर फैला हुआ है जो उम्मीद और उम्मीद की सम्भावना दोनों को सँभाले हुए है, वर्तमान से भविष्य के भ्रमात्मक सम्बन्ध का संकेत। इसलिए वैचारिक और अनुभवी सतह पर यह कहानी एक भविष्यवादी रचना है। इसके एक सिरे पर वर्तमान है तो दूसरे पर वह समय जो अभी नज़रों से ओझल है लेकिन जिसके निर्माण-तत्त्वों की खोज सच्चाइयों की उस सरज़मीन पर भी की जा सकती है जिससे हमारा वर्तमान निर्मित है। यही दृष्टिकोण हमारे समय की संवेदनशीलता

---

१. प्रतिरोध २. जूझता

को एक नैतिक दिशा से मिलवाता है। और बीते समय की अस्वीकृति और पतन के वातावरण में एक सकारात्मक और रचनात्मक दिशा के अस्तित्व की सूचना देता है। आवाँ गार्द साहित्य में भविष्यवाद की लहर शुरू ही से नाशवादी रुझानों के साथ चली आयी है। नये उर्दू साहित्यकारों की त्रासदी यह है कि उन्होंने सतही हालातों की नक़ल को ही अपना उद्देश्य समझा और असफलता और अप्राप्यता के एक विकट अनुभव में छुपी हुई ख़ुशख़बरी के बोध से लापरवाह रहे। शायद इसीलिए हमारी नयी संवेदनशीलता अभी तक पश्चिम के आवाँ गार्द साहित्य की बुनियादी संवेदना की पृष्ठभूमि बनी हुई है। सामने का दृश्य कब का बदल चुका है, जीवन और साहित्य दोनों ही सतहों पर। आधुनिकता के बाद अब उत्तर-आधुनिकता भी कल का क़िस्सा बनती जा रही है। मगर हम जो अनुकरण को बचाव और विशिष्टीकरण की कुंजी समझते हैं, अब तक कल से निकलकर आज में आने पर तैयार नहीं हुए। नक़्ल की हुई आधुनिकता हमारी साहित्य परम्परा की सबसे बड़ी त्रासदी है।

यह सही है कि विरोध की शक्लें विभिन्न और उसके रूप कई हैं। एल्बैर कैमयू ने आत्महत्या की विवेचना प्रतिरोध से करते समय, मृत्यु में ही जीवन के एक नये और क्रान्तिकारी अर्थ की खोज का यह दृश्य उजागर किया था। लेकिन बाहरी रूप को देखने के आदी लोग उसे निराशावाद समझ बैठे। वे इस भेद को नहीं समझ पाये कि मानवीय विवेक के समक्ष हमेशा हज़ारों ऐसे पल आये हैं, जब जीवन और मृत्यु ने आपस में अपनी सूरतें बदल लीं, क्योंकि यह भी परखने का अपना एक ढंग था। ऐसी स्थिति में जब व्यक्तिगत रूप के निर्धारण और बचाव और उसे प्रमाणित करने के दूसरे साधन बेकार हो चुके हों, प्रयाण के अनुभव का चयन भी एक अन्तिम साधन हो सकता है। जीवन के अत्याचारों से इनकार और उसके सामने मृत्यु को अपनाने में ख़ुद जीवन सार्थक हो जाता है। लेकिन हमने इस भाव के बाहरी चिन्हों को ही जीवन का असली उद्देश्य समझ लिया। और इसी की बुनियाद पर नयी संवेदनशीलता के खम्बे गाड़ने में तल्लीन हो गये। फिर तो एक भीड़ लग गयी। वैज्ञानिक संस्कृति के विरोधाभास, मूल्यों में गिरावट, आस्थाओं की पराजय, सभी जाँचे-परखे हौसलों की पस्ती, निजात के नुस्ख़ों की बेअसरी, व्यक्तित्वों का ह्रास और अच्छाई के तिरस्कार से सम्बन्धित हर दुख का दरवाज़ा एक अन्धी

गली में खुल गया। बड़ी तादाद में लोग एक अन्धकारमय केन्द्र पर खिंच आये। वे अपने काम की निष्फलता से आगाह उस समय हुए जब पानी सर से ऊपर आ चुका था और सृजनात्मक विचारों की दुनिया में, नक़्ल की मारी आधुनिकता की परिभाषा का चलन धीरे-धीरे आम होने लगा। संवेदनात्मक और वैचारिक अनुभव की क़द्रो-क़ीमत में पतन का यह दूसरा दौर है। इसके पहले दौर की शुरुआत प्रगतिशीलों के अड़ियलपन और सामयिक सन्दर्भ में उनके इस्तेमाल किये हुए विचारों की बेअसरी के साथ हुआ था। उस समय शब्दों ने अपने अर्थ खो दिये थे और सार्थकता के नये केन्द्रों की खोज में उनके कट्टरपन ने बहुत सी रुकावटें खड़ी कर दी थीं। हमने उन पर बड़ी लान-तान की, लेकिन अन्त में ख़ुद भी इसी के जैसे एक जादू के बन्धन में फँस गये। यह भूल पहले से ज़्यादा घातक इसलिए है कि इसकी नींव भी लगभग इसी क़िस्म के भावनात्मक और वैचारिक आलस्य से बनी है, जिसे हमने निन्दा का निशाना बनाया था।

अनवर सज्जाद के इस उपन्यास की विवेचना इसीलिए मैं अपने समय की एक नयी सुरुचि, अभिव्यक्ति की प्रचलित शैलियों के लिए एक नयी चुनौती और एक नये सृजनात्मक प्रश्न-पत्र के रूप में करता हूँ। मैं इस बात को मानता हूँ कि मैंने यह उपन्यास बड़े जतनों के साथ, ठहर-ठहर कर, वक़्फ़े-वक़्फे से पढ़ा है। वह निरन्तरता जो किसी वाक़िआती कायनात को क्रमबद्ध, व्यवस्थित और सहज बनाती है और बयान की वह रवानी जो किसी कहानी को सुनने वालों की दिलचस्पी का सामान जुटाती है, यहाँ ग़ायब है। अनवर सज्जाद का ढंग, इस कहानी की सृजन-सम्बन्धी सभी सतहों पर—क्या वैचारिक और भावनात्मक और क्या सृजनात्मक और भाषाई—एक ऐसे कलाकार का रवैया है, जिसने अभिव्यक्ति के जाने-पहचाने, बरसों पुराने नियमों को एकदम परे करके अपने पाठक को एक नयी कलात्मक समझ से दो-चार किया है। यह मशीनी सभ्यता के साथ प्रगति करने वाले सांस्कृतिक मूल्यों के मलबे से रेंगकर निकलती हुई एक नयी सुरुचि के प्रकट होने का प्रतीक है– अस्त-व्यस्त, अव्यवस्थित, कुरूप और उसका व्यापक माहौल अन्याय, उत्तेजना और भय से लबालब है। संगीत, अनुभव की एक सतह पर ख़ुद अपने आपको कैसे अस्वीकारता है, और सृजनात्मक अनुभव और अभिव्यक्ति का अमोघ, उज्ज्वल, तरशा-तरशाया और भयभीत होने की

हद तक सतर्क दर्पणकक्ष एक लम्बी चीत्कार का रूपक किस तरह बनता है, उसे हम 'ख़ुशियों का बाग़' के तीसरे पटल पर आसानी से देख सकते हैं। अनवर सज्जाद ने इस पटल की रूपरेखा का सिलसिला उस बिन्दु से शुरू किया है जहाँ 'ख़ुशियों का बाग़' की सरहदें ख़त्म होती हैं, और एक नयी सच्चाई का विस्मयी पट खुलता है। उसका विषय यही सच्चाई है, डरावनी और भीषण, जिसे उसने एक अव्यवस्थित से दिखने वाले शाब्दिक तन्त्र में समेटने के जतन किये हैं, क्योंकि यह अस्त-व्यस्तता अपनी बाहरी सतह पर भी इस अव्यवस्थित सच्चाई को दर्शाती है, अनुभव और अभिव्यक्ति के द्वैत को ख़त्म करके एक अनोखी एकरूपता के निर्माण का। यह क़रीना अनवर सज्जाद की इस कहानी को एक नया सृजनात्मक दृष्टिकोण देता है। इस सच्चाई का पीछा करते हुए वह इनसानी सूरते हाल की जिस धुन्ध तक अन्त में पहुँचता है, वहाँ इस धुन्ध से एक और सूरत प्रकट होती है। और इसी शक्ल में हम पर कहानी के बुनियादी अनुभव की वैचारिक दिशा रौशन होती है, धूप और छाँव के एक तमाशे और उस तमाशे से दो-चार इनसान की हरेक दौड़-धूप का फल। यह एक सम्भावना भी और एक शुभ सन्देश भी।

इसलिए, अगर हम इस कहानी को दोहराना चाहें तो हमें इसके भाषाई घेरे से निकलकर दूसरी सतहों की खोज करनी होगी। एक तो ख़याल की सतह पर, जो देखने में जटिल और हल तलब है। मगर इसका भाव बहुत साफ़ है, कि उपन्यास के आरम्भ से अन्त तक इसके मुख्य पात्र 'मैं' की वस्तुनिष्ठ स्थिति और घटनात्मक परिदृश्य की धुरी की हैसियत से उसका दृष्टिकोण स्पष्ट है। दूसरी सतह एक क़ौमी सम्भावना और भावनाओं के नृत्य में छुपी हुई सकारात्मकता के सन्दर्भ से अमल की सतह है जिसके पड़ाव कठिन भी हैं और इम्तिहान लेने वाले भी क्योंकि उनका सिलसिला तीसरी दुनिया के विस्तृत और विशाल, वैचारिक, भावनात्मक और भौतिक भूदृश्य पर फैला हुआ है। इस सतह पर यह तारीख़ी उपन्यास है, जिसमें अनवर सज्जाद ने जिस कुशलता से इतिहास के बोध को एक कलात्मक अनुभव की नींव बनाया है, उससे साकार निराकार हो गया है। वह कुछ जो निश्चित, परिचित और सीमित था, अनिश्चित, रहस्यमय और बहने लगा है। इस तरह यह कहानी ठोस से तरल की तरफ़ बढ़ती है। और अपने परिणाम तक पहुँचते-पहुँचते हुए एक बार फिर अपने सभी

निराकार तत्त्वों को एक ठोस भौतिक स्थिति में परिवर्तित करने का रास्ता दिखाती है। यही वजह है कि यह कहानी मुझे एक ही साथ दिलचस्प भी नज़र आयी और ग़ैर-दिलचस्प भी। पिकासो की 'गेर्निका' की तरह इसका स्वाद बहुत कड़वा है। मगर यही कड़वाहट, जो विष की तरह हमारे गले में फन्दे डालती है, बयान की रवानी और बनावट के रास्ते में रुकावटें खड़ी करती है, इस कहानी का अमृत भी है। ज़ाहिर है कि ऐसा अमृत जो विष के रूप में सामने आये, रुक-रुक कर ही गले से नीचे उतारा जा सकता है। इस कहानी को एक ही बैठक में पढ़ना उस वक़्त सम्भव है जब अपनी प्रतिक्रिया और कहानी के अमल की तरफ़ से आँखें फेर ली जायें और उसका अध्ययन इस अवस्था में किया जाये जिसे हमारे आलोचक वस्तुनिष्ठता का नाम देते हैं। मेरे लिए यह विषय कठिन भी है और दोषपूर्ण भी, क्योंकि इनसानी अनुभवों की भट्टियों को ज्ञान के बर्फ़ख़ाने में लगाने और विशिष्टीकरण के आलों से उन्हें नापने का काम सिर्फ़ उन्हीं लोगों के बस का है जिनका विवेक अमानवीकरण के विचारों से ख़ुराक हासिल करता है। फिर इस कहानी में जो कुछ लिखा हुआ सामने आया है, इससे बहुत ज़्यादा अनलिखा है। वार्तालाप और मौन यहाँ एक-दूसरे के विरोधी नहीं, सखा हैं; कि एक को दूसरे से अपनी अभिव्यक्ति की निरन्तरता की गति और ऊर्जा मिलती है। ठहराव, अभिव्यक्ति का कैसा प्रभावशाली बल है इसका अन्दाज़ा कहानी के वाक्यों की बीच-बीच की चुप्पी से होता है। यही चुप्पी एक लम्बी चीख़ को, जिससे यह कहानी बनी है, जगह-जगह से काटती है और उसे बहुरूपी आवाज़ों का संगम बनाती है। यह एक जटिल और पागल कर देने वाली 'सिम्फ़नी' है जिसमें सुर और ताल और विभिन्न राग-रागिनियों के साथ-साथ इनसानी देह और उसके समझे-बूझे काम यानी नृत्य और अलग-अलग रंगों में छिपी हुई आवाज़ों यानी संगीत की गूँज भी शामिल है। साहित्य या सृजनात्मक अनुभव के प्रकटन की भाषाई आकृति जो दूसरी ललित कलाओं की पकड़ से परे है और आज़ाद, मानवीय अभिव्यक्ति का एक स्वच्छन्द अधिकार-क्षेत्र समझी जाती रही है, अनवर सज्जाद ने उसकी दीवारों पर कई दिशाओं से वार किये हैं। और क़िस्से-कहानी की तारीफ़ के उन सभी दायरों को बिखेरकर रख दिया है जिनके बयान से इन विधाओं के उसूलों और नियमों को घेरने वाली औपदेशिक और ज्ञान-सम्बन्धी पुस्तकों के पन्ने भरे पड़े हैं :

> मेरा मसइला शायद बिल्कुल ज़ाती नौइय्यत[१] का है कि बदलती हुई हक़ीक़तों के इदराक[२] की कोशिश में नयी सूरते हाल के तवस्सुत[३] से नफ़्से मज़मून (ज़िन्दगी के बारे में नुक़्तए नज़र?) और हैयत के दरमियां जमालियाती एतिबार से वो अमीक़ लेकिन नाज़ुक जदलियाती तवाज़ुन[४] कैसे क़ायम रखा जाये, कि जिसका एक पलड़ा शम्मा बराबर भी झुक जाये तो फ़न का सारा निज़ाम दरहम-बरहम हो जाता है। मैं अपनी कहानियों में इस मसइले से नबर्दआज़मा होने की कोशिश करता हूँ। कि नॉविल भी इस नबर्दआज़माई[५] से मुस्तसना[६] नहीं।
>
> (अनवर सज्जाद)

और इस उपन्यास में अनवर सज्जाद ने अपने टकराव के साधनों का स्रोत तकनीकी एहसास के जिस कोष को बनाया है, वह हमारा बीता हुआ समय नहीं है, अतीत की सृजनात्मक ज्ञप्तिओं से जुड़े हुए अनुभव का एक ऐसा तरीक़ा है जो लगभग पाँच सौ बरस पहले अपनी शुरुआती शक्ल में सामने आया था। एक ऐसे व्यक्ति के हाथों जिसने रंगों की ज़ुबान में बातें कीं। बॉश[iii] का सबसे बड़ा कारनामा यह है कि उसके सृजन का उद्देश्य अभिव्यक्ति की किसी भी सतह पर हर वक़्त हाज़िर नहीं होता। इस उपन्यास में अनवर सज्जाद ने सच्चाई और मिथ्या को एक बिन्दु पर जिस तरह इकट्ठा किया है और इस तरह इतिहास और स्थान के एक निश्चित दायरे से रिहाई की जो सृजनात्मक जद्दो-जहद की है उसे हम बॉश की कला शैली के माध्यम से शायद बेहतर तौर पर समझ सकते हैं। पहली नज़र में बॉश एक धार्मिक चित्रकार था। मगर उसके वैचारिक और विवेकी बन्धन शुरू से आख़िर तक दुनियावी थे। शायद इसीलिए उसकी तस्वीरों में कटाक्ष की धार बहुत तेज़ है। उसने अपनी कुछ मशहूर तस्वीरों जैसे 'आख़िरी फ़ैसला', 'बेवक़ूफ़ों का जहाज़', 'सात हलाक़त आफ़रीं गुनाह', 'जन्नत-ए-अर्ज़ी' और 'ख़ुशियों का बाग़' में व्यंग्य के अलावा, एक तरह की दुखप्रद राय का तत्त्व भी शामिल कर लिया है। उसने मध्यकाल की जिन उपमाओं से अपने सृजन को गति दी थी, उनके भाव भी असल में उस ज़माने की समाजी ज़िन्दगी ही के माध्यम से रौशन होते हैं। हालाँकि उसकी तस्वीरों के ख़्वाबी विश्लेषण का सिलसिला 'सर्रियलिज़्म' की प्रगति के साथ शुरू हुआ और इस विचारधारा के

---

१. क़िस्म २. बोध ३. मध्यस्थता ४. लिखाई का भाव ५. टकराव ६. अपवाद

समर्थक इस मामले में उसे फ्रॉयड का मार्गदर्शक बताते देते हैं, तो भी इस सच्चाई को ध्यान में रखना ज़रूरी है कि बॉश की तस्वीरें केवल मस्तिष्क की अचेतन सतह की स्वतन्त्र अभिव्यक्ति नहीं हैं और उनके वैचारिक सफ़र का सिलसिला ख़्वाब और हक़ीक़त की मिली-जुली दुनिया में एक साथ जारी रहता है। यही सूरते हाल इस उपन्यास के साथ है। वह कुछ जो निगाहों के सामने है, इतना ज़्यादा अनियमित और घटनाओं की भीतरी और आपसी आकृतियों से इतना अनोखा दिखायी देता है, कि उस पर ख़्वाब का गुमान होता है :

> मैं जागते में ख़्वाब देखता हूँ, या ख़्वाब में जागता हूँ, मेरी समझ में नहीं आता...

और इस गुमान के नतीजे में यह उलझन सामने आती है कि बाहर की दुनिया के अन्याय से निपटना किस सतह पर सम्भव हो सकता है और इससे बचने की सूरत क्या है :

> अगर ज़िन्दगी के किसी भी वाक़िए को, किसी भी वक़ुए को लफ़्ज़ ब लफ़्ज़ सादा पैराये में बयान कर दिया जाय तो क्या वह ख़्वाबी दुनिया नहीं लगती?

यह सवाल एक कभी ना थमने वाले कटाक्ष की तरह इस उपन्यास के मुख्य किरदार और उसके माध्यम से उसके पाठक का पीछा करता रहता है कि हमारा हाली बेढंगापन, उसकी अस्त-व्यस्तता और किसी बड़ी आस्था की धुरी से उसकी दूरी हमारी नज़रों में उसे ख़्वाबनामा बना देती है। यह ख़्वाबनामा एक सम्भावना का प्रतीक है। और इस सतह पर अपनी व्याख्या का अपेक्षी भी। इसी के साथ-साथ हर मानवीय स्थिति की अतिशयोक्ति, वास्तविकता और अपनी भौतिक गवाहियों की उपस्थिति की उपेक्षा के कारण, अनिश्चित सच्चाई के ताने-बानों को बिखेर देती है और उसे एक ऐसी सूरते हाल के बराबर ठहराती है जो सच भी है और मिथ्या भी, साकार भी है और निराकार भी। इस सन्दर्भ में अनवर सज्जाद के ये शब्द कि "गहरी नींद सोने वाले कभी ख़्वाब नहीं देखते और ख़्वाब ना देखना मौत के किस क़द्र क़रीब है", इस यथार्थ और मिथक संसार के तमाशे से दो-चार, विवेक को एक नयी राह पर ले जाते हैं। इसी राह पर उसे उपेक्षा की पीड़ा और जानकारी की महत्ता का बोध होता है और उस

पर यह भेद भी नहीं खुलता है कि सीमा और सन्तुलन से वंचित जागृति जिसके सम्बन्ध सपनों से बिल्कुल अलग हो जायें, केवल दुनियादारी है। इस तरह की जागृति और गहरी अटूट नींद में कोई फ़र्क़ नहीं है और दोनों का परिणाम एक ही है।

चित्रकला के इतिहास में एक 'सर्रियलिस्ट' लहर सबसे पहले उस समय उजागर हुई थी जब पूरी पश्चिमी दुनिया को प्लेग की महामारी ने अपनी गिरफ़्त में ले लिया था। यह घटना सन् १३४८ ई. की है। मृत्यु और लम्बे चलने वाले कष्टों और कर्मों के फल से एक सर्वकालिक और दैवीय प्रकोप के विचार कला जगत में उसी समय आम हुए। इस महामारी ने एक तिहाई योरोप का सफ़ाया कर दिया और उसके साथ डर और बेचैनी का जो माहौल सामने आया, वह एक नूतन कला शैली की पृष्ठभूमि बन गया। अब बारहवीं सदी ईस्वी के 'शहाना मसीह' की जगह सूली पर चढ़े हुए मसीह ने ले ली; लिबास ख़ून के धब्बों से दाग़दार और शरीर काँटों से छलनी। यह असल में शुरुआत थी मृत्यु और निराशा के पागल कर देने वाले नाच की जिसकी गमक बॉश की तस्वीरों में आज भी महसूस की जा सकती है। दैवीय शक्तियों के अत्याचार और मानवीय दुनिया की तरफ़ उनकी संवेदनहीनता और इन सबके सामने इनसानी नियति की विवशता और सीमा की एक दिशा ग्रनेवाल्ड की 'दारकशी' है, जो दया भाव जगाती है। तो उसकी दूसरी दिशा बॉश की दुनियावी के 'ख़ुशियों का बाग़' तीनों पटल हैं, जिनमें सच्चाई की कड़वाहट पर एक स्वप्न-रूपी या तिलिस्मी फ़िज़ा के प्रभुत्व ने एक दुखप्रद व्यंग्य का ग़िलाफ़ चढ़ा दिया है। यह दशा धीरे-धीरे सामने आती है और अपनी आकृति का तमाशा धीरे-धीरे बनाती है। इसलिए दो पटल यानी 'हव्वा का जन्म' और दुनियावी 'ख़ुशियों का बाग़' हालाँकि स्वतन्त्र हैं और भाव के हिसाब से आत्मनिहित, लेकिन तीसरे पटल 'मौसीक़ी का जहन्नुम' को ये दोनों पटल एक अनुभव की बुनियाद प्रदान करते हैं और अनुभव की निरन्तरता की उस मंज़िल का जो सबसे ज़्यादा सख़्त, पेचीदा और कठोर है, औचित्य बन जाते हैं। अनवर सज्जाद ने अपने सृजनात्मक अनुभव को इसी तीसरे पैनल के गहरे कलात्मक वातावरण या इस तरह कहा जाये कि उसे अपने उपन्यास के सन्दर्भ में आत्मसात करने की कोशिश की है। यह कोशिश दो दूरवर्ती रूपकों में एक सार्थक एकरूपता की तलाश भी

कही जा सकती है। और इसका सबसे अनोखा पहलू यह है कि हालाँकि इन दोनों रूपकों के सामयिक और स्थानिक निशान एक-दूसरे से अलग हैं, मगर चौदहवीं सदी ईस्वी की पश्चिमी दुनिया का भावनात्मक और संवेदनात्मक बिखराव, उसके सामाजिक वातावरण की दहशत और हमारे ज़माने की तीसरी दुनिया की उथल-पुथल और दुख में एक विस्तृत, वैचारिक सम्बन्ध या एक मिलती-जुलती छुपी हुई हलचल का सुराग़ उन्हें एक-दूसरे से क़रीब कर देता है। कारणों और प्रेरणाओं के अन्तर और विशेषताओं ने एक व्यंग्यात्मक दिशा अपने आप पैदा कर दी है। इसलिए अनवर सज्जाद का यह उपन्यास, एक गहरे और बहुआयामी समाजी कटाक्ष की हैसियत भी रखता है।

अब सवाल यह है कि इस कटाक्ष का निशाना कौन है? शोषण की वे ताक़तें जो पीरे-तस्मा-पा[iv] की तरह तीसरी दुनिया के कन्धों पर सवार हैं? ज़िन्दगी, समाज और तहज़ीब की ओर वे रवैये जो व्यापक स्थिति के पतन का कारण हैं? ख़ुद तीसरी दुनिया के बुद्धिजीवियों, साहित्यकारों और कलाकारों के हवास पर चारों ओर से छाये हुए दृष्टिकोण सम्बन्धी और भावनात्मक टकराव? इस मामले में अनवर सज्जाद ने किसी एक सीमित और निश्चित दृष्टिकोण से ख़ुद को बाँधा नहीं है। यही कारण है कि कहानी के कुछ हिस्से सहाफ़ती टिप्पणी या किसी अख़बार के सम्पादकीय के से लगते हैं। कुछ हिस्से किसी असली घटना का वर्णन करते दिखते हैं; कहीं यह प्रतीत होता है कि लिखने वाला कवि है, तो कहीं चित्रकार जिसका ध्यान वस्तु की ऊपरी नक़्ल के बजाय उसके भीतरी दृश्य को उकेरने पर केन्द्रित है। और कुछ जगहों पर वह एक ठेठ और ख़ालिस क़िस्सागो नज़र आता है। हर संवेदनात्मक और भावनात्मक और वैचारिक घटना या अवस्था अपनी अभिव्यक्ति की शैली साथ लेकर आती है। तरीक़ों के अदल-बदल में अनुभव की धूप-छाओं और उसके परिवर्तनशील स्वभाव का प्रतिनिधित्व अपने आप हो गया है। यह एक तरह की पैवंदकारी[१] है, 'ख़ुशियों का बाग़' के तीसरे पटल की मिसाल जहाँ रंग एक-दूसरे में नहीं मिलते, बल्कि एक मोज़ेक का असर पैदा करते हैं। बॉश ने इस पैनल में कहीं-कहीं दृश्य, अलग-अलग ढंग के चरित्रों और अलग-अलग अनोखी और एक-दूसरे से विसंगत इमारतों के ज़रिये एक

१. अलग-अलग टुकड़े जोड़ने की कला

ऐसे कुल का निर्माण किया था जिसका केन्द्र नहीं है। पतन की ज़िल्लत में गिरफ़्तार एक पूरे माहौल की सूरतगरी का उससे ज़्यादा प्रभावशाली तरीक़ा शायद बॉश के ज़माने की अन्तर्दृष्टि तलाश भी नहीं कर सकती थी। अनवर सज्जाद ने इस शैली को एक नयी सतह पर बरता है, इस तरह कि अभिव्यक्ति की करवटें बदलती हुई लहरों के उतार-चढ़ाव से उभरने वाली पैवन्दकारी के प्रभाव को हर समय उपन्यास का मुख्य किरदार हर दृश्य में अपनी मिलावट और हर मोड़ पर अपनी मौजूदगी के एहसास के माध्यम से इस हद तक उभरने नहीं देता कि कहानी की बुनियादी एकरूपता का गुलदस्ता बिखर जाये। यह एक संयोजन है, हास्यास्पद और दुखदायी और टूटी-फूटी उपमाओं की एक दीर्घा जिसकी बेतरतीबी और रेज़ाकारी[१] हमेशा एक पूरे कैनवस और परिदृश्य पर व्यापक अन्तर्दृष्टि की अपेक्षा रखती है। इसी वजह से अनवर सज्जाद के बोध में सर्रियलिस्टिक तत्त्वों के साफ़ तौर पर शामिल होने के बाद भी यह उपन्यास अपने पूरे रूप में हक़ीक़त की बुनियादों को कमज़ोर नहीं करता और अपनी प्रगति के हर मोड़ पर हक़ीक़त के एक अटल और चिरस्थायी सतह से बँधा हुआ रहता है। यह बात मैं इससे पहले भी किसी मौक़े पर कह चुका हूँ कि उर्दू के नये साहित्य में काव्य बोध के सबसे विशिष्ट नमूने हमें अनवर सज्जाद और बलराज मैनरा की कहानियों में मिलते हैं। दोनों की सृजनात्मक शैली की नींव रूपकों पर टिकी है। इसलिए कुछ उत्साही उपयोगितावादी आलोचकों के हिसाब से दोनों इस 'अन्तर्विरोध' के शिकार हैं कि अपने दृष्टिकोण-सम्बन्धी वाबस्तगियों के बावजूद अपने आन्तरिक भाव का प्रकटन इस तौर पर नहीं करते कि उनके दिल की बात ज्यों की त्यों दूसरों के दिल में उतर जाये। मैं यह सोचकर काँप जाता हूँ कि उन्होंने अगर अपनी भावनात्मक और दृष्टिकोण सम्बन्धी आस्थाओं की नुमाइश इसी सतह पर की होती, जिस पर हमारे उपयोगितावादी आलोचक एक सुधारवादी उत्साह के साथ क़दम जमाये हुए हैं तो उनकी कहानी का क्या हाल होता? आम फ़िक्र के एतिबार से उन पर ऐसी कौन सी अन्तर्दृष्टि प्रकट हुई है जो उन्हें दूसरों से अलग कर सके? इस सवाल के सामने दुनिया के बड़े से बड़े साहित्यकार की हालत ख़राब हो सकती है। किसी भी साहित्य लिखने वाले की असली विशिष्टता का पैमाना उसके विचार

१. बहुत महीन काम करने की कला

की सृजनात्मक अभिव्यक्ति है जहाँ वह प्रत्यक्ष या परोक्ष रूप से अमूर्त, वस्तुओं और दृश्यों के कलात्मक परिवर्तन के माध्यम से एक अनूठी दुनिया की आकृति बनाता है। ख़ैर, यह तो एक गौण बात थी। मैं यह कह रहा था कि अनवर सज्जाद और बलराज मैनरा ने अपने रूपक, दूसरे शब्दों में अपनी सृजनात्मक शैली की बुनियादी सतह और साधन जिस जीवन से इकट्ठे किये हैं उसके सम्बन्ध शहरी हैं। इसलिए उन्हें इस तरह भी समझा जा सकता है कि इस शैली के असली नियम कुछ ऐसे प्रतीक हैं जिनकी बनावट वैज्ञानिक और तकनीकी सभ्यता की देन है। अनवर सज्जाद ने इस उपन्यास में भी अलग-अलग संयोगों, घटनाओं और भावों की नज़रबन्दी कैमरे की आँख से की है, जो एक के बाद एक, जहाँ-तहाँ दृश्यों को बुनियादी तजुर्बे की दौड़ में इस तरह पिरोती जाती है कि उनकी बहुतायत की रंगा-रंगी एक इकाई में ढलती जाती है। बॉश ने अपने नरक का निरीक्षण कल्पना की दृष्टि से किया था जो एक तरह का वैचारिक प्रत्यागमन है कि तर्क के क़िलों को ध्वस्त करके अपना रिश्ता उन रवैयों से क़ायम करता है जिनकी बढ़ोतरी एक निश्छल बोध के हाथों हुई थी। इस बोध के तर्कों की क़िस्में शुरू से आख़िर तक भावनात्मक और ऐन्द्रीय हैं पर मानवीय विवेक के बचपन की याद दिलाती हैं। इसके विपरीत अनवर सज्जाद के यहाँ विवेक का सफ़र हालाँकि क्रमिक और सोचा-समझा नहीं है और यहाँ-वहाँ आविष्कारिक छलाँग के ज़रिये अनुभव के ऐसे इलाक़ों तक पहुँचता हुआ नज़र आता है जो देखने में स्वप्न-रूपी हैं मगर स्वप्न इस कहानी के व्यापक वातावरण में उसके विवेक की ज़रूरत और मंशा के अधीन दिखायी देते हैं। बॉश और उसकी बात तो अलग रही, लगभग पुराने और नये सर्रियलिस्ट शैली पर जान छिड़कने वालों के यहाँ ख़्वाब अपनी मनमानी का प्रदर्शन करते हैं। उनका प्रभुत्व सच्चाई की मामूली हलचलों पर भी एक रूमानी धुन्धलका फैला देती है। विचार की लहर कहीं उभरती है तो बहुत सहम-सहम कर। ख़्वाबों के तलाज़िमे[१] हमेशा एहसास और विवेक की यांत्रिकी पर वार करते रहते हैं। हालाँकि सर्रियलिज़्म के घोषणा-पत्र (1924) में आंद्रे बर्तों ने इस ख़ालिस और स्वचलित मनोवैज्ञानिक कृत्य को विचार के यथार्थवादी काम का पर्याय ठहराया था कि यह विचार की हर पकड़ और हर सौन्दर्यात्मक और

१. सहसम्बद्ध

नैतिक षड्यंत्र से परे है मगर सच्चाई यह है कि हर सोच, किसी ना किसी सतह पर एक पहले से स्थापित उद्देश्य की पाबन्द और किसी ना किसी सोचे-समझे उत्प्रेरक का नतीजा होती है। उसकी हलचल पाबन्दियों के दायरे का विस्तार तो कर सकती है लेकिन उसके अस्तित्व से अस्वीकृति का स्वभाव नहीं रखती। इसलिए उसकी आज़ादी की भी बहरहाल कोई ना कोई हद ज़रूर होती है। इसी तरह उसका यह ख़याल कि विचार की एकाग्रता का एक विशेष बिन्दु वह होता है जब जीवन और मृत्यु, यथार्थ और कल्पना, अतीत और भविष्य, साफ़ और धुन्धला, बुलन्द और पस्त एक-दूसरे से टकराते नज़र नहीं आते, अपने आप में एक विवेकी और व्यवस्थित वैचारिक सरगर्मी ही का हासिल है। उदाहरण के तौर पर ख़्वाब और बेहोशी की केन्द्रीयता की अभिव्यक्ति उपमाओं और रूपकों की रचना में तो हो सकती है मगर जब उनकी बनायी हुईं आकृतियाँ और रूपक किसी ख़ास निजी या सार्वजनिक अनुभव के सन्दर्भ में सामने आते हैं तो उनकी संगति की क़िस्में भी बदल जाती हैं और बिल्कुल अचेतन या स्वप्न-रूपी नहीं रह जातीं। इस मोड़ पर अचेतन और बेसुध, विवेक के विपरीत होने के बजाय उसके अलग-अलग दर्जों के प्रतिनिधि बन जाते हैं। ख़ुद आंद्रे बर्तों ने इस सच्चाई को सर्रियलिस्टिक सूरते हाल की इस तारीफ़ के साथ स्वीकारा है कि यह स्थिति प्रकटन के एक लम्हे से बनी है जिसकी बिसात पर ख़्वाब और हक़ीक़त के टकराव और अन्तर्विरोध एक-दूसरे में हल हो जाते हैं। इस उपन्यास पर भी यह सूरते हाल रौशन होती है और उपन्यास से अलग इस अहद, ख़ास तौर पर तीसरी दुनिया की वर्तमान स्थिति पर नज़र डालिये तो अन्दाज़ा होगा कि यह स्थिति भी मानवीय अनुभव और विवेक के इतिहास का एक ऐसा पल है जिसका तिलिस्म एक ही साथ सच्चा भी है और अपनी रफ़्तार की तेज़ी और रंगों के अनोखेपन से काल्पनिक भी। अलोकतान्त्रिक समाजों में सच और झूठ के औचित्य की कायापलट इस तरह हुई है कि उनके अर्थ उलट गये हैं। तानाशाहियों के परिदृश्य कभी-कभी ऐसी हास्यास्पद शक्लें अपना लेते हैं कि देखने में इनसानी कृत्य भी ग़ैर इनसानी दिखायी देते हैं। जहाँ चोरी की सज़ा में हाथ काट लिये जायें, बलात्कार का दोषी पत्थर से मारा जाये, विचारों में मतभेद, क़ौम और देश से ग़द्दारी समझा जाये, जहाँ आम इनसानी ग़लतियों की सज़ा में सार्वजनिक स्थानों पर कोड़े लगाये जाते हों,

लैंगिक आज़ादी के अधिकार की सज़ा क़त्ल बन जाये, जहाँ हक़ और ख़ैर के नाम पर दिन-रात झूठ का बाज़ार गर्म हो और सच बोलना जुर्म क़रार दिया जाये, इस दुनिया की यथार्थ स्थिति का बिना काट-छाँट किया हुआ बयान भी अपने अन्दर एक तरह की मिथ्या गढ़ने की सम्भावना रखता है। आधुनिक मनोविज्ञान ने जिस तरह नेकी और बदी, अच्छाई और बुराई को सदियों पुराने पर्दों से निकलकर एक नये दृष्टिकोण में समझने की कोशिश की है, उससे इन परिभाषाओं के औचित्य ही बदलकर रह गये हैं। आम इनसानी सतह पर हर अमल इनसानी अमल है और उसे अलग-अलग ख़ानों में रखने से उसकी नींव नहीं बदलती। यह एक नयी नैतिकता है, नैतिकता के प्रचलित और पारम्परिक अर्थों की बन्दिशों से वंचित जो फ़िराक़ साहब के अनुसार "ख़ुश्क आमाल के ऊसर से नहीं उठती बल्कि लबे दरिया-ए-मआसी का नख़्ल है।" अब ज़रा इस वैचारिक परिदृश्य के सन्दर्भ में बयान की गयी स्थिति पर एक नज़र डालिये। तो जो सच्चाई सामने आयेगी, उसमें सच से ज़्यादा एक कहानी की ध्वनि है। इस सतह पर सच और काल्पनिक, बुलन्द और पस्त में वह भेद नहीं रह जाता जो हमारी परम्पराओं या कारोबारी समाजी ज़रूरतों ने पैदा किये हैं। सर्रियलिज़्म के मार्गदर्शकों ने शायद इसीलिए अपने दृष्टिकोण को इन सभी संकायों, फ़लसफ़ों, सियासी नज़रियों, कलात्मक और सृजनात्मक मूल्यों के ख़िलाफ़ एक प्रतिरोध से समझाया जिन्होंने उनके ख़याल में पहले विश्वयुद्ध के डरावने नरसंहार के दृश्य बनाये थे। इसी से मिलती-जुलती फ़िज़ा की धुन्ध से अन्ततः बॉदलैर का 'डैंडी' निकला था, वह किरदार जो इस तरह के दोगलेपन और आन्तरिक विरोध से मुक्त है, जो एक ही साथ अनूठी बुद्धिमत्ता और एक उत्कृष्ट संवेदना का मालिक है, जो दुनिया में रहते हुए भी उससे अलग है। यही विचारधारा किसी कलाकृति को एक साथ विनाश और सृजन दोनों का प्रतीक बनाती है और अन्तर्विरोध की एकरूपता को उस सतह पर उजागर करती है जिसकी खोज लोत्रे यामू के आदर्श नायक ने की थी। यानी एक ही समय में ईश्वर की दया और दरिन्दों के क्रोध, दोनों का प्रतिनिधि। ज़ाहिर है कि एक ऐसा साहित्य अनवर सज्जाद के शब्दों में ताक़त की अधीन वीथियों की टिप्पणी नहीं बन सकता और वह दूसरे दर्जे का साहित्य भी जो अपने समय की पैदावार होता है और ख़ुद को इतिहास समझने लगता है, केवल बेचैन होता है,

बचकानी भावनाओं से भरा हुआ, जो वक़्त गुज़रने के बाद वक़्त से जुड़ा नहीं रहता। इसलिए इस सूरते हाल से दो-चार, लिखने वालों के लिए अनिवार्य है कि वे सभी पुराने पूर्वग्रहों और उनके सामने प्रकट होने वाले उन सभी अस्थायी भावनात्मक हलचलों से अलग होकर अपनी दुनिया का निरीक्षण एक ऐसे तमाशे के तौर पर करें जिसकी हक़ीक़त और जिसका फ़रेब दोनों सच्चाई ही की विभिन्न शक्लों से निर्मित है। यह एक तरह की भावनात्मक और प्रत्यक्ष समानता है और जैसा कि मैंने अभी अर्ज़ किया था, यह एक नयी नैतिक याद की देन है, अच्छाई और बुराई, दोनों की एक सी दृष्टि की प्राप्ति।

इस उपन्यास को इसी दृष्टिकोण ने तारीख़ के बन्धन से आज़ादी दिलायी है। और इसकी तुलना कृष्ण चन्दर के 'जब खेत जागे' से की जा सकती है। बल्कि इससे भी आगे बढ़कर यहाँ तक कहा जा सकता है कि इस दृष्टिकोण ने इसे गोर्की के 'माँ' जैसे इतिहास के मारे उपन्यासों से भी एक अलग रूप प्रदान किया है। इस उपन्यास के मुख्य पात्र 'मैं' की पत्नी ने इस बात का बड़ा मज़ाक़ उड़ाया था और हंगामी साहित्य के बचाव में एक बयान इन शब्दों में दिया था :

> ये अदब भी ज़रूरी होता है। अस्री तक़ाज़ों को पूरा करता है। तुम मुझे इतना जाहिल ना समझो। मैं जानती हूँ। ज़िन्दा रहने वाले अदब की नश्वोनुमा ब तदरीज[१] होती है। वक़्त लेती है। ये इन चन्द तसव्वुरात और हैयतों का बीज बोता है जिससे दुनिया को नयापन मिलता है। दुनिया को उसकी भूली हुई यादों से रूशनास[२] कराता है।

और यह कि :

> ये अदब बिलाख़िर[३] दुनिया को तब्दील करने में अपना किरदार ज़रूर अदा करता है।

अनवर सज्जाद ने भरोसे की इस सादगी पर व्यंग्य के माध्यम से असल में काम करने की क्षमता का समर्थन किया है। और तीसरी दुनिया के बुद्धिजीवियों के सर्वव्यापक और भावनात्मक हस्तमैथुन को भर्त्सना का निशाना बनाया है। हमारे इन प्रियजनों में अधिकांश का हाल ऐसा है कि

---

१. धीरे-धीरे २. पहचान ३. अन्ततः

वे केवल अमूर्त तौर पर अपने आसपास की सच्चाइयों को बदलने की कल्पना और उसके कार्यान्वयन के हुनर से अनभिज्ञ रहते हुए भी आठों पहर अपने आप में मगन रहते हैं। सच्चाइयों को समझने और भौतिक तौर पर उनको बदलने के बीच एक बहुत विशाल दूरी आड़े आती है। और इसे पाटना हमारे मन की बड़ी से बड़ी छलाँग मात्र के सामर्थ्य से बाहर है। इस मौक़े पर मुझे एक पंचायती नाटक 'हम' की बातचीत के कहीं-कहीं से कुछ हिस्से याद आते हैं :

एक किरदार : साइगोन दुनिया का अकेला शहर है जहाँ सड़कों के किनारे कूड़े-करकट का ढेर जमा रहता है और उसी ढेर के साथ इनसान जला दिये जाते हैं।

दूसरा किरदार : इतने ज़्यादा क़त्ल हो चुके हैं कि लोग सहम गये हैं। वो अपनी आवाज़ नहीं उठाते। चुप रहने को तरजीह[१] देते हैं। जब हम अपने आप को जलाते हैं तो शायद यही अकेला रास्ता रह जाता है अपने इज़हार का।

तीसरा किरदार : मेरा ख़याल है हम थक चुके थे। हमारे बदन थक चुके थे। फिर भी ऐसा लगता था कि एक तवाना बर्क़ी रौ[२] हमारे अन्दर दौड़ रही थी।

चौथा किरदार : एक नीग्रो की हैसियत ने मैं नहीं कह सकता कि मैं जंग का हामी हूँ या नहीं हूँ। मैं नहीं कह सकता कि हमें यहाँ (महाज़[३] पर) होना चाहिए या ना नहीं, लेकिन मैं इतना ज़रूर कहूँगा कि अब जबकि हम यहाँ हैं, हम कहीं और नहीं जा सकते।

आख़िर में एक कोरस :

हमें यूँ महसूस हुआ कि रोज़-ब-रोज़ हम कमज़ोरतर होते जा रहे हैं
हमेशा ऐसा लगता था कि बस अब मौत सामने है
कोई शै[४] हमारा लहू निचोड़ रही थी
किसी शै ने हमें चूसकर खकझोड़ दिया था
वो एक जोंक थी, एक जोंक जो ज़मीन की मालिक है
वो एक जोंक थी, एक ज़मीनदार जोंक
लहू पीकर फूली हुई और उसके जबड़े फ़ौलाद से बने थे

---

१. महत्त्व २. बिजली की जोशीली लहर ३. मोर्चा ४. वस्तु

हमने उसे चीर डाला
चीर कर उसे नीचे फेंक दिया
और उसे अपनी एड़ी से मसल डाला

ये कुछ उद्धरण हमारी दुनिया के सबसे भयानक और जीते-जागते नाटक 'वियतनाम' से लिये गये हैं। इस पंचायती नाटक 'हम' यानी 'वियतनाम' को संगृहीत करने वाले नाटककार पीटर ब्रुक्स ने लिखा था :

> अगर हर शख़्स सिर्फ़ एक अकेले दिन के लिए, वियतनाम की हौलनाकी और मामलात की इस ज़िन्दगी को जो वो गुज़ार रहा है, अपने ज़हन की गिरफ़्त में ला सके तो उसके लिये दोनों का बाहमी[१] तनाव नाक़ाबिले बर्दाश्त हो जायेगा। हम अपने आप से पूछते हैं कि फिर क्या ये मुमकिन हो सकेगा कि (इस ड्रामे के) नाज़िर[२] के सामने हम एक पल के लिए भी इस तज़ाद[३] को पेश कर सकें। इस तज़ाद को जो उसकी अपनी सूरते हाल और उसके मुआशिरे में है? क्या कोई ड्रामाई तसादुम[४] इससे ज़्यादा मुकम्मल भी हो सकता है? क्या उससे ज़्यादा नागुज़ीर[५] और दहशतअंगेज़ अल्मिया[६] कोई और भी है?

काफ़्का ने अपने उपन्यासों में तनाव और टकराव की इसी फ़िज़ा को विषय बनाया था। हालाँकि उसकी सतह अलग है और उसमें रौशनी की हर किरण एक अथाह अन्धकार के लबादे में लिपटी नज़र आती है। इसके पात्र एक सम्मोहित, अनोखे और स्वप्न-रूपी वातावरण में कठपुतलियों की तरह हरकत करते हैं, मगर इस वातावरण का लाक्षणिक परिप्रक्ष्य ख़ुद मनुष्यों के बनाये हुए संकायों और हमारे अपने सामाजिक और हुकूमती व्यवस्थाओं की संवेदनहीनता और अन्याय पर फैला हुआ है। हमारी नियति की विवशता, सबसे ज़्यादा ख़ुद मानवीय अत्याचारों के सन्दर्भ में उभरती है और उससे अपने आप एक विरोध की फ़िज़ा बनती है। लेकिन जब मानवीय नियति चुप्पी के घेरे से निकलकर संघर्ष के लिए तैयार हो जाती है, तब इस विरोध में बेचैनी के तत्त्व भी शामिल हो जाते हैं। एहसास की दुनिया एक अविरत संग्राम के मोर्चे में परिवर्तित हो जाती है और वह नाटक जन्म लेता है जिसकी एक दिशा, ज़माने की आँख ने वियतनाम की सरज़मीं पर तलाश की।

---

१. आपसी २. दर्शकगण ३. विरोध ४. संघर्ष ५. लाज़िमी ६. त्रासदी

अनवर सज्जाद ने इस उपन्यास में इसी दिशा से जुड़े हुए कम्पन को क़ैद करने के जतन किये हैं। याद कीजिये उन शब्दों को जिनसे मैंने अपनी बातचीत की शुरुआत की थी :

> एक चेहरा
>
> तिलिस्माती तबाहकारियों की मुज़ाहमत की निशानदेही करता
>
> मुकम्मल तौर पर इनसानी चेहरा
>
> मुकम्मल इनसान
>
> जो तबाही और बर्बादी की फ़िज़ा में मुदाफ़अत की निशानी बन जाता है...
>
> इस सारी सूरते हाल में पुरसुकून
>
> (या मुतहय्यिर[१]?)
>
> तश्वीश[२], ख़ौफ़, यास[३], अज़ीयत की नफ़ी[४], उम्मीद, उम्मीद का इम्कान[५]...

सदियाँ गुज़रीं। जब नैनवा की सरज़मीं पर एक ऐसा ही इनसानी चेहरा 'नेज़े[६] पर टँगा सिर कि जो इसलिए मुक़द्दस[७] सिरों में सबसे मुक़द्दस है कि उसके माथे पर मुक़द्दस होटों में सबसे मुक़द्दस होटों की मोहर है', ख़ामोशी की एक डरावनी, रोबदार, अनादि से अनन्त तक के अन्याय और एक बहुत बड़े तमाशे पर फैली हुई गूँज का सूचक बन गया था। समय और पड़ाव के एक क्षेत्र में घिरी हुई उस गूँज को अनवर सज्जाद ने इतिहास और स्थान की हर क़ैद से परे एक बहते हुए रूपक की शक्ल दी है। इस तरह के संयोग से एक नयी इनसानी कहानी निकली है, तीसरी दुनिया की एक निश्चित जगह की रणभूमि से उभरने वाली एक घटना जो एक वस्तुनिष्ठ स्थिति का संकेत भी है, एक देवमाला भी (और इस सतह पर उसके आम वासियों के लिए उस तलाश और जद्दो-जहद का जो अभी जारी है), और एक पैग़ाम भी बन जाती है :

> वो जाता है, चारों ओर से सिमटकर इकाई की सूरत अपने हाथ बुलन्द करता है

---

१. चकित २. बेचैनी ३. निराशा ४. यातना से नामंज़ूरी ५. सम्भावना ६. भाला ७. पवित्र

और आसमानों में फैली धुन्ध को अपने नाख़ूनों से चीर देता है

सूरज को भींच कर उसे चूस जाता है

भूख को ख़लाओं[१] में फेंक देता है;

आदमख़ोरों के जज़ीरे में सुनहरे सुतूनों[२] से बँधे अज़ीम मुक़द्दर की ज़ंजीरें तोड़ता है;

नया आदम, नयी ज़मीन, नया समुन्दर

मैं अपने साथियों से भरी पुलिस लौरी में बैठा हूँ और उस चौराहे से गुज़रता हूँ जिसके कोने पर लगा बिजली का खम्बा मेरा है। पुलिस की लौरी सुर्ख़ बत्ती की वजह से रुक जाती है। मेरी नज़रें बिजली के खम्बे की तरफ़ उठ जाती हैं।

मुझे ख़ुद पर अख़्तियार नहीं रहता। मैं बेक़ाबू होकर नाचने लगता हूँ। मेरे जिस्म का रेशा-रेशा तड़पता है। नाचो। दरूने नार मी रक़्सम[३]। मैं नाचता हूँ। नाचता हूँ।

वो उसके गले में तौक़[४] डालकर उसे घोड़े की दुम के साथ बाँधकर घोड़े को चाबुक मारते हैं। जब चन्द साँस रह जाते हैं तो उसके उस्ताद समेत उन्हें ज़हर के प्याले में डुबो दिया जाता है। ज़ इश्क़े दोस्त हर साअत[५]। मैं नाचता हूँ। नाचता हूँ।

वो अपने जिस्म की ख़ाल को लिबास की तरह उतार कर उनकी तरफ़ उछाल देता है।

नाचो। नाचो। क़लन्दर वार मी रक़्सम[६]। मैं नाचता हूँ। नाचता हूँ। नाचता हूँ।

नेज़े पर टँगा सिर जो इसलिए मुक़द्दस सिरों में सबसे मुक़द्दस है कि उसके माथे पर मुक़द्दस होटों में सबसे मुक़द्दस होटों की मोहर है।

गोली दिल में लग चुकी है और तख़्ताए दार पर रक़्सॉं[७] है। छिदे जिस्म से बहते लहू को हाथों में समेटकर चेहरे पर मलता है : ऐ मेरे रब, मैं तेरी जनाब[८] में सुर्ख़रू[९] हाज़िर हूँ।

---

१. शून्य २. खम्बा ३. मैं आग के भीतर नाचता हूँ ४. क़ैदियों के गले में डाले जाने वाली गोल हँसली ५. महबूब के इश्क़ में हर पल ६. दीवानों की तरह नाचता हूँ ७. फाँसी के तख़्ते पर नाच रहा है ८. ड्योढ़ी ९.कामयाब चेहरा लिए हुए

वो आसमान की तरफ़ देखता है...कि यारे शेख़ मंसूरम, कि यारे शेख़ मंसूरम...

मैं नाचता हूँ। नाचता हूँ। नाचता हूँ।

ज़िन्दगी में पहली मर्तबा मुझ पर कश्फ़[१] होता है कि रक़्स इनसान को कैसे आज़ाद करता है।

शी। चुप

तुम इस आज़ादी की क़ीमत अदा कर सकते हो?

मैं ख़्वाब में जागता हूँ या जागते में ख़्वाब देखता हूँ, मेरी समझ में नहीं आता।

यह एक युद्धवीर की दास्तान का आख़िरी अध्याय है। अनवर सज्जाद ने समय के दो अलग दायरों में क़ैद पात्रों को दो ऐसे रूपकों में परिवर्तित किया है जो एक-दूसरे में मिलकर एक-दूसरे के पूरक बनते हैं। उनकी सृजनात्मक दृष्टि एक सी स्वतन्त्रता से अतीत और वर्तमान की सीमाओं में आती-जाती है क्योंकि यहाँ इन दोनों कालों ने हवा की उस लहर को मुट्ठी में बन्द करना चाहा है जो भविष्य का दूसरा नाम है। सो यह कहानी अभी पूरे होने के रास्ते में ही है क्योंकि हवा की उस लहर का सफ़र अभी ख़त्म नहीं हुआ। मानवीय विवेक के इतिहास में गुँथे हुए कुछ दृश्य अभी भी जीवित हैं। इन दृश्यों से मन जिस अवस्था से गुज़रता है, वह सिर्फ़ महसूस की जा सकती है। एक छोटा सा क़ाफ़िला जिसमें औरतें भी थीं, और बच्चे भी और बूढ़े भी, शान्ति और दोस्ती और सच्चाई के अस्त्रों के साथ किस तरह एक विशाल सेना के सम्मुख होता है और उस क़ाफ़िले का मुखिया एक नन्ही नाज़ुक गर्दन से उबलती लहू का ग़ाज़ा[२] अपने चेहरे पर मलते हुए अपने ईश्वर के समक्ष किस तरह अपनी सफलता की गवाही देता है, यह सवाल सैकड़ों बरस गुज़र जाने के बाद आज भी रौशन है। वह जंग अभी जारी है। उसके ख़ारिजी लाहिक़े[३] बदल गये हैं मगर उसमें छुपी हुई सच्चाई तीसरी दुनिया के एक पिछड़े क्षेत्र की वर्तमान स्थिति में ख़ुद को एक नये रूपक की तरह किस तरह प्रकट करती है, उसका एक बेहद चमचमाता हुआ दर्पण अनवर सज्जाद का यह उपन्यास है। देखने

---

१. ज़ाहिर होना २. पाउडर ३. ऐसी बातें जो ऊपर से जोड़ दी गयी है

में पागल कर देने वाले जिस नाच पर यह कहानी अन्त में पहुँचती है, वहशत के बजाय एक बड़ी आस्था और एक शक्तिशाली सम्भावना का नृत्य है। इसलिए उपन्यास का अन्त असल में एक शुरुआत है और इसका बुनियादी विषय कहानी के अंजाम के साथ फिर एक नयी करवट लेता है और एक प्रश्नचिन्ह लगा देता है। शायद इसी सवाल की पहचान अनवर सज्जाद का तक़ाज़ा भी है, अपने पाठक से :

> नहीं। बॉश की तस्वीर में कोई पेचीदगी नहीं। उसे मुफ़स्सिरों[१], तक़ाज़ों ने पेचीदा बना दिया है...।

4

उर्दू की प्रतीकात्मक और निराकार कहानी से सम्बन्धित बहसों में अनवर सज्जाद की हैसियत एक केन्द्र बिन्दु की है। लगभग साल भर पहले (सन् 2003 में) संगे मील प्रकाशन, लाहौर की तरफ़ से उनकी कहानियों का जो सँग्रह प्रकाशित हुआ है उसके हिसाब से अनवर सज्जाद ने अपनी शुरुआती कहानियाँ सन् १९५१ और सन् १९५७ के दौरान लिखी थीं। 'चौराहा' में सन् '५८ से सन् '६४, 'इस्तआरे' में सन् '65 से सन् '७० और 'आज' में सन् '७१ से सन् '८० तक लिखी जाने वाली कहानियाँ शामिल हैं। लगभग पचपन बरसों पर फैली हुई अनवर सज्जाद की इस सृजन यात्रा में कुल मिलाकर पैंसठ कहानियाँ शामिल हैं, जो देखने में बहुत ज़्यादा नहीं हैं। लेकिन अगर इसे इस तरह देखा जाये कि अनवर सज्जाद ने सन् १९८० के बाद शायद कोई नयी कहानी नहीं लिखी, यह उपज बहुत कम भी नहीं है, विशेषकर इसलिए भी कि इस दौरान उनके नाटक (सबा और समन्दर), दो उपन्यास 'ख़ुशियों का बाग़' और 'जन्म रूप' कुछ अनुवाद और लेख भी छपते रहे। फिर भी नयी कहानी के क्षितिज से लगभग एक चौथाई सदी की अनुपस्थिति अनवर सज्जाद के स्तर के किसी लेखक के लिए इतनी ग़ैर-अहम बात भी नहीं कि उसे सिरे से नज़रन्दाज़ कर दिया जाये। इस स्थिति के परिणामस्वरूप आम पाठक पर एक साथ दो तरह के प्रभाव उजागर होते हैं। पहला तो यह कि प्रतीकात्मक और निराकार

---

१. व्याख्याता

कहानी ने हमारे वक़्त तक आते-आते कहीं अपनी दूरवर्ती सम्भावनायें तय तो नहीं कर लीं और अब फिर हमारे समकालीन लेखकों का रुख़ पारम्परिक दिशा के कथानक की तरफ़ है। दूसरा यह कि अनवर सज्जाद की सृजनशीलता अभिव्यक्ति के किसी और शैली को तो नहीं ढूँढ़ रही है? अपने समकालीनों में उन्हें यह विशिष्टता प्राप्त है कि अदाकारी से लेकर नृत्य और चित्रकला तक, अपने आध्यात्मिक अनुभवों को खोलने की कई शैलियों पर उनकी अच्छी पकड़ रही है। अनवर सज्जाद एक उत्साही सामाजिक कार्यकर्ता भी रहे हैं। साहित्य के अलावा संगीत और चित्रकला की शैलियों और मुहावरों से उनकी जान-पहचान का एक रास्ता यह भी है कि वे एक कला की भाषा और अभिव्यक्ति की शैली को किसी दूसरी कला में ढालना भी जानते हैं। अपने प्रशिक्षण और पेशे से वे चिकित्सक हैं। उनके विवेक की बनावट, पूरब और पश्चिम दोनों ही संसारों से हुई है। प्रतीकात्मक और अमूर्त रुझानों की लोकप्रियता के दौर में भी उन्हें अमली राजनीति और राजनैतिक विषयों से गहरी दिलचस्पी रही। अपने कई और ख्याति प्राप्त समकालीनों जैसे बलराज मैनरा, सुरेन्द्र प्रकाश, ख़ालिदा असग़र (हुसैन) की तरह अनवर सज्जाद का कहानी लिखने का सफ़र भी मण्टो की कहानी 'फुँदने' की रिवायत के साये में परवान चढ़ा। कुछ पश्चिमी मूल के आलोचकों ने प्रतीकात्मकता और निराकारवाद के डांडे वर्तमान काल के यथार्थवाद के बजाय, बीते समय की रूमानियत से मिलाये हैं और इस तरह हमारे ज़माने में सामने आने वाली आकृति के बहुत से अनुभवों को एक अलग सन्दर्भ में समझने-समझाने की कोशिश की है। लेकिन हमारी अपनी यानी पुरबिया रिवायत में भक्तों और सूफ़ियों की पहेलियों और प्रवचनों के तत्त्व भी शामिल रहे हैं। इस तरह पश्चिम से अलग, अपने दम पर खड़ी, अभिव्यक्ति की एक प्रतीकात्मक और अमूर्त परम्परा हमारे अपने जाँचे-परखे ढंग का भी हिस्सा रही है। पश्चिमी साहित्य के आधुनिक तरीक़ों की मदद से, जिनकी बनावट में सूचकों और निराकार रूपों की भूमिका बहुत प्रभावशाली रही है, उर्दू और दूसरी क्षेत्रीय और अन्य पूर्वी भाषाओं (विशेषकर अरबी और फ़ारसी) के नये लिखने वालों ने इज़हार और बयान की एक नयी सतह खोजी। इसलिए इस बात पर हैरानी नहीं होनी चाहिए कि अनवर सज्जाद ने अपने बोध की साफ़ आधुनिकता के बाद भी, रस्मी आधुनिकता के उद्देश्य से मुँह मोड़ लिया

और अपने साहित्य समग्र (सन् २००३ में प्रकाशित) की शुरुआत हज़रत बहाउद्दीन नक़्शबन्दी के इस कथन के साथ की :

> तजुर्बे ने साबित किया है कि जाहिलों, दानिशवरों या आलिमों का सवाल नहीं है। वो लोग जिन्हें एक ख़ास नौइय्यत का इदराक चाहिए या उस इदराक का एक जुज़्व ही चाहिए, वो अलामत या इस्तआरे के बग़ैर शम्मा बराबर भी समझ नहीं पाते। उनसे सीधा, साफ़, बिला वासिता कुछ कह दीजिये तो वो सच्चाई के इदराक के सामने ख़ुद रुकावट बन जाते हैं।

अनवर सज्जाद की भाषा और बयान में तनाव और ऐंठन की जिस निरन्तर अवस्था का कम्पन महसूस किया जा सकता है, उसका बुनियादी कारण भी सम्भवत: रूपकों से उनकी निडरता है। इसी रहस्यमयी शैली ने उन्हें दास्तान की शैली से एक सोचे-समझे मतभेद का रास्ता दिखाया है। अनवर सज्जाद की कहानी अपने पढ़े जाने की माँग करती है या फिर उसे चित्रों में ढाला जा सकता है। बहरहाल, यह कहानी सुनने-सुनाने की चीज़ नहीं है और शायद इसीलिए अनवर सज्जाद की वैचारिक प्रतिबद्धताओं और स्पष्ट सामाजिक सम्बन्धों के बावजूद हमारे रिवायती प्रगतिशील उन्हें ख़ातिर में नहीं लाये। उन्हें अपना हम क़दम और अपना हम ज़बान मिला भी तो इफ़्तिख़ार जालिब की शक्ल में। उर्दू के इसी असाधारण और अनोखे आलोचक और नयी साहित्य परम्परा के बेमिसाल पारखी ने अनवर सज्जाद के रूपक का हक़ अदा किया और उसके भेद पहचाने। अनवर सज्जाद की कहानियाँ एक नयी सृजनात्मक अन्तर्दृष्टि के साथ-साथ एक नयी भाषाई बनावट की पहचान भी हैं। इस मौक़े पर अस्करी साहब की कही हुई एक बात भी याद आती है कि :

> ...इस्तआरे का ख़ौफ़ असल में ग़ैर-अक़्ली तजुर्बात का ख़ौफ़ है। इस्तआरे से इन्हिराफ़ ज़िन्दगी से इन्हिराफ़ है। अगर लिखने वाला इस्तआरे बिल्कुल ही नहीं इस्तेमाल करता या बहुत ही कम इस्तेमाल करता है तो उसका मतलब ये है कि वो अपने तजुर्बे का बस थोड़ा सा हिस्सा क़ुबूल कर सका है और नये तजुर्बात हासिल करने की सलाहियत तो उसमें बिल्कुल नहीं रही।

(सितारा या बादबान, प्रकाशन १९७७)

सन्दर्भ

i. Wjhen a crimical goes on the cross, he resembles christ.

ii. ऑब्जेक्टिव कोरिलेटिव, कोई ऐसी परिस्थिति या घटना जो किसी भाव का प्रतीक बनकर पाठक में उस भाव के लिए प्रतिक्रिया जगाये। इसका साहित्यिक इस्तेमाल सबसे पहले कवि-आलोचक टी.एस. एलियट ने सन् १९१९ में लिखे अपने निबन्ध'हैमलेट एण्ड हिज़ प्रॉब्लम्ज़' में किया था।

iii. हिरोनीमस बॉश (सन् १४५०–१५१६) एक डच चित्रकार थे। उन्हें नीदरलैण्डी चित्रकला शैली के शुरुआती प्रतिनिधियों में गिना जाता है। उनका सबसे ज़्यादा लोकप्रिय काम धार्मिक विचारों और कथानकों का चित्रण है। इन विषयों को दर्शाने के लिए उनकी शैली बहुत भयावह और चौंका देने वाली थी, जिसका उनके समय में ही योरोप के अन्य देशों में काफ़ी अनुसरण किया गया। वर्तमान कला जगत बॉश को एक ऐसे विरले कलाकार के तौर पर देखता है जिसे मनुष्य के अन्तर्मन और उसमें छुपे भय को भाँपने की आश्चर्यजनक शक्ति थी।

iv यह प्रसंग 'अरेबियन नाइट्स' में सिन्दबाज जहाज़ी की एक कहानी का है। अपने एक सफ़र के दौरान सिन्दबाद का जहाज़ डूब जाता है और वह किसी तरह एक द्वीप तक पहुँचता है। द्वीप बहुत ही सुन्दर है और सिन्दबाद घूमने निकल जाता है। घूमते-घूमते उसे एक बहुत ही ज़्यादा बूढ़ा व्यक्ति एक पेड़ के नीचे बैठा दिखता है। वह सिन्दबाद को अपने पास आने आ इशारा करता है। सिन्दबाद पास जाकर, उसका हाल-चाल पूछता है। बूढ़ा व्यक्ति इशारे ही इशारे में सिन्दबाद के कन्धे पे बैठकर द्वीप के पेड़ों पर लगे कुछ फलों को तोड़ने की इच्छा व्यक्त करता है। सिन्दबाद उसे कन्धे पर बिठाकर फलों के पेड़ों तक ले जाता है पर बूढ़ा व्यक्ति उतरने का नाम ही नहीं लेता, बल्कि अपने पैरों को सिन्दबाद को और कसकर पकड़ लेता है। यह सिलसिला कई महीनों तक चलता रहता है। आख़िरकार सिन्दबाद को जादुई शराब मिलती है जो वह बूढ़े को किसी तरह पिला देता है। बूढ़ा उसे पीकर सो जाता है और तब ही सिन्दबाद को उससे मुक्ति मिलती है।

v. ख़ुश्क आमाल के ऊसर से उगा कब अख़्लाक़
ये तो नख़्ल-ए-लब-ए-दरिया-ए-मआसी है फ़िराक़

vi. यह अंश करबला के युद्ध के सन्दर्भ में है।

vii. सन्दर्भ उपरोक्त।

ख़्वाब और हक़ीक़त के दरमियां

बलराज मैनरा

ख़्वाब और हक़ीक़त के दरमियां

साहित्यकार की प्रतिबद्धता का उदाहरण देते हुए रॉब ग्रीये ने कहा था, "अल्जीरियन लड़ाई के दौरान, मैंने भी दूसरे फ्रांसीसी साहित्यकारों के साथ मुख़ालिफ़ाना नोट पर अपने हस्ताक्षर किये थे। उसके कुछ अर्से बाद ही मैंने, रैसने के साथ मिलकर 'लास्ट ईयर इन मेरीन वार' फ़िल्म बनायी।" सार्त्र को उन दोनों ही बातों में एक अजीब सा विरोधाभास दिखायी दिया। अपने एक लेख में फ़िल्म की समीक्षा करते हुए उन्होंने हैरानी जतायी, कि रॉब ग्रीये एक तरफ़ तो अल्जीरियाई जंग का विरोध करते हैं और दूसरी तरफ़ एक ऐसी फ़िल्म बनाते हैं, जिसमें अल्जीरिया का ज़िक्र तक नहीं। एक फ्रांसीसी शहरी की हैसियत से मेरे लिए अल्जीरिया एक जीता-जागता मसला था। मगर एक साहित्यकार की हैसियत से मेरे लिए उसकी अहमियत...फ़नकाराना अहमियत नहीं थी। एक साहित्यकार की हैसियत से मेरे लिए बहुत से विषय ज़िन्दा और अहम हैं। जो शायर एक आम शहरी की नज़र में (सानवी[१] और) दूर अज़ कार[२] मालूम हों। उलझन उसी वक़्त पैदा होती है, जब हम उन दो ज़िम्मेदारियों को अलग-अलग तरीक़े से क़ुबूल नहीं कर पाते।"

(निर्मल वर्मा 'रॉब ग्रीये के साथ एक शाम')

किसी साहित्यकार के लिए 'ज़िन्दा समस्याओं' की सीमा बाँधना उतना ही कठिन होता है, जितना अपनी सृजनात्मक हस्ती की हद को तय करना। मैनरा के बारे में लिखते समय इस अन्तर्विरोध की ओर मेरा ध्यान इसीलिए

१. दूसरा २. निरर्थक

गया कि उनके कई आलोचकों ने इस 'विरोधाभास' को लेकर उनकी कहानियों और सृजनात्मक रवैयों पर अक्सर सवालिया निशान लगाये हैं। मैनरा को क़रीब से जानने वाला हर व्यक्ति यह जानता है कि उनकी बातों में कभी किसी तरह की अस्पष्टता, कोई फेर या चक्कर नहीं होता। उन्होंने बहुत ईमानदारी की ज़िन्दगी गुज़ारी है। उनके जीवन के कोश में 'मस्लहत[१], समझौतेबाज़ी, दुनियादारी और मजबूरी', जैसे शब्द कभी शामिल नहीं रहे। उनके आम रवैये एक सहज स्वभाव रखने वाले इनसान के हैं, जो जीवन के मामलों में अक्सर ज़बरदस्ती की दख़लन्दाज़ी करने से बचते हैं। दूसरों को भी बेजा दख़लन्दाज़ी की इजाज़त वे नहीं देते। मैनरा के तौर-तरीक़ों में एक सोची-समझी सुरुचि और हयादारी का अंश बहुत साफ़ है। मैंने उन्हें बाज़ार में कभी मोल-भाव करते हुए, अजनबियों से उलझते हुए, दूसरों के मामलों में बेजा दिलचस्पी दिखाते हुए नहीं देखा। आसपास की आम घटना उनके लिए अक्सर कोई मतलब नहीं रखती। और रोज़मर्रा ज़िन्दगी के क़िस्सों में उलझने, झिक-झिक करने के बजाय वे अपने होंठ अक्सर सख़्ती के साथ भींच लेते हैं, या फिर चुपचाप निकल जाते हैं। हमारे साहित्य जगत में ऐसे बहुत से लोग हैं जो किसी लेखक के सृजनात्मक और सामाजिक उत्तरदायित्व में भेद नहीं कर पाते। लेकिन साहित्य और कला का सृजन देखने में जितना सीधा-सादा दिखायी देता है, असल में उतना आसान है नहीं। सामाजिक ज़िन्दगी से ताल्लुक़ रखने वाले ज़्यादातर मामलों में किसी क़िस्म का धुन्धलापन नहीं होता और उनके अर्थ तक पहुँचने की शर्तें अक्सर पेचीदा और रहस्यमयी नहीं होतीं। लेकिन साहित्य और कला की रचना, अपनी बुनियादी सतह पर, एक गहरी, रहस्यमयी, निजी गतिविधि है। मैनरा ने जिस क़िस्म की कहानियाँ लिखीं, और साहित्य के जिन मूल्यों को आगे ले जाने की खोज की, उन्हें पहचानना और समझना उसी सूरत में सम्भव हो सकता है, जब सृजनात्मक आज़ादी और साहित्यकार के समाजी सरोकार की बहस को एक-दूसरे से अलग करके देखा जाये और एक की क़ीमत पर दूसरे को अपनाने या अस्वीकार करने से हम अपने आप को बचाये रखें।

वैसे भी, अपने खरे, बेलाग और पहली नज़र में हर तरह के पेच से मुक्त व्यक्तित्व के बावजूद, मैनरा उन लोगों में नहीं जो हमेशा आसान दिखायी

---

१. अपने बनाव या बिगाड़ का ध्यान रखते हुए कोई काम करना

देते हैं। वे जितने सादे, सहज और खरे नज़र आते हैं, उनके सृजनात्मक व्यक्तित्व में उतनी ही गहराई और पेचीदगी है। अजनबियों के सामने वे अक्सर चुप रहते हैं, मगर दोस्तों में उन्हें बातें करने, उलझने और बहस करने की ख़ासी आदत है। लेकिन उन्हें छोटी-छोटी बेतहा क़िस्म की बातें करने का ज़रा भी शौक़ नहीं।

इन्तिज़ार हुसैन ने कहीं लिखा था, कि साहित्यकार जब कुर्सियों, ओहदों और सम्मानों की दौड़ में लग जाते हैं तो सैद्धान्तिक, नैतिक और दृष्टिकोण सम्बन्धित मामले उनके लिए मामूली हो जाते हैं। ज़ाहिर है कि आप दुनिया से समझौते करने में अपने आपस से लड़ना भूल जाते हैं। मैनरा उन लोगों में भी नहीं, जो ख़ुद से हमेशा सन्तुष्ट रहते हैं और कभी किसी हाल में अपनी राय बदलने पर आमादा नहीं होते। अपने आप से उलझने और दूसरों की बात मान लेने की भी, उन्हें आदत रही है। लेकिन अपने सृजनात्मक अनुभवों और अपनी दुनिया को क़ुबूल करने के मामले में उनके यहाँ एक सी सच्चाई दिखायी देती है। इस सन्दर्भ में मैनरा के यहाँ कभी किसी तरह के टकराव की सूरत सामने नहीं आती। लगभग पिछले तीस बरसों के ताल्लुक़ की बुनियाद पर मैं पूरे इत्मीनान के साथ यह कह सकता हूँ, कि मैनरा ने अपनी दुनिया और अपनी कहानी से अपने रिश्तों में कभी खोट नहीं आने दी। बिसात भर, दोनों की ज़रूरतें उन्होंने एक सी ईमानदारी के साथ पूरी की हैं।

इसीलिए, अपने समकालीनों की भीड़ में मैनरा कई तरीक़ों से विरले और अकेले दिखायी देते हैं। उन्होंने अपने आम दिन-रात और अपने सृजनात्मक व्यक्तित्व की हदों में, हमेशा, एक सीधा-सच्चा सम्बन्ध बनाये रखा। इस सम्बन्ध की बुनियाद कभी ख़्वाब बने, कभी हक़ीक़तें। बहरहाल, हमारे ज़माने की साहित्यिक रिवायत में, मैनरा का यह रवैया, कुछ नयी दिशाओं की बढ़ोतरी का माध्यम भी बना। एक सामाजिक कार्यकर्ता, एक साहित्यिक पत्रकार, एक सम्पादक और मर्मज्ञ व्यक्ति, फ़िल्म, रंगमंच, साहित्य और कला के एक अनोखे रसिया, जिन्होंने हमारे ज़माने की इनसानी सूरते-हाल और सच्चाइयों को एक साथ कई दिशाओं से देखने-समझने में एक उम्र गुज़ार दी, कभी ज़िन्दगी के तमाशे में घुल-मिलकर कभी उस तमाशे से दूर रहते हुए।

ऐसे घने, गहरे एहसासों और प्रचण्ड भावनाओं के अनुभवों से गुज़रने वाले साहित्यकार इस कारोबारी और ग़द्दार वातावरण में, बस कभी-कभी ही प्रकट हुए हैं। एक बेक़रार और उत्तेजित रखने वाली उदासी और मन में हश्र बपा कर देने वाले सार्वजनिक सरोकार, मैनरा के व्यक्तित्व का अटूट हिस्सा हैं। वही तुंदी, तेज़ी और तनाव मैनरा की लिखाई में भी दिखायी देती है। कभी-कभी तो वह काग़ज़ भी जलता-झुलसता सा लगता है, जिस पर मैनरा ने अपने अनुभव दर्ज किये हों। तपते हुए शब्दों, नुक़ीली और दिल में उतर जाने वाली भाषाई आकृतियों की मदद से मैनरा अपनी वारदात का सिर्फ़ इज़हार ही नहीं करते, सादे कोरे काग़ज़ पर कुछ शक्लें और तस्वीरें भी उतारते हैं। उनके निजी और सार्वजनिक अनुभव एक अजीबो-ग़रीब मिलावट, एक 'सिम्फ़नी' का निर्माण भी करते हैं। अलग-अलग अनुभूतियों को एक साथ मिलाती हुई, और एक साथ, अन्तर्दृष्टि की बहुत सी आवश्यकताओं को पूरा करती हुई।

अपने आम रवैयों के लिहाज़ से, मैनरा मानवतावाद में विश्वास रखने वाले अस्तित्ववादी हैं। बीसवीं सदी के अत्याचारी और पथरीले दौर को उन्होंने सामाजिक ज़िम्मेदारी के एक अनमिट एहसास रखने वाले साहित्यकार की तरह देखने और समझने की कोशिश की। इसीलिए, अपने अतिवाद के बावजूद, उन्होंने ना तो रिवायती तरक़्क़ीपसन्दी के सामने सिपर डाली, ना रस्मी और 'फ़ैशनेबल' आधुनिकता से पस्पा हुए।

'आवाँ गार्द' रुझानों का सुर्ख़ और स्याह और सख़्त माहौल, जिसमें हमारे ज़माने के साहित्य को, अन्तर्राष्ट्रीय पैमाने पर, एक अलग पहचान दी, मैनरा ने इसी वातावरण को उर्दू के नये साहित्य में समेटने के जतन किये, अपनी कहानियों के साथ-साथ अपने बोध के माध्यम से भी। आधुनिकता के एक सतही और साधारण विचार ने, इसीलिए, उन्हें उदास भी रखा और विमुख भी। अपने समकालीनों में, मैनरा इस तरह भी बेजोड़ हैं, कि उन्होंने सिर्फ़ साहित्य का दम भरने वालों के विपरीत, साहित्य, राजनीति, कला और तमाम जानकारी के लाज़िमी रिश्तों को एक शौक़ीन पढ़ने वाले की तरह पढ़ने और समझने का सामान भी मुहैया किया। साहित्य को, उन्होंने सिर्फ़ साहित्यिक पत्रिकाओं, किताबों, जलसों, जमातों और गिरोहों तक सीमित नहीं समझा। उर्दू की साहित्यिक पत्रकारिता के पैमाने को मैनरा ने 'दस्तावेज़' और 'शऊर' की मदद से जिस सतह तक ले जाना चाहा,

उसकी कोई मिसाल हमें अपने चारों तरफ़ नज़र नहीं आती। यह नक़्शा अधूरा ही रहा। मैनरा ने आसपास के वातावरण में जब पतन की गर्म बाज़ारी देखी, तो चुपचाप इस क़िस्से से अलग हो गये। मगर बहुत कम लिखने वाले अपनी चुप्पी में भी इतने वाक-प्रखर और अपनी गहराई के साथ इतने स्पष्ट और प्रत्यक्ष होते हैं। नयी संवेदनशीलता के इतिहास में मैनरा की हैसियत एक स्थाई सन्दर्भ की है।

मैनरा को बहुत जल्द अन्दाज़ा हो गया था कि एक तरह की जाली और अधूरी आधुनिकता की महामारी ने हमारे यहाँ ऐसा ज़ोर पकड़ा है कि नयी संवेदनशीलता के सच्चे तत्त्व पीछे या दबकर रह गये। ऐसा नहीं कि इस सच्चाई को समझने वाले हमारे साहित्य जगत में मौजूद नहीं थे। नयी कहानी और नयी कविता, दोनों की पृष्ठभूमि बनाने वालों में संवेदनशील और चेतन लेखकों की कमी नहीं थी। लेकिन नयी आलोचना और नये रुझान को सुबह-शाम की धूप-छाँव के साथ अपने स्वभाव की तरंग के हिसाब से नित नये रूप देने वालों ने नयी संवेदना के कुछ बुनियादी तत्त्वों से इस तरह आँखें फेरीं कि नया शेर कहने वालों और नयी कहानी लिखने वालों को भटकने में देर नहीं लगी। अपने एक यादगार लेख 'तम्बोला' में, मैनरा ने इस सूरतेहाल पर अपने दुख और नाराज़गी की अभिव्यक्ति बहुत खुलकर की है। इस लेख के कुछ उद्धरण निम्नलिखित हैं :

> वे लोग जो दूसरी जंगे अज़ीम से ज़रा सी भी दिलचस्पी रखते हैं, जानते हैं कि दौराने जंग स्वीडन (जिसने बाद में फ़लसफ़ी फ़िल्मसाज़ इंग्मा बर्ग्मान' पैदा किया, जिसने 'सुइन्तसेल' और एटम बम के ख़ौफ़ पर क़यामत की इंक़लाबी फ़िल्म बनायी) ग़ैर जानिबदार[१] था। स्वीडन की नयी नस्ल ने अपने बुज़ुर्गों को अब तक नहीं बख़्शा है कि उनके नज़दीक ग़ैर जानिबदारी नाज़ियों की हिमायत थी और आज नयी नस्ल के झंडे तले पूरा स्वीडन वियतनाम की जंगे आज़ादी की हिमायत करता है और वियतनाम से भागे हुए अमरीकी फ़ौजियों को पनाह देता है।
>
> ------------------------
>
> लेकिन अपने हाँ अब तक जदीद, अदीब दानिस्तन[२] ग़ैर जानिबदारी (मवाद इकट्ठा करने की हद तक ही सही) के फ़रेब का शिकार है।

१. निष्पक्ष २. जान-बूझकर

ग़ालिबन वो कोई ख़तरा मोल लेना नहीं चाहता।

मुझे महसूस होता है, कि उर्दू के बेशतर अदीब ना जी रहे हैं, ना अदब लिख रहे हैं, बल्कि तम्बोला खेल रहे हैं।

साहब, एक भोंपू बजे चले जा रहा है। और धड़ाधड़ जदीद अफ़साने निकलते चले आ रहे हैं, जिनका ना तो समाजी मसाइल के इक़्तसादी[१] पहलुओं से कोई ताल्लुक़ है, और ना असली तारीख़ के तेज़ व तुंद आवामी बहाव से।

हमने जिस समाज में आँख खोली है, उस समाज ने पेशतर[२] उसके कि हमें अपनी सूझ-बूझ का इल्म होता, हमारी खोपड़ी में एक मख़्सूस मज़हब और देवमाला और उनके हवाले से एक मुल्क और उसकी तारीख़ का सारा कूड़ा भर दिया। अपने आप को इस बलाख़ेज़ अहद में जीने के क़ाबिल बनाने के लिए पहले हमें अपनी खोपड़ी साफ़ करनी पड़ेगी।

समाज और फ़र्द[३] की ज़िन्दगी में मौजूद तज़ादात[४] का एहसास, उनकी वाज़ेह[५] पहचान और फिर उनसे छुटकारा पाने की कोशिश तख़्लीक़[६] की जानिब पहला क़दम है।

हम 'सिम्बल्ज़' के दरमियां ज़िन्दगी गुज़ारते हैं। जो सिम्बल्ज़ हमारी ज़िन्दगी पर सबसे ज़्यादा असर अन्दाज़ होते हैं, वो हुक्मरानों के पैदा किये होते हैं। जब उन सिम्बल्ज़ के बोसीदा[७] मफ़ाहीम[८] को चैलेंज किया जाता है तो ज़ुल्म टूटता है।

अब ज़रा अपने जदीद[९] अदब को लीजिये। वो सियासी शऊर[१०] की कमी

१. आर्थिक २. पहले ३. व्यक्ति ४. अन्तर्विरोध ५. साफ़ ६. सृजन ७. सड़े-गले ८. मतलब ९. आधुनिक १०. विवेक

के कारण और ग़ैर-शऊरी तौर पर मज़हबी तअस्सुबात[1] की असीरी[2] के कारण, बेकार की तालीम और 'इनडायरेक्ट' तजुर्बात के मलबे का इस्तेमाल किये चला जा रहा है। नज़रे इन्तिख़ाब तक पल्ले नहीं। नतीजा! ज़िन्दगी तज़ादात का शिकार है जिसका उसे इल्म नहीं। तहरीर में जो तज़ादात आते हैं, उनका इल्म कैसे हो! अफ़साने के मर्कज़ी ख़याल की उँगली थामे, अफ़साने की जुज़ईयात[3] को झुठलाता हुआ चलता जायेगा। और आख़िर थक-हार कर पीपल के पेड़ के नीचे बैठ जायेगा। और ढेर हो जायेगा।

बहुत कम अदीब जानते हैं कि ज्याँ जेने...ने केनेडी के मुक़ाबले में ओस्वाल्ड को तरजीह[4] दी थी। और ये वही ज्याँ जेने है, जिसका तर्ज़े हयात[5] इसलिए सार्त्र को अज़ीज़ था कि वो बुर्जुआ समाज के लिए बहुत बड़ा चैलेंज था...और ये वही ज्याँ जेने है जो ज़िन्दगी के एक छोटे से दायरे में आया और कन्धा रगड़ने लगा तो उन हक़ीक़तों को सामने ला सका जो इंक़लाब के लिए फ़िज़ा तैयार करती हैं।

जदीदियत का आग़ाज़ चन्द एक हस्सास[6], दुखी और बरहम[7] नौजवानों की तहरीर थी...उन चन्द लिखने वालों की बरहमी जो ग़लत या सही तो हो सकती है, सच्ची थी, इसलिए नयी तहरीर का मुश्किल और ख़तरनाक काम होता रहा..।

आख़िरकार वही हुआ जो तरक़्क़ीपसन्द तहरीक के साथ हुआ था। मुफ़ादपरस्त[8] आये, क़रीब आये, घुल-मिल बैठे, और फिर जल्द ही वो वक़्त आ गया जब नयी नस्ल की बरहमी का इज़हार जो एक मुस्बत[9] क़द्र है, एक बेहंगम, बेरुख़ मंशूर[10] में गुम हो गया..।

मैनरा ने यह लेख अब से लगभग पचास साल पहले (अगस्त १९७१) में लिखा था और इसे अलीगढ़ मुस्लिम विश्वविद्यालय के फ़िक्शन सेमिनार में पढ़ा था। वह ज़माना वैचारिक सतह पर गहरे भेदभाव और अतिवाद

१. पक्षपात २. कठिनाई ३. किसी बात के तमाम पहलू ४. प्रधानता ५.जीने का ढंग ६.संवेदनशील ७.क्रुद्ध ८. अपना फ़ायदा देखने वाले ९. प्रमाणित १०. घोषणा-पत्र

का था। आधुनिकता और प्रगतिवाद की बहस ने साहित्य के फ़र्क़ के विषय को पीछे कर दिया था। शब-ख़ून के पन्नों पर एहतेशाम साहब (स्वर्गीय सैयद एहतेशाम हुसैन) और अमीक़ हनफ़ी का मोर्चा सामने आ चुका था। उर्दू साहित्य में दो अलग-अलग ख़ेमे बन चुके थे। और दोनों की हैसियत एक-दूसरे के लिए शहरे मम्नूअ[१] की थी। मैनरा के सम्बन्ध रिवायती तरक़्क़ीपसन्दों से ख़राब हो चुके थे, सबसे ज़्यादा सरदार जाफ़री से। लेकिन इस लेख को सुनने वालों में एहतेशाम साहब भी थे और जिस गर्मजोशी के साथ उन्होंने मैनरा के एक-एक वाक्य की दाद दी थी उसका पूरा नक़्शा इस वक़्त भी आँखों में सिमट आया है। मैनरा ने अपनी भारी, गुँजीली आवाज़ में यह लेख इस तरह पढ़ा था मानो शेर सुना रहे हों। और सुनने वालों पर भी इसका असर बड़ी हद तक शायरी के प्रभाव जैसा था। असल में मैनरा की अभिव्यक्ति की एक बुनियादी ख़ूबी यह है कि वे शब्दों को संगीत के सुरों की तरह बरतना जानते हैं। एक ज़माने में उन्होंने शायद शेर भी कहे थे। किंग्जवे कैम्प के एक मशहूर अस्पताल की प्रयोगशाला में नौकरी के दौरान मैंने उनके साथियों को उन्हें, मैनरा साहब के बजाय राय साहब के नाम से सम्बोधित करते हुए ख़ुद भी देखा है। लेकिन इस वाक़िए से नज़र हटाकर अगर उनकी कहानियों को देखें, तो उनमें से कई में, विशेषकर 'कम्पोज़िशन सीरीज़, पोर्ट्रेट इन ब्लैक एण्ड बिल्ड, रेप, यहाँ तक कि 'शऊर' के कुछ सम्पादकीयों में भी कहीं-कहीं गद्य और कविता की हदें आपस में गड्ड-मड्ड होती हुई दिखायी देती हैं। मैनरा के पास बात को एक संक्षिप्त लेकिन नुक़ीले और सटीक अन्दाज़ में कहने की विचित्र कला है। और शब्द अपनी ध्वनिरूपी सम्पत्ति के माध्यम से अपने पाठक पर प्रभाव छोड़ते हैं। उनकी आवाज़ कभी इकहरी नहीं होती। उनकी सबसे बड़ी दौलत उनकी नैसर्गिक गूँज है। इसीलिए बयान की पारम्परिक शैली से विरोध के बावजूद मैनरा की कहानियाँ पढ़ते वक़्त सुनायी भी देती हैं। उनकी गूँज और ध्वनि में एक पूरे ज़माने की गूँज सुनायी देती है। मैनरा अपनी पकड़ में आने वाले हर अनुभव के की ध्वनि और भाषाई आवरण को तराशने पर असाधारण ध्यान देते हैं। अपने ही नहीं, अपने दोस्तों और समकालीनों के पाण्डुलिपियों पर भी मैंने उन्हें बेतहाशा मेहनत करते हुए देखा है। इस अख़्तियार से वे मण्टो की

१. निषिद्ध क्षेत्र

दस्तावेज़ी जिल्दें क्रमबद्ध करते हुए भी विरक्त नहीं हुए और जहाँ तक दोस्तों और हमअस्त्रों की रचनाओं का ताल्लुक़ है, तो 'शऊर' में शामिल करने से पहले मैनरा एक-एक शब्द, पंक्ति, अनुच्छेद और लिखाई के उतार-चढ़ाव को इस तरह परखते थे जैसे सृजन की प्रयोगशाला में स्लाइड्स का निरीक्षण कर रहे हों। एक बार तो उन्होंने एक पूरा उपन्यास ही दोबारा लिख डाला। इस उपन्यास के प्रकाशन से पहले संयोग से लाहौर से इन्तिज़ार हुसैन आये हुए थे। एक शाम हम दोनों मैनरा के घर पहुँचे और उन्हें एक समकालीन साहित्यकार की पाण्डुलिपि की जाँच (सम्पादन, काट-छाँट, बढ़ोत्तरी, पुनर्लेखन) करते हुए देखा तो इन्तिज़ार साहब को इस तमाशे पर हँसी भी आई और वे हैरान भी हुए। कहा तो सिर्फ़ इतना कि, "ये वक़्त तुम्हें अपनी नयी कहानी लिखने में ख़र्च करना चाहिए था, भई हद हो गयी!"

लेकिन मैनरा स्वभाव से 'पर्फ़ेक्शनिस्ट' हैं। लिखाई अच्छी होने के साथ-साथ अच्छी नज़र भी आनी चाहिए। सो वे इस तरह लिखते हैं जैसे चित्र बना रहे हों। इसलिए 'शऊर' को भी उन्होंने चित्रकारों, संगीतज्ञों, फ़िल्मसाज़ों और साहित्यकारों के एक साझे मोर्चे की हैसियत देनी चाही थी। इसलिए रामचन्द्रन की 'दि पपट थियेटर' और 'दि मण्टो थीम्स' की तैयारी के दिनों में मैनरा ने 'शऊर' को चित्रकारों, संगीतज्ञों, साहित्यकारों, पत्रकारों की गतिविधियों की मिली-जुली कर्मस्थली बना दिया था। उनकी नुमाइश में भी मैनरा आगे-आगे रहे। कनॉट प्लेस स्थित धूमीमल आर्ट गैलरी में उद्घाटन हुआ। रोबी मंडल, जतिन दास, रामचन्द्रन, ग़ुलाम रसूल संतोश, गोगी सरोज पाल, वेद नैयर, अर्पिता सिंह, परमजीत सिंह तक समकालीन हिन्दुस्तानी चित्रकला के कई प्रतिनिधि इस सरगर्मी में मैनरा के साथ थे। 'शऊर' के पहले अंक का अनावरण यूरोप में लम्बे अर्से से रह रहे प्रसिद्ध हिन्दुस्तानी सितारनवाज़ उस्ताद महमूद मिर्ज़ा के हाथों हुआ। लगभग इन्हीं दिनों जी.पी. देशपाण्डे ने साहित्य, कला, नाटक, फ़िल्म और पत्रकारिता के मिले-जुले अँग्रेज़ी जरनल 'आर्ट एण्ड आइडियाज़' की शुरुआत की थी। मैनरा ने 'आर्ट एण्ड आइडियाज़' का पूरा सेट अपने दोस्तों के लिए ख़रीदा। दोस्तों को अच्छी क़लम और किताबें भेंट के रूप में पेश करना एक ज़माने तक उनका सबसे पसन्दीदा मशग़ला था। इसलिए उनका सारा वक़्त, दरियागंज में कपूर साहब के

चाय घर, सिनेमा घरों, ट्रेड यूनियन की गतिविधियों, नाटक, किताबों की दुकानों, इतवारी बाज़ार में फ़ुटपाथ पर लगे हुए किताबों के ढेरों में लगभग एक से तौर पर बँटा हुआ था। ज़ाहिर है कि यह कल्चर उस कल्चर से बहुत अलग है जिसमें ज़्यादातर उर्दू साहित्यकार अपने दिन-रात गुज़ारते हैं। ये सुरुचिपूर्ण व्यक्तित्व के आसार हैं, जो ना तो जीवन की एकरूपता को बाँटना चाहता है ना ही साहित्य और गतिविधियों को।

इसीलिए, अभी ज़रा देर पहले मैंने मैनरा की लिखाई में रौशन होने वाली बहुआयामी भावों का जो ज़िक्र किया था, उसके स्पष्टीकरण के लिए बयानों के साथ-साथ मैनरा की कहानियों के चन्द टुकड़ों पर नज़र डाल लेना शायद बेहतर होगा। ये उद्धरण बिना किसी ख़ास कोशिश के ऐसे ही इधर-उधर से इकट्ठे कर दिये गये हैं :

> और फिर एक दिन, कि सूरज महवे सफ़र[१] था, मैं महवे सफ़र था। मेरे कान में अजनबी हवा ने चुपके से कहा..।
> मेरे नादाँ दोस्त! तुम सूरज और साये का मर्कज़ हो। सूरज और साया तुम्हारे गिर्द घूमता है। और फिर यूँ होने लगा कि उधर मेरी आँख खुलती, उधर सूरज तुलू[२] होता। इधर मैं सफ़र पर रवाना होता, उधर सूरज सफ़र पर रवाना होता। हम मंज़िलें तय करते बढ़ते रहते और फिर इधर मुझे नींद आती, उधर सूरज ग़ुरूब[३] हो जाता।
>
> (सन्दर्भ, कम्पोज़िशन १)

> बहुत रात गये तक वो लिखता रहता है। स्याह कमरे में, स्याह मेज़ पर झुका हुआ एक आदमी जो स्याह क़लम से स्याज़ काग़ज़ पर स्याह इबारत लिखता है, मेरी मुश्किल बन गया है। वो आदमी जिसकी कुल कायनात एक कमरा है, जहाँ दुनिया भर की स्याही सिमट गयी है।
>
> (सन्दर्भ, कम्पोज़िशन २)

> अजनबी ज़मीन, अजनबी आसमान, सब कुछ अजनबी, दिल में धड़कन अजनबी, ताहद्दे नज़र[४] बिखरे हुए रंग अजनबी, फूल अजनबी और बेनाम, पेड़ बेनाम और अजनबी, आसमान साफ़-शफ़्फ़ाफ़, धुला हुआ, नीला, गहरा और ऊँचा, दूर बहुत दूर रात की रंगत सी पहाड़ी पर झुका हुआ।
>
> (सन्दर्भ, (मेरा नाम) में (है)

---

१. सफ़र में खोया हुआ २. उदय ३. अस्त ४. नज़र की हद तक

हक़ीक़तें और ख़्वाब, रौशनी और अँधेरे, माज़ी और हाल। सब पिघल गये, फिर पिघला हुआ मवाद एक आहनी साँचे में डाल दिया गया और मैं कि मेरा एक माज़ी था, हाल था, मेरी कुछ हक़ीक़तें थीं, कुछ ख़्वाब थे, मैं रौशनी भी था, अँधेरा भी, यूँ मिट गया कि निशान तक ना रहा। अब मैं एक खिलौना था, जज़्बात से आरी, एहसासात से आरी[१], सुबह हुई, शाम हुई और फिर रात और फिर नींद। फिर सुबह, फिर शाम और फिर रात और फिर नींद..।

(सन्दर्भ, ज़ुल्मत)

मेरी उँगलियाँ दुख रही हैं कि एक मुद्दत से मैंने कुछ नहीं लिखा है। दिन धूल निकला। ख़ौफ़ज़दा आँखों ने देखा : शहर का ग़ुरूर पाँव में पड़ा है। देव कामत आइफ़िल टॉवर, अंजर-अंजर, पंजर-पंजर ग़ायब था और वो शहर का शहर इमारत धुआँ-धुआँ थी जहाँ कॉकरोच, कैक्टस और सलीब पनाहगुज़ीर थे।

(सन्दर्भ, कम्पोज़िशन ५)

जब बीते, इस आज से पहले गुज़रे हुए कल, खुले आसमान तले मैं अनजाने में अनगिनत लफ़्ज़ खो बैठा था...तारीख़, जुग्राफ़िया, देवमाला, कहावतें, ख़ून के रिश्ते-नाते और दिल के मामलात, सुबह और शाम थे। कबूतरों का फड़फड़ाना भूख थी। और लग़्ज़िशे पा[२] प्यास। हँसते-हँसते रो देना शायरी थी। और रोते-रोते हँस देना कहानी।

(सन्दर्भ, आख़िरी कम्पोज़िशन)

इस तरह नयी कहानी को मैनरा ने एक नयी पहचान दी है। इस कहानी के वैचारिक सन्दर्भ या पृष्ठभूमि के तौर पर उनके लेख 'तम्बोला' पर एक बार फिर से नज़र डाली जाये तो आज के बदले हुए सन्दर्भ में कुछ बुनियादी सच्चाइयों का एहसास होता है। यह लेख सिर्फ़ नयी कहानी का या मैनरा का अपना बिखराव नहीं है। योरोपियन आवाँ गार्द की मौजूदा स्थिति और पहले महायुद्ध के बाद सामने आने वाले समूचे माहौल में इस अस्त-व्यस्तता की धमक मौजूद थी। आधुनिकता की अधूरी व्याख्या ने सुनी-अनसुनी कर दी। और आज जब बहुत ज़ोर-शोर के साथ उत्तर आधुनिकता का राग अलापा जा रहा है, तो ऐसा लगता है कि इसी भूले-

---

१. वंचित २. पैर का फिसलना

बिसरे बिखराव को एक नयी ज़बान दी जा रही है, जिसकी तरफ़ मैनरा ने अपने इस लेख में कुछ साफ़ इशारे किये थे। यह एक विस्तार में जाने वाला विषय है और इससे जुड़ी बहसों में अब ऐसे लोग भी शामिल हो गये हैं जिनके लिए साहित्य केवल समाजी तरक़्क़ी का ज़ीना और कामयाबी का ज़रिया है। फ़िलहाल, मैं इस बहस को छोड़ता हूँ और इस निजी क़िस्म के लेख को मैनरा ही के एक उद्धरण पर ख़त्म करता हूँ। मैनरा सही हैं या ग़लत, यह फ़ैसला उनके पढ़ने वालों पर है। लेकिन इस उद्धरण में जो सवाल उठाया गया है, उसकी अहमियत (सम्बन्धित लेख के लिखे जाने के पचास बरस बाद) एक बार फिर से महसूस की जाने लगी है। उद्धरण निम्नलिखित है :

> जो मिस्ले मौजे हवा[१] शहर-शहर घूमते हैं, उर्दू के जदीद अदीबों में ऐसे कितने अदीब हैं, ये अलग सवाल है। जानते हैं कि इस मुल्क में जीने की...साँस के आने-जाने की नहीं, "ब होशो-हवास गाड़ी हाँकने की"... जिसमें मरना भी शामिल है, दो अलामतें[२] हैं, कलकत्ता और बम्बई। जदीद अदीब की तख़्लीक़ और बक़ा के लिए हमें एक अलामत को लेना होगा और एक को रद्द करना होगा।
>
> (सन्दर्भ, तम्बोला)

क्या क़यामत है कि राष्ट्रीय जनतान्त्रिक गठबन्धन की सरकार गयी तो सेंसेक्स में भारी गिरावट आ गयी। क्या वाक़ई हमें अपनी सामूहिक ज़िन्दगी के सन्दर्भ में अपनी प्रगतिशीलता और अपनी आधुनिकता का निश्चय नहीं करना चाहिए था?

---

१. हवा की लहर की तरह २. प्रतीक

जागता हूँ कि ख़्वाब करता हूँ

नैयर मसूद

जागता हूँ कि ख़्वाब करता हूँ

माहौल में एक अजीब चीज़ है। बाज़[1] लोगों ने कहा कि इस अफ़साने के माहौल से हमें लगा कि हम उस ज़माने में पहुँच गये हैं। मैंने कहा कि हमने तो ऐसी कोई चीज़ नहीं लिखी कि मसलन कौन क्या पहनता है? माहौल जिन चीज़ों से बनता है, वह तो यही है ना कि लोगों का लिबास क्या है। सड़कें किस-किस क़िस्म की हैं? इमारतों की क्या वज़अ[2] है? खाते क्या हैं लोग, उनके रस्मो-रिवाज, उठने-बैठने के तरीक़े क्या हैं, तो ऐसी कोई चीज़ नहीं है। इस अफ़साने में यानी किसी के लिबास का कोई ज़िक्र नहीं है कि अँगरखा पहने हुए थे या क़बा[3] पहने हुए थे। हाँ, यह जरूर महसूस होता है कि यह अलग माहौल है, हमारे ज़माने से पहले के ज़माने का है।

नैयर मसूद से एक गुफ़्तगू : सागरी सेनगुप्ता
आज, कराची, सरमा / बहार १९९८

उन दिनों नैयर मसूद कहानियाँ नहीं लिखते थे। पुराने शहर की उस इमारत में देखने में कोई बात ऐसी नहीं थी जो उसे नये शहर से अलग करती हो। मेहराबों वाले बरामदे के सामने एक बड़ा चबूतरा। फिर दूर तक फैला हुआ बाग़ जिसमें फलदार पेड़ थे, और चाँदनी, हरसिंगार, गुड़हल, चमेली और रात की रानी के पौधे। नीम के पेड़ की डगालें दूर तक छाँव करती थीं। धूप बरामदे तक मुश्किल से पहुँचती थी। नये ढंग की आराम-कुर्सियाँ, मेज़, तिपायी और दीवारों पर फ़्रेम की हुई पुरानी तस्वीरें। सबसे

१. कुछ २. ढंग ३. लम्बा ढीला पहनावा

ऊपर, लगभग छत को छूती हुई मीर अनीस की तस्वीर थी।

मैं उस घर में जाने से पहले भी नैयर मसूद को जानता था। ख़ुद उनके पहनावे, वेशभूषा और तौर-तरीक़े में ऐसी कोई बात नहीं थी जो उन्हें अपने ज़माने से अलग करती हो। मगर उनके आसपास और उस मकान के माहौल से साफ़ पता चलता था कि "यह माहौल अलग है, हमारे ज़माने से पहले के ज़माने का है!"

कभी-कभी बहुत समझने की कोशिश किये बग़ैर भी चीज़ें, शक्लें और तस्वीरें अपने आप बदलती हुई सी महसूस होती हैं। नैयर मसूद के सिलसिले में भी मुझे कुछ ऐसा ही गुमान हुआ। इलाहाबाद में वे मिर्ज़ा रजब अली बेग सुरूर पर अपना शोध पूरा करने के बाद घर लखनऊ लौट आये थे। यहाँ उस घर में सामने वाले बाग़ के पेड़-पौधों और बेलों के अलावा मसूद साहब के व्यक्तित्व का साया भी था। बहुत घना, ठण्डा और दूर तक फैला हुआ।

बरामदे के एक चौड़े-चकले दरवाज़े के पहलू में आबनूसी लकड़ी के फ़र्नीचर और एक ख़ास बैठक पर मसूद साहब के चाँदी बालों से ढके सिर को देख यह फ़ैसला करना आसान नहीं था कि आसपास का पूरा माहौल, उनकी देखने में सजल, मुलायम और रहस्यमयी शख़्सियत का विस्तार है या माहौल की तह से उनकी शख़्सियत निकली है। चीज़ों, आसपास की शक्लों, तस्वीरों और घर में रहने वालों में एक गहरे ताल्लुक़ और तालमेल का एहसास कोई भी कर सकता था। ज़िन्दगी बहुत सही-सलामत, अपने रहस्य के साथ मौजूद और स्थिर दिखायी देती थी। सारी फ़िज़ा ख़ामोश और ठहरी हुई। हरकत और हलचल से बिल्कुल दूर। ऐसी ठहरी हुई ज़िन्दगी के तमाम राज़ और इशारे ना तो लोगों और चीज़ों की ओट से कभी झाँकते हैं, ना झलकते हैं, मगर फिर भी अपने होने का एहसास, हर वक़्त दिलाते रहते हैं।

नैयर मसूद की कहानी का हाल भी यही है। ये कहानियाँ नयी हैं कि पुरानी, और जिन वाक़िओं के बयान पर ये टिकी हैं, वे गुज़र रहे हैं या गुज़र चुके हैं या आने वाले वक़्त में गुज़रने वाले हैं और उन्हें बीते समय के झरोखे से पहले ही देखा जा चुका है—सब कुछ एक ख़्वाब की तरह है। इस बारे में यक़ीन के साथ कुछ भी कहना सम्भव नहीं। नैयर मसूद

ने अपनी पहली कहानी 'नुसरत' (१९७१) से लेकर अब तक (२००२) लगभग ३० कहानियाँ लिखी हैं। साल में एक कहानी का हिसाब बनता है। देखने में यह रफ़्तार सुस्त है। ख़ुद कहानियाँ भी धीमी चाल चलती हैं। वाक़िए धीरे-धीरे सामने आते हैं और उन्हें लिखते वक़्त नैयर मसूद कभी भावुक, परेशान और उत्तेजित नज़र नहीं आते। मानो उनके बयान का तरीक़ा, ज़ुबान, लहजा सब के सब उनकी कहानी के बुनियादी स्वभाव से तालमेल रखते हैं। कहानी के माहौल की बनावट में लिखने वाले की कल्पना, स्मृति, अध्ययन, विवेक और उसकी भाषा पर पकड़, शब्दावली, बयान का अन्दाज़ और आवाज़ क़रीब-क़रीब बराबर के हिस्सेदार हैं। यही वजह है कि नैयर मसूद के किसी भी अफ़साने की जो कुल मिलाकर आकृति और शक्ल बनती है, उसके हिस्से अलग-अलग नहीं किये जा सकते। एक विभाजित ना हो सकने वाली एकरूपता एक ही साथ अपने भीतरी और बाहरी कारणों की मदद से इस तरह प्रकट होती है कि ना तो उसकी दर्जाबन्दी की जा सकती है, ना ही उसके बढ़ने की कोई दिशा तय की जा सकती है। यह ऐसा ही है जैसे ख़्वाब देखा जा रहा हो या ख़्वाब लिखा जा रहा हो। इस ख़्वाब में चमक-दमक भी नहीं के बराबर है और इसका असर अक्सर काले-सफ़ेद रंगों में और सायों की मदद से धीरे-धीरे होता है। इस ख़्वाब में गहराई और भेद का तत्त्व भी इसी माध्यम से पैदा होता है। अपने सपनों और कहानियों के सम्बन्धों के बारे में बताते हुए नैयर मसूद ने कहा था :

> मेरी कहानियों में बल्कि मेरी पूरी ज़िन्दगी में, ख़्वाबों का बहुत बड़ा किरदार है। बाज़ ख़्वाब तो इस क़द्र मर्बूत[१], गोया पूरे बने-बनाए अफ़साने के तौर पर देखे। बहुत लम्बे ख़्वाब भी देखे...क़िस्तों में कोई ख़्वाब नहीं देख सका हूँ अब तक। बार-बार दिखायी देने वाले ख़्वाब भी देखे। ये तो सभी के साथ होता है कि एक या दो ख्वाब बार-बार दिखायी देते हैं और समझ में नहीं आता कि क्यों?"

नैयर मसूद से एक गुफ़्तगू: सागरी सेनगुप्ता

नैयर मसूद ने अपनी कहानियों और अपने सृजनात्मक जीवन के सिलसिले में कभी-कभी ऐसी कई बातें कही हैं जिनकी बुनियाद पर उनके पढ़ने

---

१. सिलसिलेवार

वालों ने, यहाँ तक कि आलोचकों ने भी कुछ बँधी-टिकी रायें क़ायम कर ली हैं। मेरा ख़याल है कि अपने बारे में लिखने वाले जो कुछ कहते रहते हैं उसे आँख बन्द करके मान लिया जाये तो बहुत सी कठिनाइयाँ पैदा होती हैं। इन्तिज़ार हुसैन अदबदाकर अपने साहित्यिक नज़रिये और अपनी कृतियों के 'स्पष्टीकरण' के लिए कभी-कभी ऐसा दृष्टिकोण भी अपना लेते हैं जो आम पढ़ने वालों को ग़लत रास्ते पर डाल देता है। इन्तिज़ार हुसैन का अतीत में रहना, उनका रूढ़िवाद, और निरुद्देश्यता के कारण कई ग़लत धारणाएँ रिवाज पा गयी हैं। यही स्थिति नैयर मसूद पर भी सच्ची बैठती है। बेशक, उनकी कहानियों में व्याख्या की और बहुत गुंजाइश और दिशाएँ हैं और विभिन्न पाठक अपने-अपने स्वभाव के अनुरूप उनसे मनचाहे अर्थ निकाल सकते हैं। लेकिन ख़ुद नैयर मसूद ने कभी-कभी अपने बारे में जो कुछ कहा है, वह सब का सब ऐसा नहीं है कि बिना सोचे-समझे, आँखें बन्द करके उस पर यक़ीन कर लिया जाये। मिसाल के तौर पर उनके नीचे दिये गये बयानों पर एक नज़र डालिये :

> 'मिरासिया'...अफ़साना ये सोचकर लिखा था कि इसमें ना कोई ड्रामाई बात हो ना कोई अजीब क़िस्म के किरदार हों। ना कोई दिलचस्प वाक़िआत हों। ये अफ़साना लिखा ही इस ख़याल से था कि ना मैं बता सकूँ ना आप बता सकें कि इस अफ़साने में क्या है। बहुत सीधा सा अफ़साना है।
>
> इसी तरह एक और अफ़साना था 'रे ख़ानदान के आसार'। इसमें भी मैंने यही कोशिश की, कि यह बिल्कुल आम ज़िन्दगी की रोज़मर्रा क़िस्म की कहानी हो और इसमें कोई अनोखी या हैरत की बात ना हो...इसमें मेहनत भी बहुत होती है। यानी आदमी बिल्कुल सपाट क़िस्म का वाक़िआ बयान करे और उसमें असर आ जाये। फिर इसमें यह रिस्क भी रहता है कि ज़्यादातर लोग तो यही कहेंगे कि यह कहानी क्या हुई, यह तो मसलन किसी जगह जाने का हाल बयान कर दिया।
>
> लोगों को मेरी कहानियों के बारे में यह ख़याल रहा कि ये मसलन कहीं से तर्जुमे हैं। इस वजह से मुझे और डर लगा रहता है। मगर ख़ैर, अब तक कोई चोरी पकड़ी तो नहीं गयी। अभी अपने ख़्वाब देखता हूँ और उन पर लिखता हूँ।
>
> जब लोग कहते हैं कि यह अफ़साना किसी टाइम फ्रेम में नहीं है तो मैं

कहता हूँ कि टाइम फ्रेम से आज़ाद होने का तसव्वुर ही नहीं कर सकता है आदमी। वह अलग चीज़ है कि यह हम ना बता सकेंगे कि यह आज का क़िस्सा है या कल का है या सौ बरस पहले का है, लेकिन है तो वह बहरहाल किसी ना किसी टाइम में। अब चाहे हम यह ना बता पायें कि यह सन् १९५० का वाक़िया है या सन् १९२५ का। तो यह ज़रूरी नहीं मालूम हो कि हम यह भी बतायें कि किस सन् का वाक़िया है, किस शहर का है, बल्कि अगर वह ठीक से ना मालूम हो तो ज्यादा अच्छा है।

'मिरासिया' जिस ख़्वाब पर मब्नी[१] था वो ये था कि उस घर में गया हूँ, पुराने ख़याल के लोगों का घर है और मुझसे कहा गया है कि थोड़ा ठहर जाओ, आज एक बच्चे की सालगिरह है...मुझको यह मालूम होता है कि उस सालगिरह की वीडियो फ़िल्म बनाने का भी इन्तज़ाम किया गया है। तो ख़्वाब में मुझको एक शॉक सा हुआ कि इस पुराने ख़याल के लोगों के इस घर में यह वीडियो फ़िल्मिंग वग़ैरह बड़ी बेजोड़ सी चीज़ मालूम हो रही है... ख़्वाब में तो इस पर अफ़सोस हुआ था लेकिन हक़ीक़तन ये कोई अफ़सोस करने की बात नहीं है।

इन बयानों से एक अकेले चलने वाले, संसार से विमुख, सनकी या लीक से ज़रा खिसके हुए, शर्मीले और दिशाहीन व्यक्ति की तस्वीर उभरती है। यह व्यक्ति किसी परिचित और प्रचलित सन्दर्भ से नहीं पहचाना जाता, एक बेहद निजी और व्यक्तिगत दुनिया का वासी जो बस अँधेरे में चलता रहा है और अपने पाठक को भी लगभग ऐसी ही कैफ़ियत का अनुभव प्रदान करता है। नैयर मसूद, क़ुर्रतुलऐन हैदर और इन्तिज़ार हुसैन के बाद हमारे सबसे ज़्यादा ग़लत समझे जाने वाले कहानीकार हैं। इसलिए इस बात पर हैरानी नहीं होनी चाहिए कि उनके बारे में सोचने वालों में से अधिकांश लोगों का रवैया, उनकी तरफ़ या तो एक निश्चित प्रतिक्रिया का है या फिर एक तरह की बेनाम आक्रामकता का जिसके अनुसार नैयर मसूद की अफ़साना निगारी उनकी साहित्यिक गतिविधियों के सन्दर्भ में बहुत ध्यान देने योग्य नहीं है। नैयर मसूद की अफ़साना निगारी के बारे में इतना कम लिखा गया है, ख़ासकर उर्दू में, कि देखने में यह बात अजीब और असम्भव सी लगती है। अँग्रेज़ी में उनकी कहानियों पर जो छोटे-बड़े लेख लिखे गये, उनमें सबसे अहम मुहम्मद उमर मैमन, एलिज़ाबेथ बेल, मुहम्मद सलीमुर्रहमान, ज़ेनो (सफ़दर मीर) और मुज़फ़्फ़र अली सईद के हैं। उनकी कहानियों के अँग्रेज़ी अनुवाद 'एसेंस ऑफ़ कैम्फ़र'[i] के

सन् २००० में छपने के बाद सयुंक्त राष्ट्र अमेरिका के अलावा ब्रिटेन, स्पेन, फ्रांस और इजरायल के प्रकाशन विभागों ने भी इन कहानियों में दिलचस्पी दिखायी है। एक ऐसा लिखने वाला जिसको संजीदगी से पढ़ने और समझने वाले ख़ुद उसकी ज़बान में कभी-कभी ही दिखायी देते हैं, अन्तर्राष्ट्रीय साहित्यिक जगत में उसकी तरफ़ यह तवज्जो वाक़ई हैरान कर देने वाली है। लेकिन यह ध्यान अनपेक्षित नहीं है। इसका स्वभाव अपनी आम परम्परा से बहुत अलग, अति रहस्यमयी और अपरिचित होने के बावजूद एक अजीबो-ग़रीब इनसानी कशिश और अपील रखता है। इस सिलसिले में कुछ राएँ निम्नलिखित हैं :

> क़ुल्लियत ग़ैर-माख़ूज़ और उर्दू फ़िक्शन की तारीख़ में अपने से पहले ज़हूर पज़ीर होने वाली हर शै[१] से ग़ैर-मुमासिल[२], ये कहानियाँ अपने आप में एक अर्लेहदा क़िस्म कही जा सकती हैं। एक तरफ़ तो ये कहानियाँ (उर्दू के) अव्वलीन रूमानियों और मस्लहों (की तहक़ीक़ात) से मुख़्तलिफ़ हैं। दूसरी तरफ़ मुंशी प्रेमचन्द के जैसे समाजी हक़ीक़त निगारों और तरक़्क़ीपसन्द अदीबों से भी मुख़्तलिफ़ हैं। अजीब बात ये है कि (ये कहानियाँ) इस तजद्दुदपसन्दाना तज्रीदियत[३] और अलामतीयत[४] के किसी उंसुर की तक़्लीद[५] भी नहीं करतीं जिसने १९६० और उसके बाद के बरसों में इतनी शद्दो-मद[६] के साथ उर्दू के अफ़सानवी मंज़रनामे पर धूम मचा रखी थी।
>
> मुहम्मद उमर मैमन
> (नैयर मसूद : अ प्रिफ़ेटरी नोट)

> नैयर मसूद की एक अपनी निजी दुनिया है जिसे वो अपने नफ़्स (अपनी हस्ती) के हवाले से देखते हैं। या आईने से झाँकते हुए अक्सों, इब्हामात और बेक वक़्त[७] नुमायाँ और धुन्धली बेख़यालियों की दुनिया है जो अपने ख़ला के खिंचाव से हमें सरासीमा भी करती है। माज़ी यहाँ मुसल्सल हाल पर मुसल्लत[८] रहता है लेकिन साथ ही साथ इसमें मानी पैदा करने की हर कोशिश की तादीब[९] भी करता रहता है।
>
> एलिज़ाबेथ बेल : द अन्कोंटेक्स्टेड मास्टर
> ऐन आउट ऑफ़ कल्चर एक्सपीरियंस ऑफ़ नैयर मसूद

---

१. चीज़ २. भिन्न ३. आधुनिक निराकारवाद ४. प्रतीकवाद ५. अनुसरण ६. ज़ोर-शोर ७. एक ही वक़्त में ८. चारों ओर से छाया हुआ ९. डाँट-डपट

उनका कहानी मुरत्तब[१] करने का एक अपना अन्दाज़ है, गर्चे अनोखा नहीं। (कहानी का) पहला ड्राफ़्ट लिख लेने के बाद वो उसमें बहुत ज़्यादा काट-छाँट करते हैं, इस तरह के बयानिये में ख़ासे बड़े रख़्ने[२] (ख़ला/वक़्फ़े) दर आते हैं।

मुहम्मद सलीमुर्रहमान वंस बिलो अ टाइम : अ शॉर्ट एस्से ऑन 'सिमिया'

नैयर मसूद की कहानियाँ बुनियादी तौर पर अपनी हैयत के लिहाज़ से तजद्दुदपसन्द और मवाद के लिहाज़ से रिवायतपसन्द कही जा सकती हैं...इन बयानियों में सिर्फ़, 'वक़्वे' में, (इनमें) रस्मी मानों में कहानियाँ नहीं हैं।

ज़ेनो : द फ़िक्शन ऑफ़ पास्ट ऐज़ प्रज़ेंट

नैयर मसूद निहायत मुतशिद्दत तज्रीदियत पसन्द हैं। लेकिन एक ऐसी ज़िन्दगी ख़्वाब बाक़ी नहीं रही, उसके अपने तज्रीदी विजन को वो एक वाज़ेह[३] हक़ीक़त की मफ़्हूम दुनिया चाहते हैं। इस कोशिश में वो नुमायाँ तौर पर कामयाब हैं।

ज़ेनो : सन्दर्भ, उपरोक्त

अपनी कहानी 'वक़्फ़ा' के मेमार[४] की तरह, उन्हें (नैयर मसूद को) मरम्मत का काम करने वाले उस कारीगर का नाम दिया जा सकता है जो शिकस्ता उजाड़ ढाँचों में (उनको बहाल करके) नये सिरे से ज़िन्दगी के आसार पैदा करता है, लेकिन उसी (मेमार) की तरह नैयर मसूद, इस अमल के ख़तरात के बावजूद रिवायत के क़ल्ब[५] तक पहुँचने की सलाहियत[६] भी रखते हैं। किसी और बात से ज़्यादा, हम अल्मिये के एक ऐसे (सच्चे और) खरे एहसास की ख़ातिर भी उनकी तरफ़ मुड़ सकते हैं जो कि बेक वक़्त तो अना भी है और दिमाग़ को मुनव्वर करने वाला भी।

मुज़फ़्फ़र अली सईद : न्यू स्टोरीज़ फ़्रॉम ऐन ओल्ड सिटी

तरह-तरह की इन समीक्षाओं, चर्चाओं और प्रभावों के साथ अगर उन विभिन्न रायों को भी शामिल कर लिया जाये जिनकी अभिव्यक्ति उनकी कहानियों के अँग्रेज़ी अनुवादों (अमरीकी संस्करण) के प्रकाशन के बाद की गयी तो एक दिलचस्प और ख़ासी उलझी हुई तस्वीर सामने आती है। उदाहरण के तौर पर बिल मार्क्स (ग्लोब कॉरेस्पेंडेंट) ने कहा कि,

---

१. क्रमबद्ध २. झोल ३. स्पष्ट ४. वास्तुकार ५. दिल ६. ख़ूबी

"ये कहानियाँ (इत्र का फ़वर) मावराई[१] इशारों और नफ़्सियाती[२] हरारतों के एक चाबुकदस्त आमेज़े[३] की सूरत सामने आती हैं। नैयर मसूद की (क़ारी के एहसासत को) गिरफ़्त में ले लेने वाली माफ़ौकलफ़ितरत[४] की दूरूफ़्तादगी[५] अपने हक़ीक़ी (और मब्नी बर सदाक़त[६]) होने का असर पैदा करती है जिसे बरामद करने के लिए पैदा नहीं किया गया।" यानी इन कहानियों में अगोचर तत्त्वों का बाहुल्य होने के बाद भी इनके आध्यात्मिक पहलू हमारे बोध में अपनी जगह बना लेते हैं। हम उन्हें काल्पनिक नहीं समझते और उन्हें हक़ीक़त की एक अनोखी शक्ल के तौर पर कर लेते हैं। इनमें से कुछ कहानियाँ, चकरा देती हैं, लेकिन इसलिए नहीं कि उन्हें पलायन-सम्बन्धी विचारों के तौर पर देखा जाये। 'इत्र का फ़वर' उस सच्चाई के अस्तित्व की ख़बर देती है जो गुप्त (अपरिचित और समझ-बूझ के परे) है। एक और राय के हिसाब से "इस मज़्मुए[७] की सातों कहानियाँ उन तजुर्बों की पेचीदगी के बोझ से पर्दा उठाती हैं जो हाफ़िज़े (याद्दाश्त) का अताकर्दा[८] है। (एल मैगज़ीन) ये कहानियाँ एक जादूई क़ालीन के गुंजान धागों से बुनी हुई महसूस होती हैं।" यानी कुल मिलाकर ये कहानियाँ एक ऐसी अपरिचित, अदृश्य मगर आकर्षक सच्चाई और दुनिया गढ़ती हैं जो हमारे लिए है भी और नहीं भी है। असमंजस और दुविधा की ऐसी दशा इस ज़माने के किसी और कहानीकार के यहाँ शायद इस हद तक नुमायाँ नहीं है। अपनी कहानियों के स्वभाव और अपनी सृजन शैली की तरफ़ संकेत करते हुए नैयर मसूद ने लिखा था :

> ...मैं चाहता हूँ कि पढ़ने वाले को कहानी अच्छी मालूम हो, मेरी ऐसी बिल्कुल कोई ख़्वाहिश नहीं कि उनके ज़हन को उलझाया जाये। मगर किसी बात को बिल्कुल वाज़ेह करके लिखना अच्छा मालूम नहीं होता...।
>
> ज़रूरी नहीं कि कहानी में कोई ड्रामाई वाक़िआत हों।
>
> बिल्कुल वाज़ेह ख़ात्मा मुझे अच्छा मालूम नहीं होता।
>
> बहरहाल, कोशिश तो यही है कि अगर कोई बात कहना है तो उसे सीधे-सीधे डिस्कोर्स की सूरत में ना कहा जाये, बल्कि ऐसे कहा जाये कि मतलब निकल आये ग़ौर करने पर...मेरी कोशिश तो यही होती है कि कोई जुमला भी ऐसा ना लिखा जाये जो मुबहम[९] हो और पढ़ने वाला कहे

---

१. दैवीय २. मनोवैज्ञानिक ३. कुशलहस्त ४. अलौकिक ५. दूर पड़े हुए ६. यथार्थ पर आधारित ७. संग्रह ८. देन ९. अस्पष्ट

> कि इसका मतलब क्या है...रही ये बात कि ये क्यों लिखा है, तो इसका जवाब ज़ाहिर है कि बहुत सी जगह दे सकते हैं, बहुत सी जगह नहीं भी दे सकते...और फ़र्ज़ समझते नहीं अपना..।
>
> नैयर मसूद से एक गुफ़्तगू : सागरी सेनगुप्ता

इन बयानों में जो सादगी ऊपर से दिखायी देती है, ये उतने सादा नहीं हैं। ज़ाहिर है कि नैयर मसूद ने रोज़नामचे या पारिभाषिक अर्थों में आपबीतियाँ नहीं लिखी हैं। उन्होंने कहानियाँ लिखी हैं और ये कहानियाँ हम से उस अवस्था की माँग करती हैं कि कहानी की पारम्परिक कल्पना, ढाँचे और जाने-पहचाने और प्रचलित अमल के प्रभावों से हटकर उन्हें एक नयी सृजनात्मक खोज और दस्तावेज़ के तौर पर देखा जाये। नैयर मसूद बहुत मुश्किल लिखने वाले हैं और उनकी कहानियाँ सहजता का केवल भ्रम पैदा करती हैं। इतिहास, संस्कृति, रस्में, हमारी स्मृतियों में गढ़े मूल्य, सांस्कृतिक कल्पनाएँ और बाहरी और भीतरी जानकारी, सामाजिक परिवर्तन और सामूहिक घटनाओं के साथ-साथ व्यक्तिगत भ्रमों, कल्पनाओं, अनिष्टों और यक़ीनों की मिलावट से एक बेहद जटिल 'मोज़ेक' वजूद में आया है। नैयर मसूद का यही 'मोज़ेक' कहानियों के लिए एक बुनियाद और पृष्ठभूमि प्रदान करता है। लेकिन जैसा कि शुरू में ही कहा गया था, नैयर मसूद के यहाँ अपनी हलचल और कम्पन के बावजूद ज़िन्दगी और एहसास ठहरे हुए, सन्तुलित और निहायत मोहताज दिखायी देते हैं। वे अपने अनुभवों पर बहुत गहरी और कड़ी नज़र रखते हैं। उन्हें ज़रा भी बेक़ाबू और बेहिजाब नहीं होने देते। उनकी कहानियों का मिश्रण तैयार करने वाली देखी और महसूस की जाने वाली आकृतियाँ अनुभव की आँच से कभी पिघलती नहीं। वे हमेशा अपनी हदों में रहते हैं और अपनी तस्वीरें बिगड़ने और बदलने नहीं देते। नैयर मसूद का चित्रकला से तालमेल स्वाभाविक है। मगर, मिसाल के तौर पर 'डाली' की तस्वीरें, जिनमें शक्लें और कृतियाँ उसकी निजी घटनाओं के दबाव और तजुर्बे की गर्मी से पिघल जाती हैं और अपनी भौतिक बुनियाद से कटकर एक तरह की नयी आध्यात्मिक शैली अपना लेती हैं, नैयर मसूद के सृजनात्मक स्वभाव के अनुकूल नहीं हैं। उनकी तन्त्रिकाओं और इन्द्रियों पर जो भी गुज़र रही हो, और भले ही इन्द्रियों और अहसासों का काम उनकी रचनाओं में गहरा, तेज़ और सरगर्म है, नैयर मसूद अपने

पाठक को ऊपरी तौर पर इसकी हवा भी नहीं लगने देते। उनके जो बयान अपनी सृजन शैली के उदाहरणों के तौर पर हमने ऊपर दिये हैं, अगर उनकी व्याख्या की जाये तो साफ़ पता चलेगा कि नैयर मसूद का उद्देश्य अपनी कहानियों में ख़ुद को सामने लाना नहीं है, बल्कि छुपाये रखना है।

इन्तिज़ार हुसैन ने लिखा था कि, "पैग़म्बरों और लिखने वालों का एक मामला सदा से मुश्तरक[१] चला आता है। पैग़म्बरों का अपनी उम्मत से और लिखने वालों का अपने क़ारईन से रिश्ता दोस्ती का भी होता है और दुश्मनी का भी, वो उनके दरमियां रहना भी चाहते हैं और उनकी दुश्मन नज़रों से बचना भी चाहते हैं...अफ़साना लिखना मेरे लिये अपनी ज़ात से हिजरत का अमल है।" (अपने किरदारों के बारे में, आख़िरी आदमी)। नैयर मसूद भी ख़ुद को छुपाने का तरह-तरह से जतन करते हैं। ऐसी बातें कहते हैं कि पाठक का ध्यान बँट जाये या किसी और तरफ़ लग जाये। कभी यह पैंतरा कामयाब भी होता है, कभी नहीं होता। छुपाने की यह कोशिश उनकी कहानियों में भी तरह-तरह से ज़ाहिर होती है। वे या तो पूरी कहानी इस तरह इकट्ठा करते हैं कि एक जीती-जागती वारदात के सामने एक अलग वाक़िआ बन जाये। यानी उपमाओं से बचते हुए भी एक समानान्तर तस्वीर बन जाये, या फिर ऐसा समझ लिया जाये कि अपनी कहानी में नैयर मसूद व्यक्तिगत घटनाओं के मारूज़ी तलाज़िमों[ii] की बनावट में कामयाब हो जाते हैं। उनकी कहानियों में पात्रों के नाम और स्थान या तारीख़ी शहादतों के बयान से परहेज़ और उनकी तरफ़ सीधे-सीधे इशारे ना करने की एक समझी हुई कोशिश हमेशा देखी जा सकती है। इसके अलावा उर्दू साहित्य की परम्परा में, क़ुर्रतुलऐन हैदर के बाद नैयर मसूद की यह दूसरी बड़ी मिसाल है जहाँ ज्ञान और खोज या ऐतिहासिक जानकारी और भौतिक सच्चाइयों को अफ़साने में इस ख़ूबसूरती के साथ खपाया गया है कि बयान के शिष्ट, हलके और ख़ामोश बहाव में ज़रा भी अन्दाज़ा इस बात का नहीं किया जा सकता कि लिखने वाले ने कितने शान्त स्वभाव, कितनी छानबीन, मेहनत और विस्तृत रूप से अपनी कहानी की सामग्री इकट्ठा की है, जैसे बहुत चौड़े पाट की नदी थम-थम के बह रही हो। आन्तरिक परेशानियों की कोई ख़बर इन कहानियों से खिलने नहीं पाती। इस अमल के नतीजे में जो कुल

१. मिला-जुला

मिलाकर सूरत बनती है उस पर नैयर मसूद के बहुत जानकार पाठक को भी या तो सिर्फ़ भ्रान्ति और ख़्वाब का गुमान हुआ है या फिर वो इस राय तक पहुँचे हैं कि ये कहानियाँ पढ़ने वाले को एक धुन्ध में भटका देती हैं और किसी निर्णायक मोड़ तक उसको नहीं पहुँचातीं। हमारा ख़याल है कि हमें जो नाकामी (अगर इसे नाकामी मान लिया जाये) दिखती है, वही नैयर मसूद की सफलता का सबूत है। रिवायती मक़्सदी कहानी ने ज़्यादातर पढ़ने वालों की आदत इस तौर पर ख़राब कर दी है कि हर कहानी के अंजाम में वे किसी साफ़ नतीजे या किसी पैग़ाम या किसी ठोस सच्चाई को खोजते हैं। लेखक की गुमशुदगी और नारसी या उसकी अभिव्यक्ति के धुन्धलेपन से सन्तुष्ट नहीं होते। आम पाठक, वह साहित्य का हो या शेर का, जब तक लिखने वाले की अन्तर्दृष्टि पर अपनी पकड़ मज़बूत नहीं कर ले और उसके विवेक पर ख़ुद को हावी ना समझने लगे, अपने अध्ययन से सन्तुष्ट नहीं होता। ज़्यादातर सूरतों में वह अपनी हार को लिखने वाले के बयान की कमज़ारी और तजुर्बे की ख़ामी के सर डाल देता है।

नैयर मसूद के अफ़सानों की बुनत में उनकी साफ़-सुथरी, नक-सुक से दुरुस्त, सँभली हुई, सादी और बनावटी श्रृंगार के भार से बची हुई भाषा का भी एक ख़ास किरदार रहा है। यह गद्य में एक तरह का सहले मुम्तना[१] है, पहली नज़र में बहुत आसान, मगर बहुत मुश्किल, देखने में सादा लेकिन बहुत सजीला और चक्कर में डालने वाला। उर्दू के समकालीन साहित्य में नैयर मसूद के जैसी भाषा की परख और संवेदनशील पकड़ हमें कहीं और दिखायी नहीं देती। इस सन्दर्भ में अपनी लिखाई के बारे में उनके ये स्पष्टीकरण ध्यान देने योग्य हैं :

> नस्र की क़ुव्वत मेरे नज़दीक यही है कि इसमें शायरी से कम काम लिया जाये...मसलन बहुत कोशिश करके (शायराना ज़बान से) परहेज़ करता हूँ, और अगर मालूम हो कि इसमें शायराना अन्दाज़ आ गया है तो उसको काट भी देता हूँ...इस्तआरा[२] मेरे यहाँ ग़ालिबन कहीं नहीं होगा... शायरी के जो औज़ार और आलात हैं, उनको शायरी के लिए रखना चाहिए, नस्र की अपनी क़ुव्वत है, उसकी मदद से लिखा जा सकता है... मैंने सबसे पहले तो यही कोशिश की कि जो चीज़ लिखूँ वो नस्र में हो, लेकिन बा मुहावरा या हमारे रोज़मर्रा के मुताबिक़ ना हो...मुझको शेर का

१. ऐसी कविता जिसका गद्य नहीं हो २. रूपक

ज़ौक़ भी है और शायरी मुझको पसन्द भी ज़्यादा है। शायरी का मुताला[१] भी बहुत हुआ, तो इसका अन्दाज़ा भी है कि शायरी कहाँ-कहाँ घुस जाती है नस्र में। उसको मैं दूर रखना चाहता हूँ, उसकी वजह से बाज़ औक़ात[२] ये भी शुबा होता है कि ये तर्जुमे हैं...ज़बान पर बहुत मेहनत भी की है मैंने। और इस पर भी कि इसकी कोई ऐसी ख़ास पहचान ना बन पाए कि उसे पढ़ के आदमी अन्दाज़ा लगा ले कि कौन लिख रहा है, कहाँ का आदमी लिख रहा है। इसकी वजह से मेरी कहानियों की ज़ुबान कुछ अजनबी मालूम होती है।

(नैयर मसूद से एक गुफ़्तगू : सागरी सेनगुप्ता)

पेचीदा और आम डगर से हटे हुए बोध और रिवायत के बयान में ज़बान और बयान का ऐसा अन्दाज़ अपनाना जो देखने में बहुत सादा हो, नैयर मसूद के अपने ख़याल के मुताबिक़ भी एक मेहनत और धीरज का काम है। शैली इतनी पारदर्शी कि आसानी के साथ इसके आर-पार देखा जा सके, एक चक्कर में डाल देने वाली ख़ूबी है। नैयर मसूद के सिलसिले में यह वाक़िआ सिर्फ़ एक संयोग तो नहीं कि उन्हें काफ़्का और बोर्जिस और कुछ समकालीन फ़ारसी कहानीकारों के तरीक़ों में अपने एहसासों की आहट सुनायी दी। समकालीन ईरानी साहित्य उर्दू साहित्य के मौजूदा भूदृश्य से ज़्यादा तहदार और बहुआयामी है। नैयर मसूद ने उर्दू साहित्य की उस परम्परा से फ़ायदा कम से कम उठाया जो प्रेमचन्द, मण्टो, बेदी, इस्मत और कृष्ण चन्दर से होती हुई उन तक पहुँची थी। एक ख़ास तरह के स्वाभाविक पुरबियापन ने उन्हें पश्चिम के भी उन्हीं कुछ रचनाओं की तरफ़ आकर्षित किया जिनका अन्दाज़ और तरीक़ा खुला-ढला साफ़ या एक आम परिभाषा के हिसाब से बहुत हक़ीक़त आमेज़ और 'साइंटिफ़िक' नहीं था। नैयर मसूद घटनाओं के आपसी रिश्तों और उन्हें धीरे-धीरे बढ़ाकर से कहानी नहीं गढ़ते, एक पूरे माहौल का अक्स उतारने की कोशिश करते हैं जो बजाय ख़ुद किसी रस्मी वाक़िए का बदल बन जाती है। उनकी कहानियों के अन्त साहित्य के आम पाठकों की आदत के विपरीत ना तो चौंकाते हैं, ना पुरशोर होते। उनमें किसी प्रकार का रहस्योद्घाटन, अन्तर्दृष्टि के विवेकशील प्रकटन किसी चेतावनी या आदेश के तत्त्व नहीं होने के बराबर है। ये अन्त भी उतने ही गम्भीर और

१. अध्ययन २. कभी-कभी

स्वाभाविक और सादे होते हैं जितनी कि ख़ुद कहानियाँ। यहाँ मैं सिर्फ़ एक मिसाल देना चाहता हूँ। 'रे ख़ानदान के आसार' में 'एक मौहूम औरत' की तलाश तो आख़िरकार कामयाब होती है और एक तमाशा ठहरा हो जाता है कि "तीन-चार दिन से कुछ अपरिचित लोग ख़ुद को डाक विभाग का आदमी बताकर (एक काल्पनिक महिला का पता मालूम करने के बहाने) शहर के ईसाई घरानों के बारे में ख़ुफ़िया जानकारी इकट्ठी करते फिरते हैं। यह एक शान्तिप्रिय विचारधारा के ख़िलाफ कोई बहुत गहरी साज़िश है जिसके सरग़ना का पता लगाने में अख़बार के नुमाइन्दे सरगर्म हैं।" यानी बात का बतंगड़ और राई का पहाड़ बन जाता है और एक सीधी-सादी तलाश बिल्कुल विचित्र एक के बाद एक घटनाओं के सिलसिले में बदल जाती है। लेकिन कहानी के अन्त में जहाँ वाक़िआ नवीस अपने दोस्त से विदा ले रहा है :

"गाड़ी रेंग चली।" दोस्त ने मुझसे हाथ मिलाते हुए कहा :

"अपना नया पता लिख दीजियेगा।"

"लिख दूँगा," मैंने भी कहा।

दोस्त ने मेरा हाथ छोड़ दिया और प्लेटफॉर्म पर उतर गये।

तो पढ़ने वाले का ज़हन पल भर के लिए भी उस तरफ़ नहीं जाता कि इस कहानी में हमारी सामूहिक ज़िन्दगी की मौजूदा स्थिति की आलोचना का भी एक पहलू जो आज की सिमटती हुई दुनिया में धीरे-धीरे एक-दूसरे से बढ़ती हुई बेख़बरी और दूरी का पता देता है। यह अन्त ना तो नाटकीय है, ना अनपेक्षित, ना देखने में बहुत दूरगामी और अलंकारी और ना इसमें किसी अनोखी अन्तर्दृष्टि की व्याख्या है। लेकिन उसका एक सामाजिक महत्त्व भी है जो एक व्यक्तिगत घटना की तह से प्रकट हुआ है। 'तहवील', 'शीशा घाट', 'बाई के मातमदार', 'बादनुमा', और 'बड़ा कोड़ाघर'। ये तो सिर्फ़ चन्द मिसालें हैं जिनका इस सरसरी जाइज़े के दौरान अचानक ख़याल आ गया। इनमें देशी-विदेशी सूरतेहाल, विभाजन के साँचे से लेकर हमारे सांस्कृतिक पतन और बिखराव तक, बीते समय पर विलाप, तारीख़ की अन्धी ताक़त, आधुनिक युग की दिशाहीनता, लुप्त और मानवीय तत्त्वों से निरन्तर ख़ाली होते हुए, टूटते-बिखरते जीवन का दर्शन होता है, एक परोक्ष और सांकेतिक समीक्षा के रूप में। नैयर मसूद

एक क़िस्सागो की मर्यादा का ध्यान इस हद तक रखते हैं कि उनके नैतिक, वैचारिक, सांस्कृतिक आयाम अक्सर हमारी दृष्टि से ओझल रह जाते हैं।

लिखने वाले ने अपने विवेक, योग्यता और सामर्थ्य के हिसाब से अपना काम कर दिया। अब ये पढ़ने वाले की अपनी पात्रता और हैसियत पर निर्भर है कि दरियाफ़्त और तलाश के इस सिलसिले को चाहे तो आगे बढ़ाये। मुहम्मद सलीमुर्रहमान ने नैयर मसूद की 'सीमिया' पर अपने संक्षिप्त अँग्रेज़ी लेख की शुरुआत गोयटे के इस कथन से की थी कि :

> एक अच्छी किताब को पढ़ना, उसे लिखने जितना ही कठिन है।[iii]

मेरा ख़याल है कि एक ख़ास अन्दाज़ रखने वाले कहानीकार की इस सामान्य सी समीक्षा के लिए गोयटे का यह कथन उपयुक्त अन्त भी बन सकता है।

सन्दर्भ

i. अनुवादक : मुहम्मद उमर

ii. ऑब्जेक्टिव कोरिलेटिव, कोई ऐसी परिस्थिति या घटना जो किसी भाव का प्रतीक बनकर पाठक में उस भाव के लिए प्रतिक्रिया जगाये। इस सिद्धान्त का साहित्यिक इस्तेमाल सबसे पहले कवि-आलोचक टी.एस. एलियट ने सन् १९१९ में लिखे अपने निबन्ध 'हैमलेट एण्ड हिज़ प्रॉब्लम्ज़' में किया था।

iii. To read a good book is as difficult as writing it.

हमारे ज़माने की लम्बी रात का मुसाफ़िर

सुरेन्द्र प्रकाश

हमारे ज़माने की लम्बी रात का मुसाफ़िर

सुरेन्द्र प्रकाश ने ज़िन्दगी से मौत तक का सफ़र इतनी तेज़ी के साथ तय किया कि हमें अब तक उसके चले जाने का यक़ीन नहीं आता। यह क्या कि अभी-अभी तो वह आया था और इस लम्बी रात के अलाव के पास बैठे, हम पूरी तवज्जो के साथ उसका क़िस्सा सुन ही रहे थे कि वह अचानक रुख़्सत हो गया। हिन्दुस्तान में उर्दू की नयी कहानी जिस हड़बोंग तरीक़े से शुरू हुई थी और जिस तरह के वैचारिक और सृजनात्मक विषयों के बीच सुरेन्द्र प्रकाश ने नये कहानीकारों की महफ़िल में क़दम रखा था, उसके हिसाब से सुरेन्द्र प्रकाश का ख़ामोशी के साथ यहाँ आना, फिर उसी ख़ामोशी के साथ चला जाना एक बहुत बड़ी घटना है। अपने हिन्दुस्तानी समकालीनों में सुरेन्द्र की आवाज़ सबसे ज़्यादा सुहानी और आकर्षक थी। उसकी तरफ़ पढ़ने वालों का दिल खिंचता था। देखने में, उसके यहाँ बयान में कोई दाँव-पेच नहीं था, किसी तरह की करतबबाज़ी भी नहीं थी। कहानी की उसे ऐसी समझ थी कि वह उसके भीतर चाँदनी सी उतरती चली जाती थी। इन्तिज़ार हुसैन ने ग़लत नहीं कहा था कि प्रतीकात्मक कहानी लिखना तो कोई सुरेन्द्र प्रकाश से सीखे।

उन दिनों, यानी १९६० के आसपास हमारे यहाँ का सृजनात्मक वातावरण बहुत बिखरा हुआ था। हिन्दुस्तान में 'सबा' (हैदराबाद), 'सौग़ात' (बंगलौर), 'किताब' (लखनऊ), 'मिज़ाज' (भोपाल), 'अक़दार' (पटना) और फिर उन सबसे ज़्यादा 'शबख़ून' (इलाहाबाद) के प्रकाशन ने हमारी साहित्यिक पत्रकारिता को ही नहीं, शायरी और साहित्य की

अलग-अलग शैलियों पर सोच-विचार और बातचीत के धारे बदल दिये। यह एक नयी संवेदनशीलता, एक नये सृजनात्मक बोध, एक नयी समझ के बनने के साथ-साथ, गद्य और कविता में क्रान्तिकारी परिवर्तनो का दौर भी था। कट्टर और अड़ियल साहित्यकारों का वह समूह जो परम्परा और प्रगतिशीलता की अनम्य कल्पनाओं से चिमटा हुआ था, उसके लिए यह परिवर्तन हर्ष का विषय नहीं था। इसलिए इन साहित्यकारों ने भी नयी साहित्यिक रीतियों के सिलसिले में अपनी शंकाएँ ज़रूरत से ज़्यादा और ऊँची आवाज़ में प्रकट कीं। और चूँकि हमारे दौर तक आते-आते, ज़िन्दगी की हर सच्चाई को, सियासत की परिभाषाओं में ढालने और नज़रियों के टकराव के सन्दर्भ में उसकी विवेचना का चलन ज़ोर पकड़ चुका था, इसलिए, बहुत से लिखने वाले, दृष्टिकोण के हिसाब से दो अलग-अलग गुटों से जुड़ गये। नये कहानीकार ना तो किसी पहले से निर्धारित घोषणा-पत्र के पाबन्द थे और ना ही किसी आन्दोलन के दबाव में थे। इसलिए उन्होंने नयी कहानी या नयी संवेदनशीलता की कल्पना अपने-अपने तौर पर की। नयी कहानी की पृष्ठभूमि में यह विषय सबसे ज़्यादा खुलकर अलीगढ़ मुस्लिम विश्वविद्यालय के 'फ़िक्शन सेमिनार' के ज़रिये सामने आया। इस सेमिनार की रूप-रेखा प्रोफ़ेसर आले अहमद सुरूर ने अगस्त १९७१ में बनायी थी और उसकी बहसों में उर्दू के आलोचकों और गुणीजनों के साथ-साथ, हिन्दुस्तान के कई प्रतिनिधि कहानीकार भी शामिल हुए थे। जोगिंदर पाल, राम लाल, क़ाज़ी अब्दुल सत्तार, अनवर अज़ीम के अलावा बलराज मैनरा, सुरेन्द्र प्रकाश, इक़बाल मजीद, श्रवण कुमार वर्मा ने भी सेमिनार के अलग-अलग सत्रों में अपने-अपने पर्चे पेश किये थे। इस दौर में प्रगतिशीलता और आधुनिकता की जटिल कशमकश के बावजूद साहित्यिक विषयों पर बातचीत की सतह विविध थी। कहानीकार अपने आप को बातचीत का विषय बनाने और अपना हवाला देने के आदी नहीं थे। सम्मान और पुरस्कारों की दौड़ उन दिनों फूहड़पन की हद तक नहीं पहुँची थी जिसने इस ज़माने में गम्भीर सृजनात्मक और वैचारिक बहसों को पीछे कर दिया है। जो पर्चे इस सेमिनार में पढ़े गये, उनका अन्दाज़ एक-दूसरे से एकदम अलग था, मगर एक सच्चाई और गम्भीरता उन सभी में पायी जा सकती थी। उनसे कुछ दिलचस्प उद्धरण नीचे दिये गये हैं :

ज़िन्दगी का क़ायदा है कि एक वाक़िआ सिर्फ़ एक ही बार पेश आता

है और ज़िन्दगी की यही ख़ूबी हमारे ख़ालिक़[1] की बेपायाँ[2] तख़्लीक़ी क़ुव्वत का सबूत फ़राहम करती है। अगर वाक़िआत का सियाक़ो-सबाक़[3] सदा एक ही रहे तो अज़ल ता अबद[4] की कैफ़ियत का कैनवस हमारे फ़ैशनेबल लिटिल ड्रॉइंग रूम में टँगी हुई किसी छोटी सी तस्वीर के कैनवस से भी बड़ा ना हो। ज़िन्दगी इसीलिए सदाबहार है कि इसकी कहानियों की नौइय्यत[5] हर दौर में बदलती रहती है।

(जोगिंदर पाल, सन्दर्भ : उर्दू फ़िक्शन, सम्पादक आले अहमद सुरूर। प्रकाशन १९७३, पृष्ठ ७१-७२)

कहानी लिखने के लिए मैं (ऐसी) सादा और रवाँ-दवाँ ज़बान का हामी रहा हूँ जिसमें कम से कम अल्फ़ाज़ में पैकर[6] भी उभरता चलता जाये और ज़हन की सारी सतहों और तहतुलशऊर[7] तक रसाई[8] भी हासिल होती रहे। मुझे कृष्ण चन्दर, क़ुर्रतुलऐन हैदर, इन्तिज़ार हुसैन, सुरेन्द्र प्रकाश और क़ाज़ी अब्दुल सत्तार की सजी-सजाई नस्र[9] अच्छी तो लगती है लेकिन मैं अफ़सानवी तहरीर पर बहुत ज़्यादा चर्बी चढ़ाने के हक़ में हरगिज़ नहीं हूँ क्योंकि ज़रूरत से ज़्यादा चर्बी तहरीर को ग़ैर-ज़रूरी तौर पर फ़र्बा[10] बना देती है जिसकी वजह से अफ़साने का मौज़ू[11] उसके नीचे ही दब जाता है। कभी उभर नहीं पाता।

(रामलाल, सन्दर्भ : उपरोक्त, पृष्ठ १५५-१५६)

कहीं ऐसा तो नहीं कि हकलाती हुई और लँगड़ाती हुई नस्र लिखने वाले सादगी के नाम पर अपनी कम मायगी[12] की तलाफ़ी[13] ढूँढ़ रहे हों। हजारों बरस तक सिर्फ़ नस्र, सिर्फ़ कहानी जज़्बातो-महसूसात के इबलाग़[14] का मीडियम रही होगी और यह तमाम ज़ेवर जिन्हें कुछ लोग शायरी की मुट्ठी में बन्द कर देना चाहते हैं, सिर्फ़ नस्र, सिर्फ़ कहानी के बदन की ज़ीनत[15] रहे होंगे। ज़ाहिर है कि मेरे पास अपने दावे के सबूत में कोई दस्तावेज़ी सबूत नहीं है, सिवा एक दलील के। यानी वह कहानियाँ जिन्हें क़ुरूनों[16] ने लिखा और सदियों ने सुना है और वो कहावतें जिन कूज़ों[17] में हज़ारों साल के इनसानी तजुर्बातो-मुशाहिदात का समन्दर बन्द है, नस्र में मौजूद हैं और तमाम ज़ेवरों से आरास्ता हैं।

(क़ाज़ी अब्दुल सत्तार, सन्दर्भ : उपरोक्त, पृष्ठ ३८६)

---

1. ईश्वर २. असीम ३. सन्दर्भ ४. अनादि से अनन्त ५. क़िस्म ६. आकृति ७. अचेतन ८. पहुँच ९. गद्य १०. स्थूल ११. विषय १२. पूँजी की कमी १३. भरपाई १४. संचार १५. शोभा १६. युग १७. कुल्हड़

मैं समझता हूँ कि वक़्त आ गया है कि हम अपने ज़मीर का सामना करें। ज़मीर से बड़ा मुअल्लिम[१] तारीख़ ने पैदा नहीं किया। जिसने इस मुअल्लिम से इनकार किया, उसने अपने आप से इनकार किया। हम जानते हैं और हम एक-दूसरे की गर्दन की तरफ़ लपकते हैं। लेकिन हम यह भूल जाते हैं कि हम उर्दू अफ़साने की ज़ुबान को क़त्ल (होने) से ना बचा सके तो हम अपने ज़मीर को क़त्ल होने से नहीं बचा सकेंगे।

(अनवर अज़ीम, सन्दर्भ : उपरोक्त, पृष्ठ १९८)

हम देखते हैं कि तजुर्बात की बेलगामी एक इन्तिशार[२] की तरफ़ बढ़ रही है। नक़ली तजरीद[३] और अलामतों[४] के पहले बुख़ार ने इबलाग़ के मसइले को उलटा खड़ा कर दिया है। ख़ालिस अदब का चक्कर नयी अदबी इस्तिलाहों के साथ अदीब को उसकी ज़िन्दगी और उसके मसाइल से दूर ले जाकर हिप्पी बना डाल रहा है।

(इक़बाल मजीद, सन्दर्भ : उपरोक्त, पृष्ठ २०९)

जदीदियत का आग़ाज़ चन्द एक हस्सास[५], दुखी और बरहम[६] नौजवानों की तहरीर थी। इन चन्द लिखने वालों की बरहमी जो ग़लत या सही तो हो सकती है, सच्ची थी, इसलिए नयी तहरीर का मुश्किल और ख़तरनाक काम होता रहा। आख़िरकार वही हुआ जो तरक़्क़ीपसन्द तहरीक के साथ हुआ था। मुफ़ादपरस्त[७] आये, क़रीब आये, घुल-मिल बैठे, और फिर जल्द ही वो वक़्त आ गया जब नयी नस्ल की बरहमी का इज़हार जो एक मुस्बत[८] क़द्र है, एक बेहद हंगम, बेरुख़ मंशूर[९] में गुम हो गया।

(बलराज मैनरा, सन्दर्भ : उपरोक्त, पृष्ठ ४११-४१२)

जब समाज की अक्सरीयत[१०] सियासी नज़रियात और सियासी चालबाज़ियों से दुखी हो और आप किसी नज़रिये को सामने रखकर वाज़[११] शुरू कर देंगे तो...मैं अब क्या अर्ज करूँ कि आपकी क्या हालत होगी।

जदीद अफ़साने का मक़सद ये क़तय्यन नहीं कि अफ़साना निगार कच्चे-पक्के तजुर्बात, उसके तअस्सुबात[१२] और उसके कॉम्प्लेक्सेज़ को पढ़ने वाले पर ठूँसे बल्कि मैं अदब को अपनी ज़ात के इज़हार का ज़रिया नहीं समझता, सेल्फ़ एक्सप्लोरेशन का ज़रिया समझता हूँ और इस तजुर्बे में अपने क़ारी[१३] को पार्टिसिपेट करने के लिए उक्साता हूँ ताकि जो नतीजे

---

१. शिक्षक २. अस्त-व्यस्तता ३. अमूर्तता ४. प्रतीक ४. संवेदनशील ६. क्रुद्ध ७. अपना फ़ायदा देखने वाले ८. प्रमाणित ९. घोषणा-पत्र १०. बहुतायत ११. धर्मोपदेश १२. पूर्वाग्रह १३. पाठक

बरामद हों उनका एक सा तजुर्बा दोनों को मयस्सर[1] हो। मैं अदीब की हैसियत एक आम आदमी की सी मानता हूँ। उसे पैग़म्बर बनाने के रवैये पर मोतिरिज़[2] हूँ।

(सुरेन्द्र प्रकाश, सन्दर्भ : उपरोक्त, पृष्ठ २६३)

इनमें बलराज मैनरा और सुरेन्द्र प्रकाश की बातों पर प्रतिक्रियाएँ सबसे सख़्त रहीं। मैनरा के लहजे में क्रोध, उत्तेजना और जोश का तत्त्व साफ़ था। सुरेन्द्र के यहाँ एक रची हुई उदासी, गम्भीरता और स्पष्टता थी। उसने अपना पर्चा अलीगढ़ विश्वविद्यालय के अतिथिगृह में, दिल्ली से वहाँ पहुँचने के बाद एक ही बैठक में, रात भर जागकर पूरा किया था। उसके लेख में आशु कविता की सी स्वाभाविक ख़ूबसूरती थी। कहीं-कहीं व्यंग्य और कटाक्ष के नमूने, सुरेन्द्र प्रकाश के ख़ास स्वभाव की वजह से थे। मगर, एक बात जो उसके मिज़ाज में बहुत साफ़ थी, यह थी कि ग़ुस्से में लड़-भिड़ जाने के बावजूद, उसकी आवाज़ बेकाबू नहीं होती थी। दोस्तों और प्रतिद्वन्द्वियों से छेड़-छाड़ में उसे मज़ा आता था।

सुरेन्द्र प्रकाश के अस्तित्व में ज़िन्दगी बहुत थी। उस ज़माने की लम्बी रात को समझने वालों में, इन्तिज़ार हुसैन के बाद जिन नये कहानीकारों के चेहरे उभरते हैं, उनमें ख़ालिदा हुसैन और सुरेन्द्र प्रकाश के चेहरे बहुत साफ़ हैं। दोनों के यहाँ ज़माने का रुख़ फेर देने का कोई दावा नहीं। किसी तरह की हंगामा ख़ेज़ी नहीं। तारीख़ से टकराने का कोई शौक़ नहीं। शायद हौसला भी नहीं। ख़ालिदा हुसैन की कहानियों में जो अन्तर्दृष्टि मिलती है, सुरेन्द्र प्रकाश की अपेक्षा ज़्यादा पेचदार, गहरी और घनी है। उसमें ठहराव, गरिमा और घनत्व भी सुरेन्द्र प्रकाश से ज़्यादा है। साफ़ पता चलता है कि ख़ालिदा हुसैन ने अपने ज़माने के रुझानों, पूरब और पश्चिम के साहित्य सम्बन्धी शैलियों और परम्पराओं, या विभिन्न विषयों जैसे दर्शन, मनोविज्ञान, इतिहास, समाजशास्त्र का अध्ययन ज़्यादा मनोयोग से किया है। लिखते समय वे अपने अनुभवों की जाँच-पड़ताल भी करती जाती हैं और उनकी क़लम से हर शब्द सोच-समझकर निकलता है। इसके विपरीत, सुरेन्द्र प्रकाश की संवेदनशीलता, उसकी सृजनात्मक ज्ञप्ति, उसकी पकड़ में आने वाली शब्दावली और अभिव्यक्ति के तरीक़े

---

१. प्राप्त २. जिसे एतराज़ हो

एक तरह की स्वाभाविक शान रखते हैं। सुरेन्द्र प्रकाश का अन्दाज़ ही नैसर्गिक है। कृष्ण चन्दर की सी रूमानियत की एक हल्की सी परत, भले ही उसके देखने के अन्दाज़ और अभिव्यक्ति पर फैली हुई हो, लेकिन अपने तमाम हमअस्रों के मुक़ाबले में वह बहुत सहज कहानीकार है। इसके यहाँ आमद ही आमद है, बनावटीपन का एक अंश तक नहीं। और इसका कारण यह है कि सुरेन्द्र प्रकाश ने किसी निश्चित और नियमित तालीम के बोझ से ख़ुद को आज़ाद रखा। औपचारिक शिक्षा से उसका परिचय लगभग नहीं था और उसका साहित्यिक अध्ययन भी अगर कुछ था तो बहुत सीमित था। सैद्धान्तिक बहसों और बातचीत के दौरान वह अक्सर चुप बैठा रहता या चुटकियाँ लेता रहता था, लेकिन अपनी ज़िन्दगी के अनुभवों से उसका सम्बन्ध बहुत सीधा, सच्चा और सरगर्म था। उसने ग़रीबी और अपनी मिट्टी से उखड़ी हुई ज़िन्दगी के दुख सीधे तौर पर उठाये थे। अपने अधूरे उपन्यास 'फ़साँ' में उसने मौजूदा पाकिस्तान की एक बस्ती में गुज़ारे हुए अपने बचपन और लड़कपन के दिनों का विवरण बहुत ईमानदारी के साथ किया है। एक शरणार्थी के तौर पर हिन्दुस्तान पहुँचकर भी उसे चैन नहीं मिला और आर्थिक दृष्टि से बेहद कठिन दौर से गुज़रना पड़ा। दिल्ली की सड़कों चौराहों पर मामूली रोज़मर्रा की चीज़ें बेचते फिरना और अपने टूटे-फूटे ठिकाने में थककर सो जाना, यही उसकी ज़िन्दगी थी। उसने अपने अधूरे उपन्यास का शीर्षक जो 'फ़साँ' तय किया था तो कुछ सोच-समझकर ही ऐसा किया था। उसके अहम और आत्मज्ञान को जो धार मिली, वह ज़िन्दगी के उसी पथरीले, ऊबड़-खाबड़ रास्तों पर आवारागर्दी करते हुए ही मिली। और शायद इसीलिए, किसी नियत फ़लसफ़े या ऊपर से ओढ़ी हुई सोच के हल्के से हल्के कम्पन की अनुभूति किये बिना ही सुरेन्द्र प्रकाश की कहानियों में अपनी आसपास की दुनिया, अपने वक़्त और अपनी हस्ती की जो समझ दिखती है उसमें किसी तरह का बनावटीपन नहीं है। उसने वही कुछ पढ़ा और लिखा जो माहौल ने उसके हवास और मन की तख़्ती पर पहले से लिख दिया था।

'दूसरे आदमी का ड्रॉइंग रूम', 'बर्फ़ पर मुकालमा', 'बाज़गोई' और 'हाज़िर हाल जारी' में उसकी आपबीती के साथ-साथ उसकी जग बीती भी बिखरी हुई है। और चूँकि सुरेन्द्र की समझ और जानकारी का बुनियादी

माध्यम सीधे तौर पर देखी हुई, बरती हुई, और बेहद ध्यान से सुनी हुई ज़िन्दगी थी, इसलिए उसकी कहानी भी पढ़ते वक़्त सिर्फ़ पढ़ी नहीं जाती, हमें सुनायी भी देती है। और उसकी आवाज़ में हमें दुखों की लम्बी गहरी रात के वक़्त एक बुझते हुए से अलाव के आसपास बैठे हुए सायों का सुराग़ मिलता है। स्वाभाविकता, बहाव और निरन्तरता सुरेन्द्र प्रकाश की कहानी की ख़ास पहचान हैं। और शायद इन्हीं ख़ूबियों की वजह से सुरेन्द्र ने सबसे ज़्यादा याद रह जाने वाली नयी कहानियाँ लिखी हैं। नयी कहानी की जानी-पहचानी मिसालों में सबसे ज़्यादा मिसालें सुरेन्द्र प्रकाश की कहानियों की हैं।

सुरेन्द्र की मृत्यु से कुछ महीने पहले, मुझे विश्वविद्यालय के एक काम के सिलसिले में बम्बई जाने का इत्तिफ़ाक़ हुआ। वहाँ कहानी पर एक चर्चा में अचानक उसे देखा तो दिल धक से रह गया। वह एक ख़ूबसूरत और जोश-पोश इनसान था और उसकी सेहत भी देखने में अच्छी थी। उस मुलाक़ात से कोई तीन बरस पहले, बम्बई के एक और सफ़र में, सुरेन्द्र के साथ ख़ुद उसी के घर में मैंने एक शाम गुज़ारी थी। उसने एक शानदार दावत का आयोजन किया था और उड़द की वह फुरेरी दाल ख़ुद अपने हाथ से बनायी थी जिस पर उसे बहुत ग़ुरूर था। इसका ज़िक्र इन्तिज़ार साहब ने भी अपने बम्बई के सफ़रनामे में किया है। बम्बई विश्वविद्यालय के विद्या नगरी वाले परिसर के पास ही उसने अपना नया घर बना लिया था, हरे-भरे पौधों से घिरा हुआ। और अब वह सुख-चैन की ज़िन्दगी गुज़ार रहा था। उसके बेटे-बेटियाँ अपने-अपने काम से लग चुके थे और फ़िल्म उद्योग में सुरेन्द्र ने एक लिखने वाले की हैसियत से अपनी एक जगह बना ली थी। शहर में उसने अपने साहित्यकार दोस्तों की भी एक मण्डली बना ली थी। अनवर क़मर, मुश्ताक़ मोमिन, सलाम बिन रज़्ज़ाक़, इनायत अख़्तर, अनवर ख़ाँ, अनवर ज़हीर, इलियास शौक़ी, मुक़द्दर हमीद, अब्दुल अज़ीज़ ख़ाँ, सागर सरहदी, अब्दुल अहदसाज़—ये लोग कभी-कभी आपस में मिलते रहते थे, एक-दूसरे की सृजनात्मक गतिविधियों में दिलचस्पी लेते थे और एक-दूसरे का ख़याल रखते थे। सुरेन्द्र अपनी ज़िन्दगी से ख़ुश और सन्तुष्ट दिखायी देता था। उसका दिल्ली आना-जाना भी लगा ही रहता था। यहाँ महमूद हाशमी, बलराज मैनरा, केवल सूरी उसके क़रीबी दोस्तों में से थे। दिल्ली में

उसका ठिकाना हमारी कॉलोनी से लगी हुई न्यू फ्रेंड्स कॉलोनी में था। वह कभी हमारे यहाँ, कभी क़ुर्रतुलऐन हैदर के यहाँ भी आ निकलता और उसके साथ हमारा वक़्त अच्छा गुज़रता था।

मगर अब उसे बम्बई में देखा तो यक़ीन नहीं आता था कि यह वही सुरेन्द्र है। उसके लिए आप अपने शरीर का बोझ उठाना मुश्किल था। खड़े होने की कोशिश में वह बार-बार बैठ जाता था। मधुमेह ने उसे अन्दर से खोखला कर दिया था। फिर भी उसे परहेज और एहतियात की फ़िक्र नहीं थी। शाम को मैं उसके घर चला गया। दिल्ली की उजड़ी हुई महफ़िलों, पुराने दोस्तों की बातें होती रहीं। उसकी ख़ुशदिली एक सुगन्ध की तरह आयी, लेकिन यही शाम मेरे लिए सुरेन्द्र से मुलाक़ात की आख़िरी शाम थी।

(मई २००६)